L'intégralité de votre livre accessible en ligne

avec une simple connexion Internet !

OFFERT
LIVRE EN LIGNE

+ Des outils utiles et intuitifs :

- sommaire interactif
- surlignage en couleurs
- notes personnelles et marque-page.

W0213307

Pour ACTIVER votre livre en ligne

- Rendez-vous sur www.nathan.fr/livre-en-ligne .
- Créez un compte **Nathan** en suivant les indications e[…]
- Cliquez sur « Activer un livre », saisissez votre clé d'activation personnelle puis le mot du livre qui vous sera demandé.

Votre clé d'activation personnelle :

OPP843-JYR-B24G

Pour toute CONNEXION ULTÉRIEURE

Connectez-vous sur www.nathan.fr/livre-en-ligne avec vos identifiants **Nathan**.

IMPORTANT

Votre clé d'activation est unique et personnelle : une fois utilisée, elle ne sera plus valide. Elle offre un accès de 24 mois à compter de la date d'activation. Elle est réservée à un seul utilisateur et ne peut être partagée.

Configuration minimale requise : Internet Explorer 8, Mozilla Firefox 3.4, Chrome, Safari, Opera toutes versions.
Retrouvez les conditions générales d'utilisation sur www.nathan.fr/livre-en-ligne.

Nathan

Repères Pratiques La Psychologie 978-2-09-167175-8

REPÈRES PRATIQUES

La PSYCHOLOGIE

Françoise ASKEVIS-LEHERPEUX
Clarisse BARUCH
Annick CARTRON

Nathan

MODE D'EMPLOI

Divisé en six parties, l'ouvrage s'organise par doubles pages.
Chaque double page fait le point sur un thème
et fonctionne de la façon suivante.

À gauche

Une page synthèse apporte toutes les informations pour comprendre le sujet de la double page.

À droite

Une page explication développe un point particulier qui illustre et complète la page de gauche.

Le menu aide à repérer les six parties du livre.

Le titre annonce le thème de la double page.

Le titre de la page de droite met en lumière un point particulier.

Quelques lignes d'introduction présentent les principaux éléments du sujet.

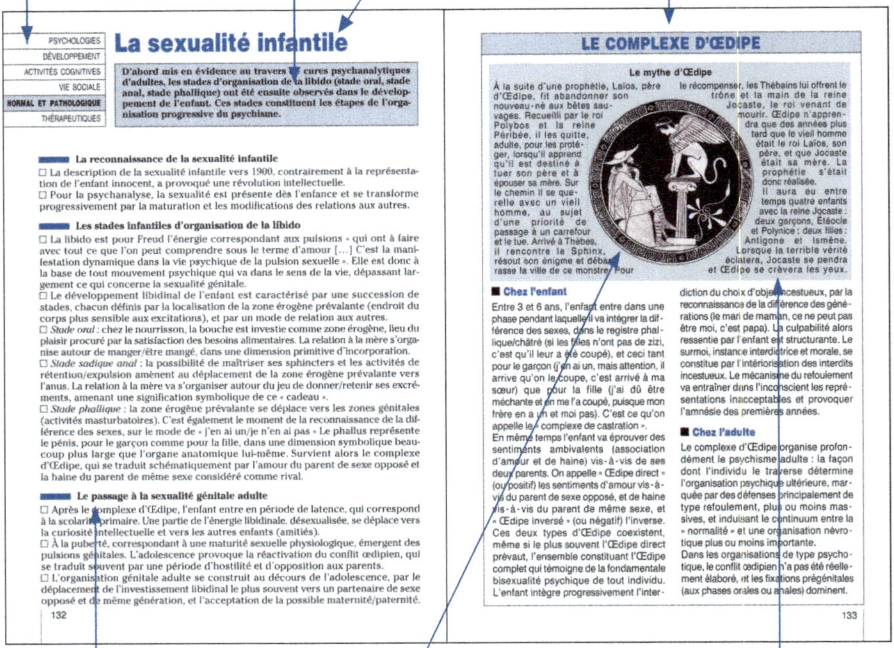

PSYCHOLOGIES
DÉVELOPPEMENT
ACTIVITÉS COGNITIVES
VIE SOCIALE
NORMAL ET PATHOLOGIQUE
THÉRAPEUTIQUES

La sexualité infantile

D'abord mis en évidence au travers des cures psychanalytiques d'adultes, les stades d'organisation de la libido (stade oral, stade anal, stade phallique) ont été ensuite observés dans le développement de l'enfant. Ces stades constituent les étapes de l'organisation progressive du psychisme.

La reconnaissance de la sexualité infantile

☐ La description de la sexualité infantile vers 1900, contrairement à la représentation de l'enfant innocent, a provoqué une révolution intellectuelle.
☐ Pour la psychanalyse, la sexualité est présente dès l'enfance et se transforme progressivement par la maturation et les modifications des relations aux autres.

Les stades infantiles d'organisation de la libido

☐ La libido est pour Freud l'énergie correspondant aux pulsions « qui ont à faire avec tout ce que l'on peut comprendre sous le terme d'amour [...] C'est la manifestation dynamique dans la vie psychique de la pulsion sexuelle ». Elle est donc à la base de tout mouvement psychique qui va dans le sens de la vie, dépassant largement ce qui concerne la sexualité génitale.
☐ Le développement libidinal de l'enfant est caractérisé par une succession de stades, chacun définis par la localisation de la zone érogène prévalante (endroit du corps plus sensible aux excitations), et par un mode de relation aux autres.
☐ *Stade oral* : chez le nourrisson, la bouche est investie comme zone érogène, lieu du plaisir procuré par la satisfaction des besoins alimentaires. La relation à la mère s'organise autour de manger/être mangé, dans une dimension primitive d'incorporation.
☐ *Stade sadique anal* : la possibilité de maîtriser ses sphincters et les activités de rétention/expulsion amènent au déplacement de la zone érogène prévalante vers l'anus. La relation à la mère va s'organiser autour du jeu de donner/retenir ses excréments, amenant une signification symbolique de ce « cadeau ».
☐ *Stade phallique* : la zone érogène prévalante se déplace vers les zones génitales (activités masturbatoires). C'est également le moment de la reconnaissance de la différence des sexes, sur le mode de « j'en ai un/je n'en ai pas » Le phallus représente le pénis, pour le garçon comme pour la fille, dans une dimension symbolique beaucoup plus large que l'organe anatomique lui-même. Survient alors le complexe d'Œdipe, qui se traduit schématiquement par l'amour du parent de sexe opposé et la haine du parent de même sexe considéré comme rival.

Le passage à la sexualité génitale adulte

☐ Après le complexe d'Œdipe, l'enfant entre en période de latence, qui correspond à la scolarité primaire. Une partie de l'énergie libidinale, désexualisée, se déplace vers la curiosité intellectuelle et vers les autres enfants (amitiés).
☐ À la puberté, correspondant à une maturité sexuelle physiologique, émergent des pulsions génitales. L'adolescence provoque la réactivation du conflit œdipien, qui se traduit souvent par une période d'hostilité et d'opposition aux parents.
☐ L'organisation génitale adulte se construit au décours de l'adolescence, par le déplacement de l'investissement libidinal le plus souvent vers un partenaire de sexe opposé et de même génération, et l'acceptation de la possible maternité/paternité.

132

LE COMPLEXE D'ŒDIPE

Le mythe d'Œdipe

À la suite d'une prophétie, Laïos, père d'Œdipe, fit abandonner son nouveau-né aux bêtes sauvages. Recueilli par le roi Polybos et la reine Péribée, il les quitte, adulte, pour les protéger, lorsqu'il apprend qu'il est destiné à tuer son père et à épouser sa mère. Sur le chemin il se querelle avec un vieil homme, au sujet d'une priorité de passage à un carrefour et le tue. Arrivé à Thèbes, il rencontre le Sphinx, résout son énigme et débarrasse la ville de ce monstre. Pour le récompenser, les Thébains lui offrent le trône et la main de la reine Jocaste, le roi venant de mourir. Œdipe n'apprendra que des années plus tard que le vieil homme était le roi Laïos, son père, et que Jocaste était sa mère. La prophétie s'était donc réalisée.
Il aura eu entre temps quatre enfants avec la reine Jocaste : deux garçons, Étéocle et Polynice ; deux filles : Antigone et Ismène. Lorsque la terrible vérité éclatera, Jocaste se pendra et Œdipe se crèvera les yeux.

Chez l'enfant

Entre 3 et 6 ans, l'enfant entre dans une phase pendant laquelle il va intégrer la différence des sexes, dans le registre phallique/châtré (si les filles n'ont pas de zizi, c'est qu'il leur a été coupé), et ceci tant pour le garçon (j'en ai un, mais attention, il arrive qu'on le coupe, c'est arrivé à ma sœur) que pour la fille (j'ai dû être méchante et on me l'a coupé, puisque mon frère en a un et moi pas). C'est ce qu'on appelle le « complexe de castration ».
En même temps l'enfant va éprouver des sentiments ambivalents (association d'amour et de haine) vis-à-vis de ses deux parents. On appelle « Œdipe direct » (ou positif) les sentiments d'amour vis-à-vis du parent de sexe opposé, et de haine vis-à-vis du parent de même sexe, et « Œdipe inversé » (ou négatif) l'inverse. Ces deux types d'Œdipe coexistent, même si le plus souvent l'Œdipe direct prévaut, l'ensemble constituant l'Œdipe complet qui témoigne de la fondamentale bisexualité psychique de tout individu. L'enfant intègre progressivement l'interdiction du choix d'objet incestueux, par la reconnaissance de la différence des générations (le mari de maman, ce ne peut pas être moi, c'est papa). La culpabilité alors ressentie par l'enfant est structurante. Le surmoi, instance interdictrice et morale, se constitue par l'intériorisation des interdits incestueux. Le mécanisme du refoulement va entraîner dans l'inconscient les représentations inacceptables et provoquer l'amnésie des premières années.

Chez l'adulte

Le complexe d'Œdipe organise profondément le psychisme adulte : la façon dont l'individu le traverse détermine l'organisation psychique ultérieure, marquée par des défenses principalement de type refoulement, plus ou moins massives, et induisant le continuum entre la « normalité » et une organisation névrotique plus ou moins importante.
Dans les organisations de type psychotique, le conflit œdipien n'a pas été réellement élaboré, et les fixations prégénitales (aux phases orales ou anales) dominent.

133

Les sous-titres permettent de saisir l'essentiel en un coup d'œil.

L'illustration apporte un complément au texte.

L'encadré précise, explique, détaille.

SOMMAIRE

La diversité de la psychologie

Par delà la diversité de ses objets, la psychologie se réfère à la démarche scientifique pour comprendre les comportements humains. Il y a des liens étroits entre pratiques et recherche.

Les objets d'étude de la psychologie

☐ La psychologie étudie les conduites observables des individus ainsi que les processus cognitifs, affectifs et sociaux qui permettent d'expliquer ces conduites.
☐ Certains psychologues s'intéressent aux processus cognitifs qui contribuent à la formation et à l'utilisation des représentations mentales. Les psychologues cliniciens et psychopathologistes privilégient l'étude de l'affectivité et de l'organisation psychique individuelle, normale et pathologique.
☐ La psychologie du développement se spécialise dans la description des changements qui marquent le déroulement de la vie humaine et l'étude de leurs causes ; la psychologie sociale s'intéresse aux représentations et aux comportements individuels, en référence au contexte social dans lequel ils apparaissent.
☐ Les travaux actuels de la psychologie s'enrichissent du développement des connaissances de la biologie et des neurosciences.

La psychologie est-elle une discipline scientifique ?

☐ La psychologie est diverse, et peut donner une apparence d'éclatement, en raison du grand nombre de ses domaines et de la spécificité de leurs objets, méthodes d'étude et objectifs.
☐ Cependant, un même type de démarche scientifique se retrouve à travers la pluralité des approches. Cette démarche implique que des hypothèses soient formulées à partir d'observations empiriques ou de cadres théoriques, et mises à l'épreuve des faits à l'aide de dispositifs appropriés.
☐ Il y a des différences importantes dans la manière de tester les hypothèses : quantitativement, ce qui permet de contrôler les paramètres qui interviennent dans la situation étudiée ; qualitativement, par l'analyse de cas individuels dans le but de dégager certaines régularités.
☐ Certains psychologues éprouvent de la méfiance à qualifier leur démarche de scientifique. De plus, en raison de la pluralité et de la diversité des modèles et méthodes utilisés en psychologie, certains ne lui reconnaissent pas le statut de discipline scientifique.

Savoirs et pratiques

☐ Quand on parle des psychologues, on pense le plus souvent aux praticiens engagés dans une activité d'intervention dans le domaine de la santé, du travail ou de l'éducation. Cependant, d'autres se consacrent à la recherche, au sein d'organismes publics tels que le CNRS ou l'université.
☐ Les interactions entre recherche et pratique sont nécessaires. Les praticiens ont besoin des connaissances de la recherche fondamentale pour justifier leurs pratiques. En retour, les situations qu'ils observent enrichissent et relancent celle-ci.

QU'EST-CE QUE LA PSYCHOLOGIE ?

Le sens du mot « psychologie »

Étymologiquement, psychologie (du grec, *psyché*, âme, et *logos*, discours) signifie « étude de l'âme » qui caractérise l'être humain. Pour employer une terminologie plus moderne que celle des philosophes grecs, on peut dire qu'elle est la science du psychisme humain, c'est-à-dire ce qui concerne l'esprit et la pensée.

Le terme « psychisme » permet de regrouper les principaux objets de la psychologie : la cognition et l'affectivité.

– **La cognition** concerne la perception, l'intelligence, la mémoire, le langage, l'apprentissage, l'attention, etc.

– Le domaine de **l'affectivité** concerne les besoins, désirs, motivations, émotions, pulsions, modes de relation à autrui, etc.

La présentation des principales spécialités de la psychologie permet d'avoir un premier aperçu de la diversité des objets d'étude de cette discipline.

■ La psychologie clinique

La psychologie clinique cherche à comprendre et expliquer le fonctionnement psychique humain et ses troubles. Elle étudie de façon approfondie les cas individuels, aussi bien dans le registre du normal que du pathologique.

■ La psychopathologie

La psychopathologie correspond à l'étude des maladies mentales et des troubles et dysfonctionnements de la personnalité avec des visées diagnostiques et thérapeutiques.

■ La psychologie du développement

La psychologie du développement a pour objet l'origine, l'évolution (changements marquant un progrès) et l'involution (changements marquant une détérioration) de l'être humain dans ses aspects cognitifs, sociaux et affectifs.

■ La psychologie sociale

La psychologie sociale s'intéresse à la perception que l'individu a de son environnement social, aux relations interindividuelles et aux relations intergroupes. Elle tient compte à la fois des processus individuels (perception, mémoire, etc.) et de l'insertion sociale des individus (statut du groupe d'appartenance, valeurs, normes, etc.).

■ La psychologie cognitive

La psychologie cognitive étudie les grandes fonctions telles que la perception, la mémoire, l'apprentissage, le langage, etc. Elle cherche à en dégager les lois générales. Elle utilise le plus souvent la méthode expérimentale.

■ La psychologie différentielle

La psychologie différentielle a pour objectif de décrire et d'expliquer des différences de conduites entre les individus et entre les groupes, en analysant les caractéristiques qui leur sont propres.

■ La neuropsychologie

La neuropsychologie est l'étude des fonctions mentales supérieures et de leur relation avec le cerveau. Elle repose sur l'étude de patients cérébro-lésés, parfois sur l'étude de sujets sains.

Les psychologues praticiens

Les psychologues exercent des fonctions diversifiées qui contribuent à comprendre et améliorer le fonctionnement psychique de l'individu et les relations des individus entre eux. Le plus souvent, ils travaillent dans des équipes pluridisciplinaires.

Les métiers de la psychologie

☐ Il est difficile de faire un état exact du nombre des psychologues en exercice car la difficulté de trouver un travail à temps plein implique que beaucoup d'entre eux exercent à temps partiel dans différentes institutions ou à la fois en libéral et en institution. Le secteur sanitaire et social (hôpitaux et institutions) et la fonction publique territoriale (petite enfance et aide sociale) sont les plus grands pourvoyeurs d'emplois. Le secteur de l'éducation comprend majoritairement les psychologues scolaires et les conseillers d'orientation. Les psychologues du travail exercent en entreprise ou en cabinet-conseil.

☐ Dans un premier temps, le psychologue accueille et écoute, et éventuellement formule un diagnostic et indique les modalités de prise en charge. En cas de suivi psychologique, les interventions vont du conseil (aide et soutien) à des interventions psychothérapeutiques spécifiques.

☐ L'utilisation de techniques propres au recrutement ou à l'établissement d'un bilan de compétences permet au psychologue, par exemple, de donner un avis quant à l'adéquation d'un candidat par rapport à un poste ou à un projet de formation.

☐ Le psychologue peut également étudier le fonctionnement de groupes ou d'institutions en analysant les attitudes et représentations de leurs membres.

☐ Dans l'institution à laquelle il appartient, le psychologue a souvent pour mission de favoriser la réflexion des différents intervenants sur leurs pratiques, afin de les aider à communiquer et de permettre que chaque individu concerné par l'activité de l'institution se sente reconnu dans son individualité.

L'unité des fonctions

☐ Quelles que soient les fonctions exercées par le psychologue, il est apte à comprendre le fonctionnement psychique et ses déterminants individuels et sociaux. La « neutralité bienveillante » du psychologue lui permet d'entendre et d'analyser ce que l'autre dit en prenant en compte sa propre problématique, en tant qu'elle peut aider à comprendre autrui.

☐ Très souvent le psychologue fait partie d'équipes pluridisciplinaires composées de façon différente, selon le secteur d'intervention. Par exemple, dans le secteur santé, le psychologue collabore avec des médecins, des infirmières, des orthophonistes, des psychomotriciens, des assistants sociaux, etc.

Pratiques et recherche

☐ Les praticiens éclairent leurs pratiques en intégrant les connaissances développées par les chercheurs et en mettant en œuvre des recherches destinées à répondre à un problème rencontré dans l'exercice de leur profession.

☐ Les études de psychologie correspondent à une formation générale et théorique, liée à la recherche et n'ont de visée professionnelle qu'à la fin du cursus.

LA FORMATION DES PSYCHOLOGUES

Le titre de psychologue est protégé par la loi de 1985 et nul ne peut en user s'il n'a pas un diplôme de psychologie obtenu après 5 ans d'études universitaires.
Les études de psychologie ont été intégrées en 2005 dans le cadre du dispositif LMD qui est fondé sur trois niveaux de sortie professionnelle.
Niveau **L** : la **licence** comprend 3 années d'études qui donnent l'ensemble des bases théoriques et méthodologiques, ainsi que des compétences utiles pour exercer dans le secteur éducatif, social et paramédical.
Niveau **M** : le **master** se caractérise par un solide adossement à la recherche. L'objectif est de maîtriser le fondement et l'exercice des pratiques dans l'un des quatre grands domaines de la psychologie : Santé et Clinique, Social et Travail, Éducation, Développement et Cognition et Neuropsychologie. Cette formation implique d'effectuer au moins 500 heures de stage pour obtenir le titre de psychologue.
L'organisation de la première et de la deuxième années peut différer selon les universités. La première année peut être généraliste et ouvrir sur plusieurs spécialités de master 2 ou imposer d'emblée le choix d'une spécialité. La deuxième année peut proposer une spécialité professionnelle ou une spécialité recherche, mais il peut y avoir intégration complète des deux spécialités pour que les futurs chercheurs obtiennent le titre de psychologue. Le parcours recherche est nécessaire pour s'inscrire en thèse (3 ans).
Pour toute information sur la formation nationale en psychologie, consulter le site de l'AEPU, *Panorama des masters 2*.

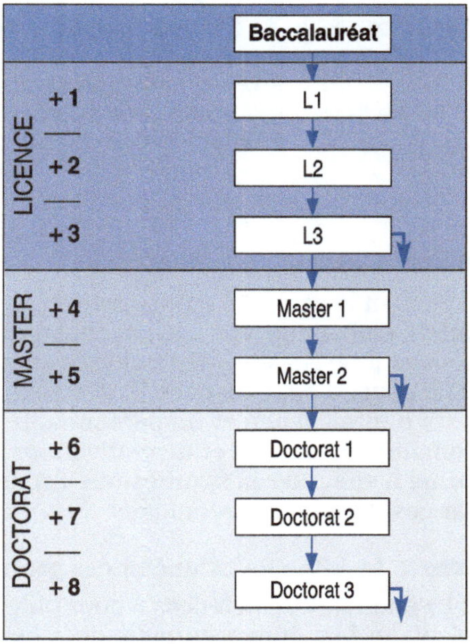

↴ : niveau de sortie professionnelle

Formation continue

Le diplôme d'université complète la formation initiale. Beaucoup de DU en psychologie s'adressent également à des non-psychologues qui ont besoin de connaissances en psychologie dans l'exercice de leur profession.

Les objectifs de la formation

L'enseignement de la psychologie concerne les cadres théoriques et les méthodes des spécialités de la psychologie, et constitue une formation par la recherche, source de la production des savoirs. Les savoir-faire professionnels sont présentés lorsque l'étudiant a acquis les éléments nécessaires pour en comprendre les fondements.
Ces études ont pour but de donner au futur psychologue les moyens de faire évoluer ses pratiques et de lui fournir la formation intellectuelle pour travailler dans des équipes pluridisciplinaires, en ayant une ouverture sur les progrès des autres disciplines.

Les évaluations individuelle et collective

Le psychologue dispose d'outils permettant de décrire et de comprendre les conduites d'un individu ou d'un groupe. Sa formation lui permet de donner un sens à l'ensemble des données obtenues.

L'examen psychologique

☐ Suivant le contexte (consultation pour difficultés scolaires ou psychiques, orientation, embauche, etc.), le psychologue fait l'inventaire des aptitudes, des motivations et intérêts, etc., de l'individu et évalue son mode de fonctionnement.
☐ Le psychologue dispose d'un ensemble de techniques : l'entretien clinique ; les tests d'intelligence et de personnalité dont les techniques projectives, les questionnaires d'intérêts et de motivations ; l'observation des réactions du sujet. Il est formé à effectuer la synthèse de l'ensemble des éléments d'information obtenus par ces différentes techniques.

Le bilan de compétences professionnelles

☐ Le bilan de compétences a pour objectif d'aider l'individu à réflechir à propos de lui-même. Inscrit dans le cadre de la formation continue avec la loi de 1991, il est un droit pour tous les travailleurs et leur permet d'analyser leurs compétences professionnelles et personnelles afin de définir un projet professionnel et/ou de formation.
☐ Le psychologue aide le sujet à faire le point de ce qu'il sait faire et pourrait faire, et analyse avec lui les représentations qu'il a de lui-même, en s'appuyant sur certaines des données du bilan psychologique.

L'évaluation du fonctionnement des groupes

☐ Les travaux de la psychologie sociale donnent au psychologue une grille d'analyse et d'observation des différents types de comportements des individus dans les groupes ; par exemple, la sociométrie permet de mettre en évidence les affinités et antipathies ressenties à l'égard des autres membres du groupe ; l'analyse des différents types de leadership montre leur incidence sur les interactions et le niveau de performance individuelle ou collective.
☐ Grâce aux résultats obtenus, il est possible d'optimiser les formes d'organisation des relations humaines.

Les enquêtes

☐ Les enquêtes permettent d'étudier les attitudes, opinions, préjugés et représentations que tout individu ou groupe d'individus est susceptible d'avoir à propos d'un objet social : par exemple, les rôles masculin et féminin, la maladie mentale, le chômage, la violence, etc.
☐ À l'aide de techniques qualitatives (entretiens individuels ou de groupe) et/ou quantitatives (questionnaires, sondages), il est possible d'analyser les évolutions sociales. À l'heure actuelle, se développe l'étude des représentations sociales, savoirs socialement élaborés et partagés par des groupes, en fonction des normes et valeurs qui leur sont propres.

INTERACTIONS ENTRE LES MEMBRES D'UN GROUPE

■ Grille d'observation des interactions entre les membres d'un groupe

Ce type de grille permet de définir de quelle manière chaque individu contribue au fonctionnement d'un groupe.

La grille établie par R.F. Bales (1950) décrit avec précision les conduites manifestées par chacun des membres d'un groupe qui doivent réaliser en commun une activité, et le plus souvent effectuer une tâche.

Le contenu de chaque message verbal et le nombre de messages émis par chaque membre du groupe sont pris en compte. Six catégories de réponse concernent la tâche (trois propositions et trois demandes) et six autres catégories le registre socio-émotionnel (trois réactions positives et trois négatives).

Manifestations positives (→ domaine socio-émotionnel)
- 1 manifeste sa solidarité
- 2 apparaît détendu
- 3 exprime son approbation

Domaine de la tâche

Propositions :
- 4 fait une suggestion
- 5 donne une opinion
- 6 fournit une information

Demandes :
- 7 demande une information
- 8 s'enquiert d'une opinion
- 9 sollicite une suggestion

Manifestations négatives (→ domaine socio-émotionnel)
- 10 exprime sa désapprobation
- 11 extériorise un état de tension
- 12 manifeste de l'antagonisme

On peut ainsi évaluer le degré d'activité (fréquence et nature des interventions) de chaque membre du groupe et repérer ses modes d'intervention dominants. Il apparaît que les sujets les plus actifs se spécialisent dans les propositions de solutions.

L'évaluation de chaque membre du groupe par les autres montre qu'un sujet est considéré comme compétent ou non par rapport au problème à résoudre, et sympathique ou non.

En fonction des trois variables considérées : activité, compétence dans la tâche et sympathie évaluées par les membres du groupe, une classification des rôles dans un petit groupe peut être établie.

■ Rôles des membres d'un petit groupe

Rôles \ Caractéristiques	activité adaptée	compétence attribuée	sympathie ressentie
le leader apprécié	niveau élevé	niveau élevé	niveau élevé
le spécialiste de la tâche	niveau élevé	niveau élevé	niveau moyen
le spécialiste du socio-émotionnel	niveau moyen	niveau moyen	niveau élevé
le déviant hyperactif	niveau élevé	niveau faible	niveau faible
le déviant sous-actif	niveau faible	niveau faible	niveau faible

Les outils de l'évaluation

Le psychologue est formé à utiliser des outils très différents tant au niveau de leur construction que de leur mise en œuvre. Il choisit, en fonction du type d'évaluation, d'utiliser un ou plusieurs outils : entretien, tests, questionnaires et observation.

L'entretien

☐ L'entretien est directif si le psychologue pose, dans un ordre déterminé, des questions ouvertes d'introduction aux thèmes sur lesquels porte l'échange. Il est non directif si le psychologue se contente d'introduire le thème général de l'entretien et si l'interviewé est libre d'organiser sa réponse. Dans l'entretien semi-directif, il y a un guide d'entretien : l'ordre dans lequel les thèmes sont abordés est libre mais, si l'interviewé n'aborde pas un thème, le psychologue le lui propose.
☐ Les utilisations et les finalités de l'entretien sont multiples : diagnostic, conseil, thérapie, recrutement, orientation et également entretien de recherche. On parle d'entretien clinique si celui-ci a pour objectif l'étude de l'histoire individuelle.

Les tests

☐ Un test est une épreuve standardisée qui permet de comparer le comportement d'un sujet à celui d'autres individus placés dans la même situation.
☐ La standardisation est rigoureuse : lès consignes et les épreuves doivent être appliquées de la même manière par tous les utilisateurs. Ce n'est qu'à cette condition que l'on peut situer la performance du sujet par rapport à l'échantillon de référence.
☐ On distingue plusieurs types de tests mais tous doivent avoir les mêmes qualités : être fidèles (donner le même résultat lors de passations successives), sensibles (permettre de bien discriminer les individus) et valides (mettre en évidence convenablement ce que le test est supposé évaluer).

Les questionnaires

Ils ont pour but de recueillir des informations relatives aux attitudes, opinions, motivations, caractéristiques personnelles, connaissances de celui qui y répond.
Le questionnaire peut comprendre des questions ouvertes (le sujet est libre d'organiser sa réponse) ou fermées (le sujet doit choisir une réponse parmi celles qui lui sont proposées).

L'observation

L'observation peut être utilisée de deux façons par le psychologue :
– au cours de la réalisation d'un entretien ou d'un test pour donner tout leur sens aux réponses fournies par le sujet et comprendre selon quelles modalités il établit une relation avec le psychologue ;
– en tant que méthode de recueil des données conduisant à une description fine des conduites du sujet. L'observation implique de faire l'inventaire du répertoire comportemental, de construire une grille d'observation déterminant les conduites utiles à observer, leurs règles d'enregistrement et de codage, puis d'appliquer la grille à la population étudiée.

LES DIFFÉRENTS TYPES DE TESTS

Les tests psychologiques sont des épreuves standardisées qui quantifient différents aspects du fonctionnement en comparant les résultats d'un sujet donné à ceux d'échantillons de référence.
Selon les types de test, on détermine soit les capacités intellectuelles, soit des aptitudes spécifiques ou des modes d'organisation de la personnalité. Ils servent au diagnostic, permettant d'apprécier précisément et rapidement l'ensemble des caractéristiques du patient. Certains d'entre eux sont également utilisés à des fins de recrutement, pour évaluer l'adéquation entre le candidat et le profil du poste. Ils doivent être utilisés dans tous les cas par des professionnels bien formés car les conclusions auxquelles ils peuvent amener doivent être fondées sur une connaissance des outils, de leurs implications théoriques et de leurs limites.

■ Les mesures des capacités intellectuelles

□ *Les tests de niveau*

Aussi appelés « tests d'intelligence », ils sont très utilisés pour quantifier les connaissances et les capacités de raisonnement, la logique, la mémoire, le vocabulaire..., par l'intermédiaire du QI (quotient intellectuel). Leurs règles d'application et d'interprétation sont rigoureusement définies. Les plus connus sont le WISC chez l'enfant, la WAIS ou le D48 chez l'adulte.

□ *Les épreuves opératoires*

Développées à la suite des travaux de Jean Piaget, elles s'intéressent non pas tant au résultat que va donner le sujet mais à la façon dont il s'y est pris pour résoudre le problème qu'on lui soumet. Ces épreuves complètent les tests de niveau.

■ Les tests d'aptitudes

Ils mesurent un aspect précis et concret des capacités d'un sujet : attention, rapidité motrice, agilité, etc., et sont choisis, souvent dans le recrutement, en fonction de l'aptitude précise que l'on cherche à évaluer. On peut, par exemple, avoir besoin pour un travail de précision d'évaluer la motricité fine des candidats.

■ Les tests projectifs

On demande au sujet d'imaginer ce que peuvent représenter des images construites pour être ambiguës ou abstraites. Il doit donc associer librement, c'est-à-dire exprimer les idées qui lui viennent à l'esprit en regardant le matériel.
Pour chaque test, les réponses sont analysées pour permettre de visualiser le mode d'organisation de la personnalité, en fonction des caractéristiques mises en évidence par un travail théorique antérieur, s'appuyant sur les réponses les plus fréquentes des sujets de l'échantillon.
L'analyse des réponses d'un sujet donné permet d'avoir une vision approfondie de son fonctionnement psychique et de ses modes de relation aux autres.

□ *Le Rorschach*

Le Rorschach (test des taches d'encre), est le plus connu. Il s'interprète en deux étapes : une première étape quantitative (le psychogramme), qui permet de comparer directement le profil du sujet à ceux des échantillons, et une deuxième étape, qualitative, lors de laquelle une analyse plus fine mais délicate peut être menée.

□ *Les autres tests*

De nombreux autres tests projectifs existent pour adultes (TAT) ou pour enfants (CAT ou test de la patte noire).

Le secteur de la santé

Dans le secteur de la santé, le psychologue clinicien intervient pour contribuer au diagnostic, au traitement et au suivi de ceux qui souffrent d'une maladie ou d'un handicap. Il exerce à l'hôpital, dans des organismes publics ou privés, ou en libéral.

Les psychologues cliniciens en institution

Les fonctions du psychologue clinicien sont variées : accueil, écoute pour permettre au patient de formuler sa demande ; contribution au diagnostic par l'intermédiaire d'un examen psychologique et d'un bilan ; participation avec une équipe soignante à la mise en œuvre d'un traitement et à l'évaluation de ses effets ; contribution à l'organisation de l'institution et à la formation de ses personnels.

Les psychologues à l'hôpital

☐ L'hôpital psychiatrique est le secteur privilégié du psychologue. Il participe au diagnostic de la maladie et au suivi de l'évolution du malade, et il prend en charge la détresse psychique et la souffrance qui accompagnent la maladie mentale : celles du malade, de sa famille et de l'équipe soignante.

☐ Le psychologue en hôpital général permet l'écoute de ce que vit celui qui est atteint physiquement et de l'angoisse induite par toute maladie. On trouve de plus en plus de psychologues dans les services de pédiatrie, de cancérologie, de chirurgie, de réanimation, de gériatrie, et même dans les maternités et les services de procréation médicalement assistée.

☐ Il y a également des psychologues dans les services prenant en charge certains troubles spécifiques tels que le sida, etc.

Les psychologues des secteurs sanitaire, social et associatif

☐ Les psychologues au service des régions, départements ou communes participent à la prise en charge de l'enfant et de sa famille dans le cadre de l'ASE (aide sociale à l'enfance) ou de la PMI (protection maternelle et infantile).

☐ De nombreux organismes du secteur privé ou conventionné qui accueillent des enfants, adolescents ou adultes avec des troubles psychiques ou des handicaps sensoriels ou moteurs, intègrent dans leur équipe des psychologues.

☐ Des consultations de gérontologie, des établissements d'hébergement pour personnes âgées dépendantes (EHPAD), et autres maisons de retraites se développent en raison du vieillissement de la population. Ce secteur devrait offrir de plus en plus d'emplois aux psychologues.

L'exercice libéral

L'exercice libéral est pratiqué par des psychologues cliniciens expérimentés. Certains ont suivi de surcroît une formation psychanalytique. Les activités concernent l'établissement d'un bilan, le conseil ou un traitement psychothérapeutique. Les honoraires du psychologue libéral sont libres et ne sont pas remboursés par la Sécurité sociale. Certaines mutuelles assurent le remboursement d'un nombre déterminé de séances.

PSYCHOLOGUE, PSYCHIATRE, PSYCHOTHÉRAPEUTE, PSYCHANALYSTE

Psychologie

□ La psychologie en tant que discipline indépendante de la médecine est née d'un contexte particulier : après la Deuxième Guerre mondiale, les besoins de la santé publique se diversifient et les médecins et psychiatres ne suffisent plus à faire face. Pour répondre à cette demande sociale, la licence de psychologie est organisée au plan national en 1948 par Daniel Lagache donnant ainsi à la psychologie son autonomie par rapport à la philosophie.

□ Cependant, une controverse eut alors lieu sur la question de l'opportunité de laisser les psychologues exercer des traitements psychothérapeutiques sans un contrôle médical. Toutes les difficultés qui ont marqué la reconnaissance du statut des psychologues en tant que praticiens travaillant de façon autonome sont à replacer dans ce contexte. Ce n'est qu'en 1985 qu'est promulguée la loi sur le titre de psychologue, qui ne peut être utilisé que par des diplômés à bac + 5.

Psychanalyse et psychothérapie

La formation à la psychanalyse n'est pas assurée dans le cadre universitaire et demande une démarche personnelle de formation, en dehors des études de psychologie. La formation à la pratique de la psychanalyse est donnée par des instituts privés extérieurs à l'université.

□ Au moins trois éléments sont nécessaires à la formation d'un psychanalyste : connaître soi-même l'expérience d'une psychanalyse personnelle, acquérir une expérience clinique sous la supervision d'un analyste confirmé et organiser son propre cadre de références théoriques par un approfondissement des différentes perspectives psychanalytiques.

□ La psychothérapie a pour objectif de mettre en œuvre des moyens appropriés pour aider le patient à dénouer certains conflits psychiques anciens. Quelle que soit la technique utilisée, il s'agit de contribuer à l'amélioration de l'état psychique du patient : par exemple, les thérapies analytiques permettent la compréhension de la signification d'un ou de plusieurs symptômes, et les thérapies comportementales aident à établir de nouveaux apprentissages, après déconditionnement des conduites inadaptées.

Qui sont-ils ?

□ **Psychologue :** titulaire d'un master de psychologie. Certains d'entre eux sont psychanalystes ou psychothérapeutes.

□ **Psychanalyste :** la plupart des psychanalystes ont été formés par une école de psychanalyse et le plus souvent ont une formation en médecine ou psychologie.

□ **Psychiatre :** médecin spécialiste du traitement des maladies mentales. Certains d'entre eux sont psychanalystes ou psychothérapeutes. Ils sont, en tant que médecins, les seuls à pouvoir prescrire des médicaments psychotropes.

□ **Psychothérapeute :** le titre de psychothérapeute est désormais protégé par la loi du 9 août 2004. Il ne peut être utilisé que par des professionnels reconnus, dont l'inscription au registre national des psychothérapeutes est soumise à des critères précis de formation. Qu'ils soient psychologues, psychanalystes ou psychiatres, tous doivent justifier d'une formation en psychopathologie clinique.

Psychologues du travail et vie sociale

Dans le secteur du travail et de la vie sociale, le psychologue utilise ses compétences pour qu'il y ait la meilleure adéquation possible entre l'individu et son environnement.

La gestion des ressources humaines

☐ Le recrutement est une activité qui peut être confiée aux psychologues en raison de la spécificité de leur formation en matière de techniques d'embauche.
☐ Dans les services du personnel de certaines entreprises publiques ou privées ou des cabinets conseils, les psychologues participent, seuls ou en équipe, à la gestion des ressources humaines : gestion prévisionnelle de l'emploi et des rémunérations, définition des besoins de formation et mise en œuvre des actions de formation, etc.
☐ Certaines formes d'intervention des psychologues se sont développées en relation avec la crise économique : bilans de compétences, techniques de recherche d'emploi, aides à l'insertion professionnelle, *outplacement*, etc.

La psychologie ergonomique

☐ Les ergonomes interviennent dans des équipes pluridisciplinaires pour améliorer les conditions de l'environnement de travail : conception des matériels, systèmes homme-machine, adaptation des salariés aux innovations techniques et aux nouvelles conditions de travail. Il s'agit d'étudier les processus physiques et mentaux sollicités dans une situation donnée.
☐ Les psychologues sont associés aux missions de sécurité dans les entreprises et à ce qui a trait à l'organisation des lieux publics et, de façon plus générale, à l'environnement de l'être humain.
☐ L'analyse du travail lui-même, avec sa dimension collective, est un autre objet de la psychologie ergonomique, avec l'étude des situations des différentes formes de communications entre les opérateurs.
☐ Dans les services qualité des entreprises privées ou publiques, les psychologues participent à l'étude du produit créé et à son adaptation à l'utilisateur.

Psychologie et communication

☐ Dans des équipes pluridisciplinaires, le psychologue étudie les comportements du consommateur ou du public : il peut en particulier exercer diverses fonctions en relation avec les études de marché et la publicité et participer aux politiques d'information du public ou aider aux modalités de son accueil.
☐ Le psychologue a été formé à analyser les différentes formes de communication entre les individus, entre les groupes, et entre individus au sein d'un groupe. À ce titre, il contribue à faire évoluer toutes les formes de communication dans les organisations et en particulier à trouver des formes de résolution dans le cas de situations conflictuelles.
☐ Les enquêtes d'opinion et les sondages permettent d'observer les évolutions sociales et éventuellement de proposer des politiques publiques adaptées.

LE PSYCHOLOGUE ET LE RECRUTEMENT

■ Les compétences spécifiques du psychologue en matière de recrutement

Un psychologue participant au recrutement doit :

– savoir sélectionner de façon pertinente les techniques à utiliser en sachant quels types d'information elles peuvent apporter en fonction du type de recrutement : entretiens ; tests d'intelligence, d'aptitudes, de connaissances, de personnalité ; questionnaires d'intérêts et de motivations ;

– appliquer de façon rigoureuse ces différents outils ;

– analyser et interpréter les résultats recueillis et les mettre en relation les uns avec les autres pour en faire la synthèse en fonction du poste à pourvoir, du contexte du poste et des partenaires professionnels de celui qui sera recruté ;

– être particulièrement vigilant à propos des caractéristiques de la population de référence qui a servi à l'étalonnage du test ou du questionnaire, et faire évoluer les outils utilisés en fonction des caractéristiques de ceux à qui ils sont appliqués ;

– créer de nouveaux instruments en prenant toutes les précautions pour qu'ils soient valides ;

– respecter les règles déontologiques de la profession.

■ Les règles déontologiques en matière de recrutement

Le psychologue est tenu de communiquer les résultats de ses investigations à celui qui en a été l'objet.

En ce qui concerne l'employeur, il ne doit communiquer ses analyses que pour répondre à la question : « Le candidat convient-il ou non au profil du poste proposé et est-il susceptible d'avoir des interactions positives avec ceux avec qui il devra travailler ? »

Il apparaît à beaucoup de psychologues qu'il n'est pas légitime d'utiliser dans la procédure de recrutement des tests projectifs qui ont été construits à des fins de diagnostic.

Extrait du Code de déontologie des psychologues

LES CONDITIONS DE L'EXERCICE DE LA PROFESSION

Article 7

Les obligations concernant le respect du secret professionnel s'imposent quel que soit le cadre d'exercice.

Article 16

Le psychologue présente ses conclusions de façon claire et compréhensible aux intéressés.

Article 17

Lorsque les conclusions du psychologue sont transmises à un tiers, elles répondent avec prudence à la question posée et ne comportent les éléments d'ordre psychologique qui les fondent que si nécessaire. La transmission à un tiers requiert l'assentiment de l'intéressé ou une information préalable de celui-ci.

LES MODALITÉS TECHNIQUES DE L'EXERCICE PROFESSIONNEL

Article 23

La pratique du psychologue ne se réduit pas aux méthodes et aux techniques qu'il met en œuvre. Elle est indissociable d'une appréciation critique et d'une mise en perspective théorique de ces techniques.

Article 24

Les techniques utilisées par le psychologue pour l'évaluation, à des fins directes de diagnostic, d'orientation ou de sélection, doivent avoir été scientifiquement validées et sont actualisées.

Psychologues de l'enfant et de l'adolescent

Dans ce domaine, les activités du psychologue sont très variées : depuis des activités de conseil s'adressant à tout enfant jusqu'aux prises en charge thérapeutiques d'enfants en difficulté grave.

La prévention, le dépistage et le soutien psychologique

□ Dans les centres de protection maternelle et infantile (PMI), les psychologues reçoivent en consultation des enfants âgés de 0 à 6 ans. Ils participent à la formation des personnels des crèches et des assistantes maternelles. Ils ont un rôle de prévention qu'ils exercent également dans les associations d'aide aux parents et enfants comme celles d'écoute et d'aide téléphonique.

□ Les psychologues scolaires interviennent à l'école maternelle et élémentaire auprès d'enfant ayant des difficultés d'apprentissage ou des difficultés relationnelles. Ce sont d'anciens instituteurs ou professeurs des écoles qui, après une licence de psychologie, ont suivi une année d'études spécifiques.

□ Les réseaux d'aide spécialisée aux élèves en difficulté (RASED) ont été constitués autour des écoles maternelles et élémentaires pour regrouper les structures assurant la prise en charge de ces élèves.

□ Entre 6 et 14 ans, l'élève en difficulté peut être adressé dans un centre médico-psycho-pédagogique (CMPP) et entre 14 et 20 ans dans un institut médico-pédagogique (IMP). Ces deux institutions ont une convention avec la Sécurité sociale et le psychologue y travaille en collaboration avec d'autres intervenants.

□ Les conseillers d'orientation psychologues s'adressent aux élèves du collège, du lycée et aux étudiants de l'université pour les aider à construire un projet de formation et un projet professionnel.

□ Les collectivités territoriales et locales font appel à des psychologues capables de définir et de mettre en œuvre une politique de l'enfance et de la jeunesse : loisirs de l'enfant, soutien scolaire, animation culturelle, aide à l'insertion professionnelle, etc.

L'enfant et l'adolescent en grave difficulté

□ Les psychologues sont nombreux dans les structures qui suivent les enfants et les adolescents ayant des difficultés graves : ceux qui ne sont pas élevés dans leur famille, en raison de la défaillance de leurs parents ; ceux qui sont internes dans des établissements de rééducation psychothérapeutique, en raison de troubles du comportement, de déficiences mentales, d'handicaps moteurs ou sensoriels.

□ Les pratiques du psychologue dans ces institutions sanitaires et sociales sont celles du psychologue clinicien ou du psychothérapeute. Il consacre globalement beaucoup de temps à l'aide et au conseil de la famille.

L'enfant et l'adolescent consommateurs

La conception des produits pour enfants (mobilier, jeux, vêtements, produits alimentaires, etc.) nécessite la connaissance du développement psychologique. Les créateurs doivent savoir observer et analyser les réactions de ceux à qui ces produits sont destinés, les enfants comme leurs parents.

LE PSYCHOLOGUE DANS UN CMPP

Le rôle des CMPP

Les centres médico-psycho-pédagogiques (CMPP) prennent en charge des enfants qui, n'ayant pas de déficits intellectuels graves, présentent des difficultés scolaires et/ou des troubles du caractère et du comportement.

Ces établissements sont considérés par le ministère de la Santé comme des lieux de traitement et leurs interventions sont prises en charge à 100 % par la Sécurité sociale.

Le psychologue y travaille dans une équipe constituée d'intervenants aux fonctions très différenciées.

Qui vient consulter dans un CMPP ?

Très fréquemment, il s'agit d'enfants et d'adolescents qui ont été perçus par un membre de l'institution scolaire (le plus souvent, enseignant ou psychologue scolaire) comme présentant des difficultés importantes d'apprentissage ou des troubles relationnels.

Parfois, l'enfant peut être amené en consultation par sa famille qui estime qu'il pose problème.

Qui sont les intervenants ?

Ils sont nombreux et avec des formations différentes : médecins – pédiatres ou psychiatres –, psychologues ou psychothérapeutes, rééducateurs – orthophonistes, psychomotriciens, psychopédagogues. Cette équipe pluridisciplinaire a pour objectif d'établir un diagnostic et de mettre en œuvre un traitement approprié.

Le choix du traitement est fondé sur le fait que tous ces intervenants considèrent que la plupart des difficultés scolaires ayant conduit à consulter sont des symptômes de difficultés affectives et relationnelles profondes.

Quelle est la démarche du psychologue ?

Le rôle médiateur du psychologue est essentiel au cours des différentes étapes. Il va :
- effectuer la prise de contact avec l'enfant et sa famille ;
- établir un bilan psychologique à partir des entretiens, tests d'intelligence et de personnalité et épreuves destinées à évaluer des troubles spécifiques (langage, motricité, latéralisation, etc.) ;
- évaluer la demande des parents : ne veulent-ils qu'une rééducation ou acceptent-ils un travail de psychothérapie pour leur enfant ?
- aider l'enfant à comprendre les raisons de la prise en charge : celui-ci doit se sentir concerné par une demande qui le plus souvent a été celle d'un adulte. Il doit reconnaître ses difficultés et chercher à y remédier ;
- faire comprendre à l'enfant que le secret sera préservé sur ce qu'il dit ;
- contribuer à la définition des modalités de prise en charge de l'enfant au cours d'une réunion de synthèse ;
- conduire une psychothérapie, si le psychologue a reçu la formation nécessaire ;
- évaluer les effets du traitement au cours du suivi psychologique de l'enfant.

Les acteurs de la rééducation

L'orthophoniste traite les troubles de la voix, de la parole et du langage écrit chez l'enfant, quelle qu'en soit l'origine.
Le psychomotricien traite les difficultés motrices des patients, allant des troubles du contrôle de la motricité fine (permettant par exemple la maîtrise de l'écriture) à ceux liés à un handicap moteur ou mental.
Le psychopédagogue désigne l'éducateur spécialisé qui intervient dans les RASED auprès de l'enfant pour l'aider à compenser les lacunes éducatives du milieu familial et/ou à réaliser certains apprentissages scolaires.

Psychologues et justice

Les psychologues travaillant dans le secteur de la justice sont employés par la protection judiciaire de la jeunesse ou l'administration pénitentiaire. Ils peuvent aussi être experts auprès des tribunaux ou contribuer à l'aide aux victimes.

La protection judiciaire de la jeunesse

☐ Les psychologues interviennent au sein des équipes qui prennent en charge, à la suite d'une décision du juge des enfants, des mineurs en danger (en raison de diverses formes de maltraitance familiale), des délinquants, fugueurs ou toxicomanes. Les structures qui accueillent ces mineurs sont diverses : centres de jour, foyers d'hébergement, ateliers, consultations, etc.

☐ Les fonctions du psychologue de l'éducation surveillée sont très variées et délicates compte tenu de l'importance des difficultés psychologiques des mineurs : elles vont du bilan-expertise à une prise en charge thérapeutique individuelle ou familiale, en contribuant à organiser les pratiques éducatives nécessaires.

Les psychologues de l'administration pénitentiaire

☐ Il y a, à l'heure actuelle, fort peu de psychologues dans l'administration pénitentiaire. Ils travaillent dans les équipes socio-éducatives des établissements pénitentiaires ou contribuent à l'orientation des détenus et à la réinsertion des libérés.

☐ En raison de l'évolution de la population carcérale en France et du grand nombre de délinquants, on peut penser qu'une politique d'aide psychologique sera développée dans les années à venir.

Les psychologues experts

☐ Les experts auprès des tribunaux sont des praticiens expérimentés, le plus souvent des cliniciens, qui ont parfois complété leur formation en criminologie et qui sont inscrits sur une liste d'experts.

☐ Contrairement au psychiatre, le psychologue ne se prononce pas sur la responsabilité du sujet mais évalue ses capacités intellectuelles et caractéristiques de personnalité afin de permettre de comprendre l'origine des conduites qui ont provoqué le délit.

Le service d'aide aux victimes

☐ À la suite des lois de 1977 à 1990, relatives aux droits des victimes d'infraction pénale, ont été mis en place des services d'aide aux victimes, où celles-ci peuvent trouver des professionnels ou des bénévoles susceptibles de les informer de leurs droits. Elles peuvent également bénéficier d'une aide psychologique adaptée au traumatisme engendré par les préjudices subis.

☐ L'aide psychologique s'adresse à ceux qui ont subi des agressions physiques, et souvent des violences sexuelles ou conjugales. Elle concerne également des victimes d'attentat, de catastrophes naturelles et aussi d'accidents graves de la circulation.

☐ Le psychologue a d'abord pour rôle de permettre la verbalisation de la détresse et de la souffrance de celui ou celle qui a subi une agression, afin d'en permettre l'élaboration et l'inscription dans l'histoire du sujet.

LE PSYCHOLOGUE DANS LE MONDE JUDICIAIRE

Le psychologue qui est appelé à intervenir auprès d'une victime peut le faire avant la procédure, pendant et après, comme le montre le schéma ci-dessous. Le psychologue peut être également appelé à intervenir auprès de l'auteur du délit.

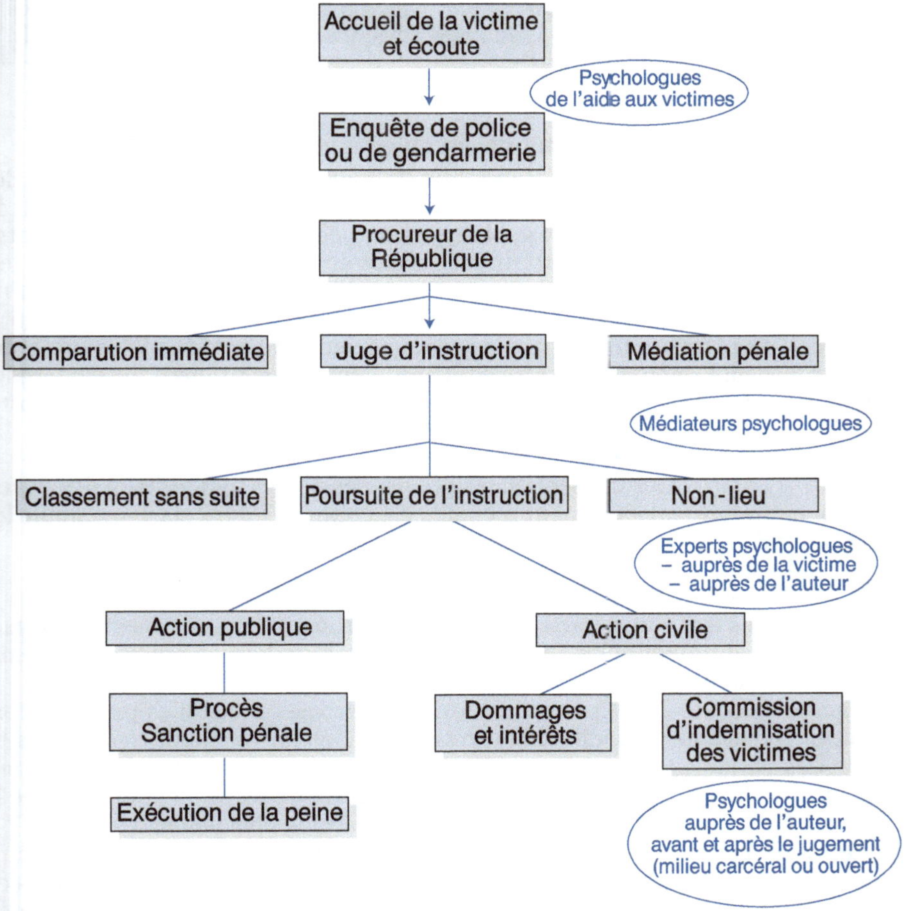

Paris-Aide aux victimes

Il existe des associations d'aide aux victimes qui reçoivent, par exemple, les victimes d'infractions pénales. Les équipes peuvent être composées d'un service administratif, de bénévoles et de psychologues.

Les bénévoles ne sont jamais d'anciennes victimes, mais des professionnels du droit ou des personnes venant d'horizons divers mais riches d'expériences. Ils ont été recrutés non seulement en fonction de leur qualification, mais aussi de leur capacité d'écoute. Ils doivent participer aux formations juridiques et de techniques d'écoute et d'entretien. Ils animent les permanences d'accueil.

Les psychologues ne rencontrent que les victimes qui l'ont demandé et peuvent effectuer leur suivi. Ils travaillent en collaboration avec les accueillants et participent à leur formation.

Les méthodes de recherche en psychologie

On peut ordonner les différentes méthodes sur un continuum allant des méthodes quantitatives, dont les résultats sont reproductibles, aux méthodes qualitatives, basées sur l'étude de cas individuels.

Mener une recherche : définir un objectif et choisir une méthode

☐ Le but d'une recherche consiste à mettre en évidence un phénomène ou à tester des hypothèses relatives aux variables dont il dépend. Ces hypothèses découlent soit de l'accumulation d'observations préalables, soit de théories et modèles préexistants.
☐ La méthode utilisée doit être approuvée par la communauté scientifique et respecter les règles de déontologie. On peut ordonner les méthodes disponibles sur un continuum allant de celles qui permettent de recueillir des observations quantitatives (temps de réaction, fréquences de réponse, etc.) et reproductibles (un autre chercheur menant la même étude arriverait aux mêmes conclusions), aux démarches qualitatives centrées sur les conduites des individus considérés dans leur singularité.

La méthode expérimentale

Le chercheur compare les conséquences prévisibles de son hypothèse à des observations quantitatives spécialement recueillies à cette fin. Pour cela, il manipule les variables étudiées en créant des situations totalement reproductibles.

Les méthodes comparatives

☐ Ces différentes méthodes partagent avec l'expérimentation un objectif de quantification et de reproductibilité. Cependant, les variables dont on étudie le rôle existent indépendamment de l'intervention du chercheur.
☐ L'enquête consiste à comparer des données verbales recueillies par questionnaire ou entretien auprès de différents groupes d'individus (échantillons) choisis en fonction des variables retenues pour l'étude. Par exemple, on propose à des personnes d'âges différents un questionnaire permettant de tester l'hypothèse que la tendance à être superstitieux est plus marquée chez les plus jeunes.
☐ L'analyse de contenu permet de décrire et d'interpréter des matériaux verbaux. Elle peut ainsi concerner des discours politiques (pour comparer les rhétoriques de différents candidats) ou des manuels scolaires (pour analyser, par exemple, la façon dont ils transmettent les stéréotypes liés au sexe).
☐ L'observation analyse des comportements reproduisant dans des conditions spontanées (observer les rites de séparation sur un quai de gare) ou aménagées (observer les interactions mère-enfant dans une situation créée à cet effet).

La méthode clinique

La méthode clinique, basée principalement sur l'entretien, est centrée sur l'étude approfondie de cas individuels. La convergence des observations effectuées par un même chercheur, la comparaison des études effectuées par différents chercheurs, et leur confrontation avec une théorie, permettent de tester des hypothèses et d'en générer de nouvelles. Cependant, compte tenu de la singularité de chaque individu, les résultats auxquels elle conduit ne sont pas strictement reproductibles.

LA MÉTHODE EXPÉRIMENTALE

Des hypothèses aux prédictions

La méthode expérimentale permet de tester des hypothèses du type :
« *Une modification de la variable* X *entraîne une variation quantitative du phénomène* Y. »
On prédit alors ce qui se produira lorsqu'on mettra les hypothèses à l'épreuve des faits dans le cadre d'une expérience.

Hypothèse

« La profondeur de traitement (*X*) facilite la mémorisation (*Y*) »

Craik et Lockhart.

Mise à l'épreuve

□ On présente à des participants une série de 60 mots, précédés de différentes questions. Par exemple, pour le mot « TRAIN », le traitement le plus superficiel pourrait être : « Ce mot est-il écrit en lettres capitales ? » ; le traitement le plus profond pourrait être : « Ce mot pourrait-il être inclus dans la phrase suivante : "Il vit un... dans le ciel" » ?
□ On présente ensuite une liste de 180 mots dont les 60 initiaux. Les sujets doivent dire si chacun des 180 mots de la liste a ou non été présenté dans la première phase.
□ On mesure le pourcentage de reconnaissances exactes.

Prédiction

On prédit que le taux de reconnaissance sera d'autant plus élevé que les mots ont été traités en profondeur.

Exercer des contrôles pour conclure sans ambiguïté

L'expérience doit être conçue de sorte que les résultats puissent être interprétés sans ambiguïté : si *Y* varie, c'est bien dû à la modification de *X* et pas à autre chose. Pour cela, le chercheur isole *X* de toutes les autres variables susceptibles elles aussi d'influencer *Y*, de façon à rendre « toutes choses égales par ailleurs ».

Sachant que les mots les plus courts sont plus faciles à mémoriser, les mots soumis aux différents traitements sont choisis afin d'être de même longueur.

Analyser les données : résumer et raisonner pour conclure

La confrontation des résultats aux prédictions permet, après analyse des données, de conclure si l'hypothèse est confirmée ou non.
La confrontation passe d'abord par la description. Les données sont résumées, par exemple sous forme de distributions ou de moyennes, ce qui permet de conclure si les données sont ou non dans la direction prévue par l'hypothèse.

Le taux de reconnaissance est meilleur quand les mots ont subi le traitement le plus profond (71 %) que quand ils ont subi le traitement le plus superficiel (24 %), ce qui va dans le sens prédit par l'hypothèse.

Mais le chercheur doit aller au-delà de la description et évaluer dans quelle mesure le hasard seul n'aurait pas pu produire ce type de résultats, ce qui empêcherait de conclure. Il effectue pour cela des tests statistiques. Si la différence observée va dans le sens prévu et qu'elle est plus importante que ce que laisserait prévoir le hasard, on conclut qu'elle est significative et que l'hypothèse est confirmée.

La différence entre 71 % et 24 % est significative : l'hypothèse est confirmée.

En fonction de la conclusion, le chercheur peut être amené à préciser ou à modifier la théorie sur laquelle est fondée l'hypothèse.

Éthique et déontologie

Le Code de déontologie des psychologues et des enseignants-chercheurs en psychologie repose sur le principe du respect de la dimension psychique de la personne humaine. Il concerne l'exercice de la profession et la formation des psychologues.

Un code : des principes à la pratique

☐ Le terme « déontologie » désigne les règles d'application de valeurs et de principes éthiques dans l'exercice d'une profession. Ces règles sont fixées par des codes internes, sans valeur juridique (civile ou pénale) et n'obligeant que ceux qui s'y réfèrent.
☐ Le premier Code de déontologie des psychologues a été rédigé en 1961. Son caractère incomplet et trop général, la promulgation d'une loi sur la protection du titre de psychologue (1985) et les évolutions des pratiques professionnelles ont nécessité une refonte du Code en 1996 puis en 2012. Les affaires mettant en jeu la déontologie peuvent être soumises à des commissions consultatives.
☐ Le Code a pour finalité première de « protéger le public et les psychologues contre les mésusages de la psychologie et contre l'usage de méthodes et techniques se réclamant abusivement de la psychologie » (préambule). Il est fondé sur le principe que « le respect de la personne humaine dans sa dimension psychique est un droit inaliénable » (*ibid.*). C'est sur la base de ce même principe que toute recherche sur le comportement humain doit être soumis à un Comité de protection des personnes.

L'exercice de la profession

Outre le respect des droits de la personne, le psychologue est tenu à plusieurs devoirs.
☐ Le psychologue doit se tenir informé des progrès réalisés dans sa discipline, appliquer des méthodes scientifiques, respecter l'exactitude des faits relatés et la véracité dans la communication des résultats. Il doit refuser toute tâche que l'état d'avancement des savoirs et des techniques psychologiques ne lui permet pas d'assumer.
☐ Il a une responsabilité dans la diffusion de la psychologie auprès du public et des médias. Il doit veiller à ce que les connaissances qu'il diffuse ne soient pas détournées à des fins non-conformes à la déontologie de la profession.

La formation des psychologues

☐ Les institutions de formation diffusent le Code aux étudiants en psychologie dès le début de leurs études et s'assurent que se développe la réflexion sur les questions éthiques et déontologiques liées aux différentes pratiques.
☐ Dès lors qu'ils effectuent un stage, les étudiants sont tenus d'appliquer les dispositions du Code.
☐ La formation présente les différents champs d'étude de la psychologie, ainsi que la pluralité des cadres théoriques, des méthodes et des pratiques.

La recherche

☐ Le chercheur respecte la libre décision des personnes qui participent à ses travaux.
☐ Il respecte la confidentialité et l'anonymat et il protège les données recueillies en accord avec la législation en vigueur.

LES DROITS DE LA PERSONNE

Protéger l'intégrité de la personne

« Le psychologue ne peut se prévaloir de sa fonction pour cautionner un acte illégal et son titre ne le dispense pas des obligations de la loi commune. Dans le cas de situations susceptibles de porter atteinte à l'intégrité psychique ou physique de la personne qui le consulte ou à celle d'un tiers, le psychologue évalue avec discernement la conduite à tenir en tenant compte des dispositions légales en matière de secret professionnel et d'assistance à personne en péril. »

Article 19 du Code de déontologie des psychologues

Respecter la confidentialité et l'anonymat

« Le psychologue recueille, traite, classe, archive, conserve les informations et les données afférentes à son activité selon les dispositions légales et réglementaires en vigueur. Il en est de même pour les notes qu'il peut être amené à prendre au cours de sa pratique professionnelle. Lorsque ces données sont utilisées à des fins d'enseignement, de recherche, de publication ou de communication, elles sont impérativement traitées dans le respect absolu de l'anonymat. »

Article 26 du Code de déontologie des psychologues

Le psychologue assure la confidentialité de ses interventions. Il respecte le secret professionnel et préserve la vie privée.

S'assurer du consentement des personnes

« Avant toute intervention, le psychologue s'assure du consentement libre et éclairé de ceux qui le consultent ou participent à une évaluation, une recherche ou une expertise. Il a donc l'obligation de les informer de façon claire et intelligible des objectifs, des modalités et des limites de son intervention, et des éventuels destinataires de ses conclusions »

Article 9 du Code de déontologie des psychologues

Les interventions auprès de mineurs ou de majeurs protégés requièrent le consentement des détenteurs de l'autorité parentale ou des représentants légaux.

Protéger les personnes participant à des recherches

« Préalablement à toute recherche, le chercheur étudie, évalue les risques et les inconvénients prévisibles pour les personnes impliquées dans ou par la recherche. Les personnes doivent également savoir qu'elles gardent leur liberté de participer ou non et peuvent en faire usage à tout moment sans que cela puisse avoir sur elles quelque conséquence que ce soit. »

Article 46 du Code de déontologie des psychologues

Le chercheur doit s'enquérir de la façon dont la recherche a été vécue et s'efforcer de remédier aux éventuels inconvénients ou effets néfastes de son intervention.

Le consentement peut exceptionnellement être obtenu en deux temps.

Cette exception « doit être strictement réservée aux situations dans lesquelles une information complète risquerait de fausser les résultats et de ce fait de remettre en cause la recherche. Les informations cachées ou erronées ne doivent jamais porter sur des aspects qui seraient susceptibles d'influencer l'acceptation à participer. Au terme de la recherche, une information complète devra être fournie à la personne qui pourra alors décider de se retirer de la recherche et exiger que les données la concernant soient détruites. »

Article 48 du Code de déontologie des psychologues

Évolution et involution

L'étude du développement psychologique concerne les transformations qui affectent l'être humain de sa conception à sa mort. L'objectif est de décrire et d'expliquer les modifications – améliorations et détériorations – des différentes capacités humaines.

Le développement : progrès et régression

Le développement est décrit soit en termes d'évolution, c'est-à-dire de transformations progressives, soit en termes d'involution, c'est-à-dire de modifications régressives d'une fonction. Par exemple, on étudie les progrès de la mémorisation chez l'enfant et la diminution des performances mnémoniques avec le vieillissement.

L'homme se développe tout au long de sa vie

☐ À l'heure actuelle, la psychologie du développement s'intéresse à tous les âges de la vie, et non plus aux seules périodes de l'enfance et de l'adolescence, attractives en raison de leurs transformations rapides et manifestes.
☐ E. H. Erikson (1968) est l'un des premiers auteurs qui considère le développement dans la totalité de son déroulement, selon les processus qui permettent de comprendre comment évolue l'identité du moi, au cours de l'existence humaine. Chacun des huit stades décrits se caractérise par un conflit spécifique entre les contraintes du milieu extérieur exercées sur l'individu et celles nécessaires au maintien de son identité personnelle.

Les progrès de la psychologie de l'enfant et de l'adolescent

☐ L'idée selon laquelle un nouveau-né se réduirait à un tube digestif, plus ou moins aveugle et sourd à la naissance, est complètement périmée : on étudie désormais les compétences précoces du bébé.
☐ De même, l'enfant avant 6 ans, longtemps décrit comme incompétent à communiquer, est maintenant considéré comme pouvant établir et maintenir des relations et des interactions non seulement avec les adultes mais aussi avec ses pairs.
☐ L'étude de l'enfant d'âge scolaire (de 6 à 12 ans) et de l'adolescent (de 12 à 18 ans) est tournée vers la socialisation et les difficultés d'insertion scolaire et sociale.

Le fonctionnement psychique à l'âge adulte

☐ L'entrée dans l'âge adulte, la maturité et le vieillissement sont des périodes qui ont des modes spécifiques de fonctionnement psychique. Plusieurs crises sont susceptibles d'apparaître pendant l'âge adulte : à l'occasion de la maternité ou de la paternité, ou au moment de l'adolescence de leurs enfants. La crise du milieu de la vie (entre 45 et 55 ans) correspond à un renoncement à ce qui ne sera plus réalisable et à l'acceptation de certaines transformations physiologiques.
☐ L'allongement de la durée de la vie conduit à distinguer au moins deux grandes périodes dans le vieillissement, celle marquée par des changements sociaux comme la retraite et celle où dominent les changements physiques pouvant conduire à une diminution de l'autonomie.

LES ÂGES DE LA VIE SELON E. H. ERIKSON (1902-1994)

Attentes sociales et désirs propres

E. H. Erikson est un psychanalyste qui a attiré l'attention sur l'importance des conflits entre les attentes sociales auxquelles est soumis l'individu et ses désirs propres. L'auteur a ainsi décrit les stades psycho-sociaux suivant le type de tensions et conflits existant, aux différents moments de l'existence, entre des tendances opposées, positive et négative. Si la tendance positive domine, elle permet la résolution du conflit et l'individu progresse dans son évolution ; dans le cas contraire, il y a ralentissement dans le développement et éventuellement fonctionnement pathologique.

Par exemple, au cours des deux premières années de la vie, la première crise oppose la confiance et la méfiance de l'enfant, et sa mère, selon qu'elle répond de façon adaptée ou non à ses besoins : le degré de confiance en soi de l'individu en dépend.

L'identité personnelle

Ainsi, l'identité personnelle est l'ensemble des représentations et des sentiments qu'une personne développe à propos d'elle-même. Ces représentations et ces sentiments changent avec l'âge et contribuent à l'estime que chaque individu a de lui-même, selon qu'il se considère comme conforme ou non aux attentes des autres et à ses propres attentes.

Stade tendance positive / tendance négative	**Aspect dominant de la construction de l'identité**
0-24 mois confiance / méfiance	Le petit enfant acquiert un sentiment de confiance en soi lui permettant de s'adapter aux situations et personnes nouvelles.
2-3 ans autonomie / doute	À cet âge, il y a différenciation moi-autrui et affirmation de soi par acceptation ou refus des demandes parentales.
4-5 ans initiative / culpabilité	L'enfant affirme son identité par la réalisation de différentes activités en ayant déterminé des buts à atteindre.
6-11 ans compétence / infériorité	La maîtrise des savoirs s'effectue grâce aux progrès des capacités intellectuelles et à l'apprentissage des normes sociales.
Adolescence identité / sentiments diffus	L'adolescent explore les rôles possibles et adopte ceux qui lui conviennent le mieux, en fonction de ses potentialités et de ses valeurs personnelles.
Jeune adulte intimité / isolement	Le sentiment d'identité personnelle permet d'établir avec autrui une relation d'intimité et de solidarité.
Adulte générativité / stagnation	La procréation et/ou la réalisation de différentes activités permettent à l'individu d'éprouver le sentiment de perdurer.
Âge mur intégrité personnelle / désespoir	L'individu cherche à réaliser l'intégration des expériences passées et l'acceptation des limites de la vie humaine.

Les aspects du développement humain

Le développement sensorimoteur et cognitif est plus important au début et à la fin de la vie. Les évolutions de l'identité personnelle dominent à l'adolescence et à l'âge adulte.

Le développement sensoriel et moteur

□ Les modalités sensorielles – vision, audition, toucher, olfaction et goût – permettent à l'individu de recevoir des informations du monde extérieur : ces sens sont fonctionnels dès la fin de la vie intra-utérine chez l'individu normal et évolueront sous l'effet de la maturation.

□ Le développement moteur permet la maîtrise de l'environnement et l'autonomie des déplacements. Chez le bébé, les deux aspects essentiels en sont la posture qui permet le contrôle des positions du corps dans l'espace et l'acquisition de la marche, ainsi que la préhension des objets avec la main.

Le développement cognitif : objets physiques et sociaux

□ L'organisation et la structuration des connaissances acquises à propos de l'environnement sont à mettre en relation avec les caractéristiques des stimuli perçus par l'individu. Les progrès cognitifs procédent des actions et/ou des opérations mentales exercées sur eux.

□ Les représentations symboliques dépendent de la signification qu'autrui ou l'individu attribue aux stimuli. Ces significations sont acquises par des processus de médiation sociale et permettent la formation des représentations sociales.

La construction du sentiment d'identité personnelle

□ Les étapes successives de la différenciation moi-autrui permettent à l'être humain de se concevoir comme un individu distinct d'autrui mais ayant cependant certaines ressemblances avec lui. Le sentiment d'identité personnelle est formé par les représentations qu'un sujet a de son individualité.

□ Le sentiment d'identité personnelle dépend de la construction de l'organisation psychique nécessaire pour passer d'un état de dépendance caractéristique du nouveau-né à un état d'indépendance propre à l'adulte. Ce passage est fonction des relations vécues avec les membres du groupe familial puis des autres systèmes relationnels.

Le développement social et la socialisation

□ Le développement social concerne tous les modes d'échanges, de relations, d'interactions avec autrui et les formes de communication qui s'y rapportent. On parle de socialisation lorsque le sujet apprend les modes de communication propres au milieu d'appartenance et les normes et systèmes de valeurs qui lui permettent le contrôle et la régulation de ses conduites.

□ Les théories du développement peuvent considérer un ou plusieurs aspects du développement. La spécificité d'un auteur comme Henri Wallon est de chercher à rendre compte de tous les aspects du développement et de leurs interactions. Celle de Lev Vygotsky a été de se centrer sur le rôle des influences sociales médiatisées par le langage.

LA PERSONNE DANS SA TOTALITÉ

L'homme selon H. Wallon (1879-1962)

Certains auteurs décrivent le développement en n'en considérant qu'un seul aspect : Wallon, lui, considère *la personne* dans sa totalité et montre, à chaque stade du développement, les interactions entre développement moteur, progrès de l'intelligence, développement social et relationnel, et organisation de la personne.

Wallon et l'exemple du stade du personnalisme (de 3 à 5 ans)

À 3 ans, étape de l'achèvement de la différenciation moi-autrui.	▪ Utilisation par l'enfant du pronom personnel à la première personne pour parler de lui : « moi, je ». ▪ Crise d'opposition : pour se différencier d'autrui en s'opposant systématiquement à lui.
À 3 ans, la pensée est syncrétique et limite la différenciation moi-autrui.	▪ Il y a primat du perçu sans prise en compte des expériences antérieures. ▪ Les réactions de jalousie à la naissance d'un puîné sont maxi mum entre 2 et 4 ans.
Le langage est nécessaire à la représentation mentale.	▪ Le langage permet d'identifier les caractéristiques des objets et de les abstraire des expériences vécues.
À 4 ans, « l'âge de grâce » est aussi celui de la timidité.	▪ L'enfant cherche à se faire valoir et à attirer l'approbation d'autrui, mais il peut également avoir peur de mal faire.
À 5 ans, prépondérance de l'imitation d'autrui.	▪ Imiter autrui permet à l'enfant de recevoir des gratifications de la part de l'entourage. ▪ Il y a à la fois admiration et jalousie à l'égard du modèle.

La transmission sociale des savoirs selon L. Vygotsky (1896-1934)

Le développement ne peut se comprendre que par l'analyse des situations d'apprentissage dans lesquelles intervient un tiers : les moyens de résoudre un problème et les mots du langage qui organisent l'action et la pensée ne sont appris par l'enfant qu'avec l'aide de l'adulte. Ce qui est appris en relation avec autrui est alors intériorisé et transféré dans la sphère psychique. L'enfant ne peut réaliser un apprentissage donné qu'en fonction de son niveau de développement. La zone de développement proximal est le moment essentiel : l'enfant est capable de faire avec l'aide d'un tiers ce qu'il pourra ensuite faire seul. Cette théorie aide à mieux comprendre les différentes formes d'aide et de tutelle utiles aux différents âges de la vie.

Niveau de développement : ce que l'enfant sait faire seul. → Situation d'apprentissage : ce que l'enfant peut faire avec l'aide de l'adulte. → Intériorisation par l'enfant des procédures et savoirs acquis.

Expliquer le développement humain

Les changements apparaissant aux différents âges de la vie peuvent être expliqués par les facteurs liés à la maturation, à l'hérédité ou à l'environnement.

La maturation, condition nécessaire du développement

□ Le développement psychologique est comparable au développement physique dans la mesure où il s'explique par la maturation de l'organisme – et tout particulièrement celle de son système nerveux central – qui permet l'actualisation des potentialités inscrites dans le patrimoine génétique de chaque individu. Pour le développement moteur de l'enfant, l'environnement intervient peu : par exemple, la marche est commandée par la maturation des centres nerveux, sans que l'exercice n'accélère l'âge d'apparition de ce comportement.
□ Pour d'autres conduites, la maturation doit être considérée en tant que condition nécessaire mais non suffisante du développement : par exemple, en ce qui concerne les apprentissages cognitifs et linguistiques où sont également déterminantes les influences du milieu physique et social.

L'être humain est programmé pour apprendre et communiquer

□ Le point de vue innéiste met l'accent sur le fait que l'enfant humain naît programmé pour apprendre des choses particulières de façon particulière. Selon Jacques Melher, toute explication du développement doit considérer l'état initial d'une capacité qui a atteint un stade fonctionnel mais qui n'a pas encore été modifiée par les stimulations en provenance de l'environnement.
□ L'éthologie humaine conçoit tout comportement – y compris social – comme une forme d'adaptation de l'organisme à son milieu. Par exemple, il y a chez le nouveau-né des conduites préformées qui lui permettent d'établir et de maintenir des liens avec les personnes de son entourage (pleurs, cris, mimiques, vocalisations).

La diversité des influences du milieu

□ L'enfant peut connaître les objets grâce aux activités perceptives et à l'action qu'il exerce sur eux. Pour Jean Piaget, il y a développement de l'intelligence par l'intermédiaire des actions que le sujet exerce sur le milieu extérieur.
□ Les influences sociales sont celles des personnes qui interagissent avec l'individu et qui contribuent activement à sa socialisation en lui fournissant des indications verbales, des stimulations, des renforcements. Ces personnes de l'entourage peuvent être également des référents, c'est-à-dire des figures d'identification et des modèles à imiter.
□ Les réalités socio-économiques et culturelles influencent fortement le développement. La méthode de comparaison des vrais et faux jumeaux permet de mieux comprendre la part des facteurs héréditaires et des facteurs de milieu.

L'INNÉ ET L'ACQUIS : L'ÉTUDE DES JUMEAUX

Jumeaux dizygotes

Les faux jumeaux ou jumeaux dizygotes (DZ) sont ceux qui proviennent de deux ou plusieurs ovules fécondés par des spermatozoïdes différents. Ces jumeaux ne présentent pas de similitudes génétiques plus importantes que celles de frères et sœurs, et peuvent être de sexe différent.

Jumeaux monozygotes

Les vrais jumeaux ou jumeaux monozygotes (MZ) proviennent de la fécondation d'un même ovule qui se divise en deux à un stade plus ou moins précoce de l'embryogenèse. Ces jumeaux ont donc un patrimoine génétique semblable, ce qui explique pourquoi ils sont de même sexe et se ressemblent tant.

Pour éclairer le débat sur les influences respectives de l'hérédité et du milieu, on peut se reporter aux comparaisons effectuées entre vrais et faux jumeaux et aux comparaisons réalisées entre vrais jumeaux.

■ Les comparaisons entre vrais et faux jumeaux

On compare le degré de similitude existant entre les vrais et les faux jumeaux du point de vue d'un aspect de leur développement : croissance physique, développement moteur, aptitudes intellectuelles, traits de caractères, intérêts, etc.

Si la similitude entre les MZ est plus élevée qu'entre les DZ, on peut penser que l'aspect du développement considéré est davantage déterminé par des facteurs héréditaires (ou génétiques) que par des facteurs de milieu. Si la similitude est la même entre les deux groupes de jumeaux, on conclut à l'inverse à la prédominance des facteurs liés au milieu.

Toutes les études montrent que pour beaucoup des variables considérées (caractéristiques physiques, niveau intellectuel, traits de personnalité en particulier) les MZ se ressemblent plus que les DZ, même s'ils n'ont pas été élevés ensemble. Ces résultats indiquent que la composante génétique est importante pour les principaux aspects du développement humain.

■ Comparaisons entre vrais jumeaux

Les vrais jumeaux peuvent aussi être comparés entre eux en étant placés dans des conditions différentes d'apprentissage.

□ *Niveau de performance*

La comparaison du niveau de performance d'un jumeau soumis à un apprentissage et d'un jumeau non entraîné montre que si les performances des deux jumeaux sont comparables, la maturation est le facteur essentiel ; si les performances sont différentes, le rôle des facteurs de milieu est mis en évidence.

Une expérience célèbre a consisté à entraîner un jumeau d'un an à monter les marches d'un escalier pendant six semaines alors que l'autre n'était soumis à aucun entraînement. Deux semaines après la fin de l'entraînement, le niveau de performance des deux jumeaux était comparable et l'on a pu conclure que cette capacité dépendait de la maturation et non des effets de l'exercice ;

□ *Aptitudes intellectuelles*

– Comparaison des aptitudes intellectuelles, des traits de personnalité, des intérêts de vrais jumeaux élevés séparément : d'importantes ressemblances sont le plus souvent constatées.

Les théories fondatrices

Les grandes théories de la psychologie du développement ont pour objectif de décrire et d'expliquer l'adaptation de l'être humain à son milieu de vie, physique et social.

Les approches globales du développement

☐ A. Gesell a décrit, à chaque âge, les acquisitions nouvelles que tout enfant réalise, afin de montrer qu'elles sont mises en œuvre selon un programme génétiquement déterminé et que la maturation est essentielle au développement.

☐ H. Wallon a souligné comment le milieu social prend le relais du milieu biologique et constitue un facteur clé du développement car la construction de la personne se fait par l'interaction avec autrui.

J. Piaget et la théorie constructiviste de l'intelligence

☐ J. Piaget a dominé la psychologie de l'enfant pendant une bonne quarantaine d'années à partir des années 1930. Cet auteur a associé l'observation rigoureuse des conduites de l'enfant et des vues théoriques empruntant des cadres de référence à plusieurs disciplines : la biologie et la philosophie des sciences, en particulier. Il a montré comment l'intelligence se construit par les actions exercées par le sujet sur l'environnement.

☐ Deux processus sous-tendent cette construction : l'assimilation consiste en l'intégration d'éléments nouveaux de connaissance dans la structure mentale de l'individu et l'accommodation est l'activité par laquelle la structure actuelle du sujet se modifie, en permettant son adaptation à l'environnement.

Psychanalyse et développement

La psychanalyse freudienne a mis en évidence les stades d'organisation de la libido (cf p.132). Les successeurs de S. Freud ont observé directement des enfants et ont fait évoluer cette théorie dans une perspective développementale. K. Abraham s'est intéressé aux stades de la sexualité infantile pour montrer comment ils contribuent à l'établissement de traits dominants du caractère de l'adulte. A. Freud a travaillé sur la construction du moi dans son adaptation progressive à la réalité et R. Spitz a conduit des travaux relatifs à la relation mère-enfant et aux effets de la privation de soins maternels.

Attachement et développement des liens sociaux

J. Bowlby, se référant à la psychologie animale, défend la thèse selon laquelle le besoin de contact social est primaire chez l'être humain. L'évolution ultérieure des relations sociales dépend de la manière dont ce besoin a été satisfait ; et a permis l'établissement d'un lien privilégié, plus ou moins sécurisant, avec la mère ou son substitut.

L'approche psychosociale

☐ L. S. Vigotsky montre que tout apprentissage est d'abord réalisé en relation avec autrui puis se reconstruit au niveau individuel : le langage est un facteur déterminant du développement cognitif. J. Bruner montre la nature et les effets des aides que les adultes sont susceptibles d'apporter à l'enfant.

JEAN PIAGET (1896-1980)

Psychologue de l'enfant ou épistémologue ?

L'objectif premier de Piaget était de comprendre comment se développent les connaissances humaines et l'étude de la psychologie de l'enfant devait lui permettre d'analyser la formation des étapes de la connaissance par lesquelles passe l'être humain au cours de son développement. Piaget lui-même ne se présentait pas comme psychologue de l'enfant mais comme épistémologue.

■ La méthode clinique piagétienne

Piaget a mis en œuvre une méthode originale qui ne se réduit ni à une observation clinique, ni à une expérimentation stricte.

Dans un premier temps, Piaget a observé les conduites spontanées de ses trois enfants, les a mis dans les situations de la vie quotidienne face à des problèmes à résoudre et les a questionnés pour déterminer leur niveau de compréhension. Son but était d'engager avec l'enfant une conversation libre, à la manière d'un clinicien s'intéressant à l'individualité du sujet, pour saisir les détours et les justifications de sa pensée.

Piaget a également étudié des groupes d'enfants de différents âges dans des situations de type expérimental, avec un matériel donné, mais où l'expérimentateur pose des questions, et fait à l'enfant des suggestions et contre-suggestions : les réponses verbales de l'enfant permettent d'appréhender la logique de son action.

■ Les trois grands stades du développement

□ *L'intelligence sensorimotrice de la naissance à 24 mois*

Son développement repose sur un ensemble d'acquisitions et de coordinations rendues possibles grâce au développement moteur et sensoriel de l'enfant.

□ *La pensée pré-opératoire et opératoire de 2 à 11-12 ans*

Vers 2 ans, l'enfant devient capable d'évoquer des objets ou des événements absents au moyen de signes et de symboles mais sa pensée reste sous l'emprise de la perception qui l'empêche de coordonner ente elles deux actions successives (pensée intuitive). À partir de 5-6 ans, l'enfant devient capable d'articuler et de coordonner entre elles différentes représentations et la réversibilité caractérise le stade opératoire.

□ *La pensée formelle de 11-12 ans à 14-16 ans*

À partir de cet âge l'adolescent peut raisonner sur toutes les hypothèses possibles, indépendamment des données observées, et utilise donc un raisonnement hypothético-déductif.

Le nouveau-né et son entourage

À partir des années 1980, les recherches sur la sensorialité néonatale suscitent un grand intérêt et montrent que le bébé peut établir et maintenir des liens avec les personnes de son entourage. Ces travaux confortent la théorie de Bowlby relative à l'existence d'un besoin primaire de contact social chez le bébé.

Le nouveau-né voit le visage de la personne qui s'occupe de lui

☐ Le nouveau-né voit : il tourne systématiquement la tête en direction de la source d'une stimulation lumineuse (réponse d'orientation).
☐ Le nouveau-né fixe un objet présent dans son champ visuel à condition qu'il soit à une distance comprise entre 25 et 50 cm et situé à proximité de la ligne de regard. Le nouveau-né fixe et voit nettement le visage de la personne qui le nourrit.
☐ Le nouveau-né est également capable de suivre, par des mouvements saccadés de la tête, un objet qui se déplace dans son champ visuel. Il peut également accrocher des yeux le regard de l'autre, dans une situation de face-à-face.

Le nouveau-né entend et préfère la voix maternelle

☐ La présentation répétée d'un stimulus sonore déclenche chez le bébé une réponse d'orientation. On constate que la répétition du même stimulus s'accompagne d'une disparition de cette réponse (processus d'habituation). En revanche, si l'on présente une stimulation différente, il y a de nouveau une réponse d'orientation. Cette nouvelle réaction montre que l'enfant perçoit que les deux stimuli successivement présentés sont différents.
☐ Des nouveaux nés de 3 ou 4 jours marquent déjà une nette préférence pour la voix maternelle. Pour certains, cette préférence s'explique par l'apprentissage des caractéristiques de cette voix, réalisé in utero (J.-P. Lecanuet). À l'inverse, d'autres considèrent que l'enfant est programmé génétiquement pour réaliser rapidement un tel apprentissage dans les heures qui suivent la naissance.

Les autres capacités sensorielles et l'établissement des relations

☐ Le nouveau-né reçoit également des informations tactiles grâce au réflexe d'agrippement (la main se referme sur l'objet qui stimule la paume), au contact peau à peau et aux activités de succion.
☐ Le bébé différencie l'odeur de sa mère de celle d'une autre mère qui allaite également : le bébé tourne plus longtemps la tête en direction du tampon d'ouate imbibé de l'odeur de sa mère que de celle de l'autre.

L'entrée en contact avec les personnes de l'entourage

☐ Le nouveau-né est équipé pour émettre des signaux : agitation motrice, mimiques, pleurs, cris, liés à un état de besoin ou d'insatisfaction. La mère donne une valeur de communication aux différentes manifestations motrices qui accompagnent les états de malaise, en y répondant de façon adaptée ; ainsi l'enfant apprent-il à communiquer avec son entourage.
☐ De même, l'expression d'états liés à la quiétude, l'accrochage du regard, puis les sourires et les babillages permettent au bébé d'établir des contacts sociaux.

LA THÉORIE DE L'ATTACHEMENT

Les fondements de la théorie selon Bowlby

J. Bowlby, psychanalyste anglais, a montré (1969) l'existence d'un besoin primaire de contact social chez l'être humain qui doit être satisfait pour permettre un développement social normal. Le bébé dispose d'un ensemble de conduites qui lui permettent d'établir et de maintenir le contact avec les personnes de son entourage : pleurs, cris, regards, sourires et vocalisations. Toutes ces conduites ont pour effet de faire venir auprès du bébé une personne de son entourage et/ou de la faire rester. L'attachement désigne l'ensemble des processus sous-jacents à la recherche et au maintien du contact avec une personne particulière (le plus souvent la mère).

Typologie des conduites d'attachement selon M. Ainsworth (1978)

En observant des dyades mère-enfant au cours des trois premiers mois de la vie, cette auteure a mis en relation la qualité des conduites maternelles et les types d'attachement de l'enfant à 12 et 18 mois.

Type d'attachement	Comportement maternel face aux signaux émis par le bébé	Comportement de l'enfant en présence ou absence de sa mère[1]
Évitant	Mère peu sensible car très intervenante.	Indifférence à la séparation et à l'inconnu. Refus de la reprise du contact avec la mère.
Sécurisant	Mère sensible et bien adaptée.	Réactions peu intenses à la séparation et à l'inconnu. Contact avec la mère bien rétabli.
Ambivalent	Mère aléatoire : tantôt sensible et adaptée, tantôt intervenante.	Réactions intenses à la séparation et à l'inconnu. Ambivalence à l'égard de la mère à son retour.

[1] Lors d'un épisode de séparation d'avec sa mère, en présence d'une personne inconnue et au retour de la mère.

Les attachements multiples

La théorie de l'attachement a considéré le lien mère-enfant pour expliquer l'importance de la satisfaction du besoin social. Les travaux se sont ensuite ouverts : en considérant que la figure d'attachement n'est pas nécessairement celle de la mère mais celle de toute personne susceptible d'apporter réconfort et sécurité à l'enfant ; en montrant qu'il pouvait exister chez un même enfant des attachement « multiples », tels que ceux résultant des liens établis avec le père, des frères ou des sœurs.

L'objet transitionnel

Selon D. Winnicot, l'enfant utilise un objet (son « doudou ») qui lui permet de supporter l'angoisse de séparation d'avec la mère et d'établir une distance avec elle.

L'attachement aux figures parentales à l'âge adulte

Certains auteurs (Milijkowitch, 2001) analysent comment les représentations des figures d'attachement d'un individu construites dès la petite enfance évoluent au cours de sa vie. Les représentations de sa relation à ces figures restent inscrites dans sa mémoire. D'autres travaux montrent que l'attachement du parent à sa propre mère permet de comprendre les différences interindividuelles dans les conduites parentales. Des techniques adaptées à l'analyse du lien chez l'enfant, l'adolescent et l'adulte ont été mises au point (Pierrehumbert, 2003).

L'enfant de 0 à 18 mois

Dès les premières semaines, le bébé développe certaines capacités sensorielles et motrices qui lui permettent d'acquérir des connaissances sur les caractéristiques des objets. Le développement cognitif se réalise également grâce à la médiation des personnes de l'entourage.

Le développement sensoriel et moteur et la conquête de l'espace

☐ Les cinq sens sont fonctionnels à la naissance et se développent et s'affinent pendant la première année : par exemple, les capacités d'accommodation visuelle sont meilleures et les capacités auditives permettent de discriminer les sons de la langue maternelle.
☐ L'activité de succion joue un rôle important dans l'exploration des objets : le bébé suce par hasard l'objet avec lequel la zone buccale entre en contact, puis devient capable de le porter intentionnellement à la bouche.
☐ La capacité à manipuler les objets et à agir sur eux se développe avec la coordination de la vision et de la préhension (quatre mois et demi en moyenne) : le bébé attrape avec la main les objets qui sont dans son champ visuel et à sa portée.
☐ Le développement des postures conduit à l'acquisition de la marche : l'enfant marche avec aide à 12 mois en moyenne et sans aide, à 13 mois. Ce développement postural rend les prises d'information de l'enfant sur son environnement plus diversifiées et facilite ses actions.

La permanence de l'objet et les relations entre objets

☐ Des travaux récents montrent que les jeunes bébés sont précocement capables de concevoir l'objet comme permanent, lorsqu'il a disparu de leur vue et de repérer sa position dans l'espace.
☐ Si l'on observe les réactions d'un bébé de 4 à 5 mois, lorsqu'un écran mobile passe devant un objet et le masque à sa vue, et que l'objet, suivant les cas, réapparaît ou non, on constate, dans la situation anormale de disparition, que le bébé a des réactions de surprise. L'objet continue d'exister pour l'enfant.
☐ De même, un bébé de 5 mois regarde plus longtemps une situation où un objet occupe une place où il est impossible qu'il se trouve qu'une situation où cela est possible : le bébé garde en mémoire certaines caractéristiques spatiales des objets.

Les interventions de l'adulte et le développement cognitif

☐ Les actions des personnes de l'entourage, en direction de l'enfant ou des objets perçus par l'enfant, attirent son attention et lui fournissent des aides et des modèles à imiter.
☐ Si les bébés imitent des expressions faciales dès les premiers jours (par exemple, tirer la langue), leurs capacités d'imitation des gestes et comportements d'autrui se développent à partir de 8 mois.
☐ L'intelligence de l'enfant avant 18 mois est pratique puisqu'elle s'organise en fonction de la perception et de l'action de l'enfant sur son environnement. Elle lui permet de s'adapter à des situations nouvelles en combinant les différentes actions disponibles dans son répertoire.

LE RÔLE DE L'ADULTE DANS LE DÉVELOPPEMENT COGNITIF DE L'ENFANT SELON BRUNER

Selon J.S. Bruner (1983), l'adulte intervient directement dans le développement cognitif de l'enfant, par l'intermédiaire de certaines formes d'interaction. De façon plus générale, J.S. Bruner, à la suite de L.S. Vygotski, considère que de nombreux apprentissages réalisés par l'enfant dépendent de facteurs culturels transmis par les personnes de l'environnement.

Un exemple de guidage des apprentissages : le jeu de « donner-prendre »

Pour montrer le rôle des personnes de l'entourage dans le développement cognitif de l'enfant, J.S. Bruner a observé les échanges ayant lieu au cours des routines éducatives utilitaires (le repas, la toilette, le bain, etc.) et les jeux qui, dans la première année de la vie, sont organisés à l'initiative de la mère. Dans ces situations interactives, les actions des deux partenaires sont alternées et complémentaires.

À 3 mois, la mère met l'objet dans la main de l'enfant.

À 6 mois, la mère présente l'objet et l'enfant le prend. Commence alors l'alternance des échanges : dans une action commune avec sa mère, l'enfant réclame et reçoit un objet, devient capable de le rendre et s'attend à le recevoir à nouveau. La mère a encore souvent l'initiative de ces échanges.

Les requêtes peuvent se faire vers 8-10 mois sous la forme de vocalisations qui expriment que l'enfant réclame qu'on lui donne l'objet ou qu'il veut le rendre. L'enfant peut montrer qu'il désire commencer un jeu d'échanges en tendant l'objet à sa mère.

Ce bébé de 8 mois tient assis seul, et au cours d'un jeu de « donner-prendre », il tend l'objet pour le redonner.

Les apprentissages réalisés au cours du jeu

L'enfant, grâce au guidage de ses actions par sa mère, a appris la procédure des tours de rôle avec autrui : il est tour à tour émetteur et récepteur d'une action. On retrouve également dans ces échanges ce que seront dans les structures du langage l'agent, l'action et l'objet. Les compétences acquises dans ces jeux par l'enfant lui seront donc utiles plus tard dans la communication verbale.

Pour Bruner, l'interaction se répète sous forme d'un jeu dont le bébé apprend les conventions. Le jeune enfant apprend que le « format » de communication peut s'enrichir d'éléments nouveaux et que certaines de ses règles peuvent varier.

L'enfant de 18 mois à 6 ans

Pendant longtemps, on a souligné les incompétences de l'enfant de 18 mois à 6 ans. Mais l'avancée des recherches montre quelles sont les compétences propres à cet âge dans le domaine des apprentissages cognitifs et des capacités à parler et à communiquer.

L'accès aux symboles et aux signes

□ La période qui va de 18 mois à 2 ans est marquée par la mise en place de la fonction symbolique qui permet à l'enfant de se représenter mentalement un objet, une action, un événement au moyen de symboles ou de signes.
□ Les symboles présentent des ressemblances plus ou moins grandes avec leurs signifiés. Les images mentales sont propres à chaque individu et lui permettent de se libérer dans certains cas de la perception immédiate et, par exemple, de produire une imitation différée par rapport à la présentation d'un modèle à imiter.
□ Les signes sont arbitraires et conventionnels et l'enfant apprend ceux qui sont en usage dans son environnement : par exemple, les signes du langage.

L'acquisition du langage : compréhension et production

□ L'apparition des premiers mots et des premières phrases sont précédées d'étapes très importantes qui préparent directement à l'apprentissage et à l'utilisation du langage comme outil de communication (phase prélinguistique).
□ À partir de 18 mois, les progrès sont très rapides avec toujours une supériorité de la compréhension sur la production et d'importantes variations dans l'âge d'acquisition d'un enfant à l'autre. Il est fréquent qu'un enfant ait de bonnes capacités de compréhension et un retard de production.
□ Dans la production, l'enfant fait preuve de créativité fournissant des énoncés jamais entendus et qui correspondent à l'apprentissage des premières règles grammaticales.

Les limites des premières formes de raisonnement

□ À partir de 18 mois, l'enfant a la capacité de se représenter mentalement les expériences auxquelles il a été directement confronté et, en particulier, d'identifier les caractéristiques communes à une catégorie d'expériences.
□ Le raisonnement de l'enfant va du particulier au particulier, et non comme le fait la pensée logique de l'adulte, du général au particulier ou du particulier au général : l'enfant procède par analogies immédiates. Par exemple, à la question : « Pourquoi y a-t-il la mer ? », l'enfant répond : « Parce qu'il y a les bateaux. »

Pensée égocentrique et théorie de l'esprit

À l'âge préscolaire, l'enfant ne prend en compte que son seul point de vue pour fonder la compréhension de son environnement ou construire un raisonnement, et sa pensée est tributaire de ses perceptions immédiates. De plus, il ne sait pas encore qu'autrui et lui-même ont de vraies ou fausses croyances dont il faut tenir compte : il n'a pas de « théorie de l'esprit » lui permettant notamment de gérer ou rectifier une représentation erronée du fait de changements dans sa situation ou dans celle de l'autre.

APPRENDRE À PARLER ET À COMMUNIQUER

L'acquisition du langage est précédée par une phase appelée « pré linguistique » où l'enfant est capable de discriminer les sons de parole et de réagir de façon différenciée. Au cours de cette phase, l'enfant apprend à communiquer avec les personnes de l'entourage par des pleurs, mimiques, gestes et sons.

La période prélinguistique

□ **Dès 1 mois,** le bébé peut distinguer deux sons comme « ba » et « pa » et à 6 mois reconnaître l'association de deux syllabes comme « bada » et « baga ».

□ **Jusqu'à l'âge de 12 mois,** les bébés peuvent distinguer les sons de n'importe quelle langue puis cette capacité disparaît en faveur des sons de la langue maternelle qui ont été appris.

□ **De 1 à 4 mois** apparaît le gazouillis : l'enfant répète des suites de voyelles.

□ **Entre 6 et 7 mois,** le babillage représente la production des premières consonnes associées avec une voyelle. L'adulte reprend les productions de l'enfant mais en isolant deux syllabes et les associe à un référent.

□ **À partir de 7-8 mois,** l'enfant utilise certains gestes pour signifier « donne » ou « prends » en produisant une vocalisation particulière.

La période linguistique

□ **Le premier mot produit en moyenne entre 10 et 12 mois** est, du point de vue phonique, une copie plus ou moins correcte du signifiant utilisé par l'adulte : « pati » pour « parti ».
Le premier mot peut être utilisé avec une sur-inclusion du point de vue des significations. « Parti » peut signifier « une personne est partie », « il n'y a en plus », « l'objet est caché », etc. Il peut également correspondre à une sous-inclusion : le mot « bébé » n'est utilisé que pour dénommer les poupées.

Le premier mot peut avoir la signification d'une phrase (mot-phrase) et doit être compris dans son contexte : « papa » peut signifier : « viens, papa », ou « c'est à papa » ou « où est papa ? » etc.

□ **À 18 mois,** l'enfant possède une vingtaine de mots puis il y a une accélération importante avec une centaine de mots à 20 mois, 300 à 2 ans et 1 000 à 3 ans.

□ **À 2 ans,** l'enfant dit ses premières phrases avec la juxtaposition de deux mots dans un style télégraphique sans marques grammaticales. Ces phrases peuvent exprimer différentes relations : *« papa part »* (agent-action), *« donne toto »* (action-objet), *« ama* (pour « à moi ») *papa »* (possesseur-possession), etc.

□ **Entre 2 et 3 ans,** on note l'apparition des premières marques grammaticales : pluriels, formes de conjugaisons, et syntaxiques : formes interrogatives et négatives.

□ **À partir de 3 ans,** l'enfant est capable d'effectuer la mise en place des articles, des pronoms, des adverbes et prépositions.

□ **À 4 ans,** on observe de grands progrès syntaxiques : utilisation de propositions subordonnées et de la voix passive.

L'enfant d'âge scolaire

L'âge scolaire, de 6 ans jusqu'à l'entrée dans l'adolescence, est caractérisé par le développement des capacités de décentration de l'enfant par rapport à lui-même, à autrui et à la réalité et par des apprentissages sociaux importants.

Les progrès de la pensée

☐ Selon J. Piaget, entre 6 et 12 ans, l'enfant devient capable d'effectuer des opérations en relation avec les données de l'expérience, abandonnant ses attitudes de centration sur le seul aspect de la réalité immédiatement perceptible. L'opération au sens piagétien est une action intériorisée, réversible et coordonnable dans un système d'ensemble. La réversibilité (accomplir une action dans un sens puis dans un autre) est possible lorsque l'enfant garde en mémoire une caractéristique invariante de l'objet, malgré les transformations subies.
☐ Les théories du traitement de l'information montrent qu'il n'y a pas de changements avec l'âge des capacités fondamentales mais que celles-ci sont utilisées par l'enfant avec plus d'efficacité et plus de rapidité et, en particulier, de meilleures stratégies de mémorisation.
☐ À l'âge scolaire, les enfants acquièrent également d'autres habiletés qui permettent de planifier et de contrôler leurs activités intellectuelles.

Le jeu et ses règles

☐ La décentration de la pensée opératoire permet à l'enfant de prendre en compte le point de vue d'autrui et de se soumettre à une règle commune lors des jeux qui donnent lieu à des activités compétitives entre individus et entre groupes.
☐ Avant 5 ans, l'enfant change et modifie constamment les règles du jeu et, vers 5-6 ans, considère que les règles doivent être respectées car elles ont été mises au point par une autorité extérieure.
☐ À 7-8 ans, les enfants respectent une règle pour une partie et s'entendent pour changer la règle à la partie suivante. Entre 10 et 12 ans, la règle est complètement codifiée : les enfants la considèrent alors comme une des conditions nécessaires de la régulation de leurs activités et de leur entente mutuelle.

L'âge de raison et la socialisation

☐ Cette période est celle où l'enfant peut investir les apprentissages fondamentaux (lecture, écriture et calcul) et réaliser un apprentissage des règles et normes sociales : celles relatives aux rôles sociaux (le rôle du père, de la mère, du garçon, de la fille, de l'enseignant, de l'élève, etc.), au fonctionnement des institutions (l'institution scolaire en particulier), aux comportements attendus dans le groupe des pairs, etc. La maîtrise de la lecture, dont l'apprentissage dépend de très nombreux facteurs, contribue très directement à la socialisation de l'enfant.
☐ Les relations avec les parents ne sont plus aussi primordiales car l'enfant entretient des relations de plus en plus importantes et durables avec ses pairs d'âge : à leur contact, l'enfant développe des capacités à communiquer et à interagir avec autrui et progresse dans ses apprentissages sociaux.

LES FACTEURS FAVORABLES À L'APPRENTISSAGE DE LA LECTURE

La période sensible de l'apprentissage de la lecture se situe entre 5 et 7 ans selon les enfants : tous les enfants n'apprennent pas à lire au même âge, ni à la même vitesse. Ces différences interindividuelles très importantes sont à mettre en relation avec le grand nombre et la diversité des facteurs qui contribuent à cet apprentissage.

Les racines affectives de la curiosité

Le déclin du conflit œdipien marque pour la psychanalyse le déplacement des investissements sexuels de l'enfant vers des investissements sociaux : l'enfant emploie ses pulsions sexuelles à des buts nouveaux et la curiosité sexuelle et le « désir de voir » deviennent désir de savoir et d'apprendre. L'envie d'apprendre doit être présente pour que l'enfant puisse apprendre à lire.

Les facteurs cognitifs

La conscience phonémique correspond à la compréhension que les mots sont constitués d'une suite de sons (phonèmes) et à la capacité de distinguer les sons de la langue parlée et écrite. Ce sont les enfants de 5 et 6 ans qui ont la conscience phonémique la plus développée qui apprennent à lire le plus rapidement.

Le niveau de développement intellectuel évalué par rapport à l'atteinte du stade des opérations concrètes (7 ans) montre que les enfants qui ont un faible niveau de conscience phonémique, mais qui sont en avance du point de vue cognitif, apprennent plus vite que ceux qui ont un retard de développement du point de vue cognitif.

Les facteurs socioculturels

La conscience phonémique est d'autant plus développée que l'enfant a été fréquemment mis au contact de la langue orale et écrite dans la petite enfance : il s'agit d'enfants à qui les adultes ont beaucoup parlé, à qui on a lu beaucoup d'histoires et appris des comptines.

La curiosité vis-à-vis de l'écrit et du livre est liée aux pratiques culturelles du milieu d'appartenance et les milieux socioculturels favorisées développent une motivation plus forte.

Si un enfant a des difficultés à apprendre à lire qui ne se situent pas dans le registre de l'inhibition, il faut lui permettre de développer sa conscience phonémique dans un contexte où il expérimente en même temps le plaisir de lire. Il faut en particulier l'inciter à lire à haute voix des textes comprenant des répétitions et des rimes afin de développer sa conscience phonémique et qui aient un intérêt du point de vue du récit.

Les changements à l'adolescence

Le début de la puberté indique l'entrée dans l'adolescence. Commence alors une période de transition entre enfance et âge adulte, marquée par des transformations physiques et cognitives.

Les différences dans l'âge d'apparition et la durée de la puberté

☐ Les événements hormonaux qui déclenchent la puberté, la maturation génitale et les transformations morphologiques débutent avec d'importantes variations d'un individu à l'autre : entre 10 et 16 ans chez la fille et entre 12 et 17 ans chez le garçon.
☐ On peut parler de retard pubertaire s'il n'y a aucun signe de maturation sexuelle chez une fille de 14 ans et chez un garçon de 15 ans. Certaines difficultés psychologiques peuvent apparaître si l'adolescent constate un trop grand écart entre la norme et ses propres transformations : les filles très précoces et les garçons très en retard peuvent le ressentir de façon très négative.

Les progrès de la pensée : de l'immédiat au possible

☐ Les transformations cognitives sont marquées par l'accès à la pensée hypothético-déductive décrite par Piaget : l'adolescent devient capable de raisonner à partir d'hypothèses abstraites et non plus, comme pendant l'enfance, à partir des situations observées. Il peut procéder à une vérification systématique de ses hypothèses. Cependant, tous les adolescents ne peuvent pas utiliser de façon constante cette forme de pensée.
☐ Cette capacité à manipuler des idées abstraites favorise le développement du raisonnement à partir de grands principes moraux et idéologiques qui pour autant ne sont pas toujours mis en actes.

Les difficultés à s'approprier une nouvelle image du corps

Les modifications de sa morphologie corporelle obligent l'adolescent à s'approprier une nouvelle image. Il connaît des doutes et des craintes sur la valorisation de son apparence physique pour autrui et pour lui-même. Les vêtements marquent à la fois un désir d'être semblable aux autres adolescents et/ou d'être différent : par exemple, par l'adoption d'une tenue à la mode et par une recherche d'originalité.

Les pulsions sexuelles et l'état de tension

La maturation sexuelle conduit à rechercher des moyens de satisfaire les pulsions sexuelles et mettre en œuvre des mécanismes de défense contre les états de tension qui accompagnent la non-satisfaction des désirs. Par exemple, certains adolescents veulent conserver la maîtrise de leur corps en pratiquant différentes formes d'ascétisme : ne pas se prémunir contre le froid, réduire sa nourriture, se priver de sommeil, etc.

ADOLESCENCES ET ADOLESCENTS

■ Les adieux à l'enfance et l'entrée dans l'âge adulte

– Si l'on sait que l'adolescence commence avec la puberté, il est beaucoup plus difficile d'en repérer la fin. Selon les critères de croissance osseuse et de maturation cérébrale, la fin serait située vers 18-20 ans. Le moment du passage à l'âge adulte est cependant très variable si l'on se réfère aux critères d'autonomie, et notamment à l'affranchissement de la tutelle parentale qui permet à l'adolescent d'affirmer ses choix et décisions.
– La problématique séparation-individuation est très différente selon les liens établis avec les parents depuis l'enfance et la manière de négocier avec eux. La difficulté à rompre des liens trop forts peut conduire à des attitudes d'opposition et de révolte ou faire perdurer la dépendance.

■ La crise d'adolescence : du surmoi de l'enfant à l'idéal du moi de l'adulte

– Le remaniement psychique de l'adolescent résulte de la résolution de conflits internes entre le moi et le sur-moi : il peut avoir des conduites d'une grande rigidité pour éviter le défendu, ou au contraire, un débordement des pulsions et des conduites est possible chez un adolescent en position de toute puissance.
– L'adolescent reste confronté à des figures d'autorité et aux interdits sociaux qu'il est souvent tenté de remettre en cause : il doit passer de l'état d'enfant, chez qui le surmoi dépend largement des exigences parentales, à celui d'adulte qui constitue un idéal du moi en référence à ses propres valeurs (Braconnier et Marcelli, 2009).

■ Les conduites à risque

– Nombreuses et diverses, ce sont toutes des conduites agies qui peuvent simplement faire partie de la crise identitaire adolescente, avec des prises de risque limitées, mais qui peuvent aussi relever d'un passage à l'acte mettant en jeu la vie de l'adolescent.
– Les pathologies qui demandent une prise en charge concernent 10 à 15 % des adolescents. Des signes comme une grande souffrance psychologique avec repli sur soi et désinvestissement des centres d'intérêt habituels, des conduites envahissantes ou dangereuses telles que les addictions (consommation d'alcool pouvant aller jusqu'au coma éthylique, prise régulière de cannabis associée ou non au tabac, cyber dépendance..), les nombreuses scarifications, l'anorexie, etc. doivent amener à consulter.

■ Les cultures adolescentes

– Les copains, un *look* à la mode, un langage codé..., sont des moyens dont disposent les adolescents pour reléguer leur famille au second plan par une identification aux membres de leur classe d'âge.
– Les échanges entre pairs sont prolongés et développés par l'usage d'Internet et des réseaux sociaux : savoir communiquer sur le net est une compétence relationnelle qui participe au sentiment d'appartenance au groupe et à la valorisation de soi.
– Les jeux vidéo participent au partage de la culture adolescente mais peuvent aussi conduire à une expérience hors du réel, quand il y a repli sur soi au détriment des investissements scolaires et des relations avec les pairs d'âge. Il convient d'éduquer à une pratique autorégulée de ces jeux qui stimulent certaines compétences : réflexion stratégique, créativité, et capacité d'attention.

L'adolescent et autrui

L'adolescence est une période où les relations aux autres se modifient profondément : les parents sont désinvestis au profit des camarades du même âge. Les premières relations amoureuses et sexuelles modifient également la relation aux parents.

Les adieux à l'enfance

□ L'adolescent abandonne la dépendance à l'égard des parents, perçus comme protecteurs et tout-puissants. Il peut se détacher brutalement d'eux, en investissant massivement ses relations amicales. L'amour destiné aux parents est tourné vers l'individu lui-même : le narcissisme est nécessaire pour que l'adolescent développe l'estime de soi.
□ La désidéalisation des figures parentales conduit l'adolescent à développer à leur égard des attitudes agressives, alternant avec des demandes de protection et d'autonomie. L'adolescent peut ainsi chercher à être l'objet de l'attention de ses parents et se comporte alors de façon régressive (refus de se laver, alimentation sélective, etc.).
□ Face à cet ensemble de conduites, les parents ont des difficultés à réagir de façon adaptée.

L'investissement des relations avec les pairs

□ L'adolescent recherche auprès de ses amis un alter ego, un autre soi-même, avec lequel il peut partager ses difficultés, ses préoccupations, ses aspirations, ses idéaux. Cette relation avec un ami de même sexe peut être très investie par l'adolescent.
□ Le groupe restreint des amis est idéalisé, comme l'étaient les figures parentales pendant l'enfance. Ce besoin d'identification réciproque est particulièrement manifeste dans la première partie de l'adolescence. Il est en continuité avec les identifications aux figures parentales, et en particulier à celle du parent de même sexe.
□ Dans le groupe des pairs élargi, l'adolescent se compare avec les autres à travers la réalisation d'activités communes. Ces activités sont aussi l'occasion de se mesurer aux interdits sociaux par le biais d'un certain nombre de transgressions et, ainsi, de s'approprier ou de rejeter les normes et valeurs apprises pendant l'enfance.

Les relations amoureuses et sexuelles

□ Les relations sexuelles entre les adolescents sont généralement bien admises dans notre société. Elles correspondent à un apprentissage de la relation à l'autre en tant qu'objet d'investissement des désirs sexuels et amoureux.
□ Les comportements parentaux sont parfois inadaptés : l'adolescent peut être encouragé à des relations sexuelles qu'il ne désire pas ou, au contraire, être confronté aux interdits parentaux consécutifs au malaise éprouvé par les parents quand ils constatent que leur enfant devient sexuellement actif.
□ Cette activité sexuelle est à mettre en relation avec l'immaturité psychologique et sociale des adolescents. C'est pourquoi il est important de les informer sur la contraception et la prévention des maladies sexuellement transmissibles.

LES PARENTS ET LES ADULTES FACE AUX ADOLESCENTS

Les attitudes positives

□ *Laisser son autonomie à l'adolescent* mais intervenir quand cela devient nécessaire.

□ *Savoir suggérer* et donner des indications et repères, en particulier pour permettre à l'adolescent de réaliser des investissements culturels, sociaux, affectifs positifs et ainsi échapper à la morosité qui peut conduire à la recherche d'objets substituts comme la drogue.

□ *Rechercher les aspects de valorisation possible* chez l'adolescent de façon à ne pas contribuer à une dévalorisation de soi excessive.

□ *Savoir signifier des interdits*, en particulier si l'adolescent se met dans une situation préjudiciable pour lui.

Les attitudes défavorables

□ *Vouloir garder à tout prix le contrôle de l'adolescent et son pouvoir d'adulte sur lui.* C'est le cas des adultes qui se sentent remis en cause dans leur propre fonctionnement psychologique et dans leur propre système de valeurs par les conduites provocatrices de l'adolescent. Celui-ci apparaît à l'adulte comme pratiquant un non-conformisme systématique à ses valeurs alors que le conformisme aux valeurs du groupe des pairs est très fort. Cette attitude de défense de la part de l'adulte est d'autant plus grande que l'adulte est en insécurité.

□ *Être un adulte envieux de ce que vit l'adolescent et se placer en position de complice.* Les adultes peuvent avoir tendance à se comporter en copain avec l'adolescent : par exemple, l'enseignant qui s'habille comme eux, se fait tutoyer, etc. Chez l'enseignant comme chez le parent, cela conduit à une perte d'autorité alors que l'adolescent a besoin que l'adulte puisse le « protéger », le « contenir » quand il se met dans une situation difficile.

L'adulte doit supporter la remise en cause

Il est important que les adolescents soient en contact avec des adultes solides (parents et enseignants), c'est-à-dire qui ont confiance en eux. L'adulte doit pouvoir supporter la remise en cause par l'adolescent de ses propres valeurs, jugements et attitudes et ne pas être déstabilisé par l'agressivité que l'adolescent dirige à son égard.

Un adulte suffisamment solide supporte les reproches que lui fait l'adolescent, en acceptant de prendre en compte les aspects positifs de la prise d'autonomie que l'adolescent réalise de cette manière.

Comment faire face à la violence en milieu scolaire ?

Lorsqu'un enfant ou un adolescent manifeste des comportements agressifs répétitifs sur un mode de domination à l'égard d'autrui (autre enfant, adolescent ou adulte), il convient que les adultes concernés, enseignants et parents, réagissent avec fermeté et constance. Des limites strictes doivent être fixées par rapport aux conduites agressives (physiques ou verbales, directes ou indirectes) qui doivent être explicitement déclarées inacceptables. En cas de violation de ces limites, après des discussions sérieuses avec les agresseurs et les victimes, des sanctions s'imposent et doivent être appliquées sans hostilité. La nécessaire coordination entre l'école et la famille dans le registre ainsi défini est souvent difficile à obtenir comme le montrent de nombreux faits d'actualité.

Les relations sociales de l'enfant

Les relations sociales ont de nombreuses fonctions : elles permettent en particulier la satisfaction des besoins de contacts et l'acquisition de savoirs et savoir-faire cognitifs et sociaux.

Le lien d'attachement à la mère et les relations sociales ultérieures

□ Pendant la première année, les relations que la mère établit avec l'enfant sont différentes suivant que celle-ci se montre plus ou moins attentive, c'est-à-dire prenant en compte les différents besoins de l'enfant, et bien adaptée, c'est-à-dire parvenant à les satisfaire.
□ On peut observer à l'âge de 1 an des enfants peu attachés à la mère qui réagissent comme s'ils avaient appris à se passer d'elle, tout comme des enfants restant très dépendants et, enfin, d'autres qui maintiennent le contact avec elle et s'adaptent bien aux situations nouvelles. Les mères de ces enfants à attachement normal et sécurisé sont les plus attentives et les mieux adaptées.
□ Les enfants à attachement sécurisé établissent facilement des contacts avec les enfants de leur âge, dès 3 ans, et dans la suite du développement : capacités à initier et à maintenir les relations, régulation active et efficace des jeux, conduites positives plus fréquentes et conduites agressives plus rares, etc.

Les relations sociales des enfants : jeux et sexisme

□ Dans la période de 3 à 12 ans, les relations entre pairs s'organisent essentiellement autour de la réalisation des jeux qui, à la différence des situations d'apprentissage scolaire, ne sont pas directement régulés par un adulte.
□ Ces relations permettent l'apprentissage des habiletés utiles dans les relations interpersonnelles et dans le groupe ; elles contribuent également à l'intériorisation de normes et d'attentes sociales.
□ Les garçons préfèrent les jeux de construction, utilisent des jouets mobiles, organisent des jeux d'agressivité feinte ; la fonction principale du jeu est de permettre la compétition et les comparaisons avec autrui. Les filles préfèrent certains jeux d'exercice et les jeux symboliques, et ont un intérêt précoce pour les jeux de règle, souvent à deux ou à trois. Garçons et filles recherchent préférentiellement des contacts avec des pairs de même sexe, sans doute en raison de la similitude de leurs comportements.

Le groupe et la socialisation des adolescents

□ Le groupe est pour l'adolescent un lieu d'établissement de relations amicales et amoureuses qui lui permettent de s'affranchir de la tutelle parentale, cette prise d'autonomie passant par une phase de forte conformité au groupe.
□ Le ralliement à un groupe se caractérisant par sa marginalité s'explique par des problèmes comportementaux et affectifs présents dès l'enfance. L'appartenance à un tel groupe organisé autour d'activités déviantes n'en est pas le facteur déclenchant mais en est le révélateur.

LES JEUX ENTRE JEUNES ENFANTS

Jouer : développer des connaissances et des compétences sociales

Les jeux organisent prioritairement les interactions entre enfants et leur triple fonction en fait un facteur important du développement :

- satisfaire le besoin de contacts sociaux : les camarades, et notamment les amis, constituent d'autres figures d'attachement que celles des adultes et apportent protection et sécurité ;
- acquérir des savoir-faire et savoirs sociaux : connaissance des rôles sociaux développés dans les jeux de faire-semblant de la petite enfance, compétences à communiquer et à coordonner ses actions avec celles d'autrui... ;
- développer la connaissance de soi et d'autrui par des processus de comparaison sociale.

Les parents doivent laisser une part d'autonomie et de créativité à l'enfant pour que la socialisation entre pairs puisse s'effectuer à travers le jeu. Il y a aussi un danger à laisser l'enfant s'enfermer dans des jeux virtuels où les interactions sociales sont absentes.

Âge	Types de jeu	Activités	Fonctions principales du jeu
De 1 à 18 mois	jeu d'exercice individuel	▪ L'enfant répète une même action avec ou sans manipulation d'un objet.	▪ Conforter et révéler les progrès sensori-moteurs.
De 18 mois à 3 ans	jeu parallèle	▪ Les partenaires ont une même activité et/ou manipulent un même objet, sans interaction directe.	▪ Développer l'attention à l'autre et l'attention conjointe des deux partenaires sur le même objet.
	jeu social simple	▪ Il y a des interactions entre les partenaires qui réalisent la même activité	▪ Établir et maintenir une relation avec l'autre.
	jeu social réciproque	▪ Chaque partenaire reproduit en direction de l'autre ce que l'autre vient de lui faire.	▪ « Expérimenter » la différenciation moi-autrui.
	jeu de faire-semblant individuel	▪ L'enfant exécute des actions en dehors de leur contexte habituel, avec utilisation d'objets symboliques.	▪ Revivre un événement gratifiant ou gérer une frustration.
De 3 à 6 ans	jeux symboliques collectifs	▪ Il y a répartition entre enfants des rôles et tâches impliqués par le thème du jeu. ▪ Les partenaires choisissent ensemble le scénario du jeu et des objets symboliques utilisés.	▪ Développer des aptitudes à communiquer : émettre et recevoir un message. ▪ Apprendre les rôles sociaux et des savoirs sociaux.

Les pratiques éducatives parentales

Les pratiques éducatives des parents diffèrent suivant leurs capacités à prendre en compte les caractéristiques spécifiques à l'enfant. Elles contribuent à la socialisation et au développement cognitif.

Des pratiques éducatives modulées selon l'enfant

☐ Les pratiques éducatives des parents s'adaptent aux caractéristiques propres à chaque enfant dès la naissance : les parents doivent les prendre en compte pour y répondre de façon appropriée.

☐ Pour évaluer la qualité de la relation parent-enfant, il est possible de prendre en compte les dimensions « sensibilité aux besoins de l'enfant » et « production de réponses adaptées » ainsi que le style d'autorité parentale.

☐ Dès la petite enfance, les pratiques éducatives sont différenciées selon le sexe de l'enfant car les parents n'ont pas les mêmes attentes, ni ne donnent les mêmes renforcements. Alors qu'ils encouragent plus fréquemment les qualités relationnelles et la conformité sociale chez les filles, ils renforcent davantage le développement des capacités intellectuelles et d'autonomie chez les garçons.

Les conduites de maternage et de paternage

☐ La théorie psychanalytique souligne l'importance de la différenciation des rôles dans le couple parental en termes symboliques. Schématiquement, la mère est le symbole de la tendresse et de l'amour, le père celui du respect de la loi et de l'autorité.

☐ Les pères sont toutefois capables d'effectuer des tâches dites de maternage et il y a là pour eux des possibilités de remplir leur rôle parental autrement qu'en se limitant à un rôle d'autorité. Quel que soit le sexe de l'enfant, les interactions mère-enfant et père-enfant sont organisées de façon différente : par exemple, les pères instaurent avec l'enfant des jeux physiques de contact et de mouvement, à base de stimulations sensorielles, alors que les mères préfèrent des jeux visuels à distance qui maintiennent l'attention de l'enfant. Ce type d'observation permet de comprendre comment les représentations du père et de la mère sont organisées de façon différente du point de vue de l'enfant.

Fournir un cadre et des repères stables

☐ Les conduites éducatives parentales contribuent à la socialisation de l'enfant car les parents lui apprennent un ensemble de modalités relationnelles et lui fournissent des modèles d'interaction sociale. Par exemple, les enfants très agressifs sont généralement issus de famille où les punitions sont sévères alors que la supervision parentale est faible et aléatoire.

☐ Les pratiques éducatives parentales peuvent être décrites en fonction de leur degré de structuration, suivant qu'elles fournissent un environnement faiblement structuré, rigidement structuré ou souple : il apparaît qu'un environnement flexible, avec des repères fixes mais permettant des aménagements et adaptations, est favorable au développement cognitif et affectif.

LE RÔLE DU LAISSER-FAIRE PARENTAL DANS L'APPARITION DES CONDUITES DÉVIANTES

Le modèle de Patterson

Selon le modèle de G. R. Patterson, plusieurs facteurs peuvent prédisposer aux conduites délinquantes : en particulier, les pratiques éducatives allant dans le sens d'une trop grande permissivité. L'aptitude des parents à faire preuve d'autorité est à mettre en relation avec la manière dont eux-mêmes ont été élevés. D'autres travaux montrent qu'un style éducatif trop contraignant et rigide peut également mener à des conduites déviantes qui sont une manière de réagir contre le poids des interventions parentales.

De plus, il ne faut pas oublier qu'il existe d'importantes différences interindividuelles selon les enfants et que certains traits de caractère ou de personnalité les rendent plus ou moins difficiles à élever.

Le modèle souligne également que des difficultés sociales ou familiales peuvent contribuer à ce que les parents laissent l'enfant faire sans l'aider ni le contrôler. À partir du moment où l'enfant témoigne de troubles du comportement tels que l'hyperactivité, des troubles de l'attention, des difficultés à communiquer et à interagir avec autrui, des conduites agressives, etc., il y a de forts risques pour qu'il soit mis à l'écart du groupe des enfants ayant un développement social normal.

Être rejeté par le groupe des pairs normaux conduit à établir et à maintenir des relations avec des camarades ayant les mêmes difficultés relationnelles. Le rejet par les pairs pendant l'enfance est l'un des facteurs prédictifs de conduites déviantes à l'adolescence.

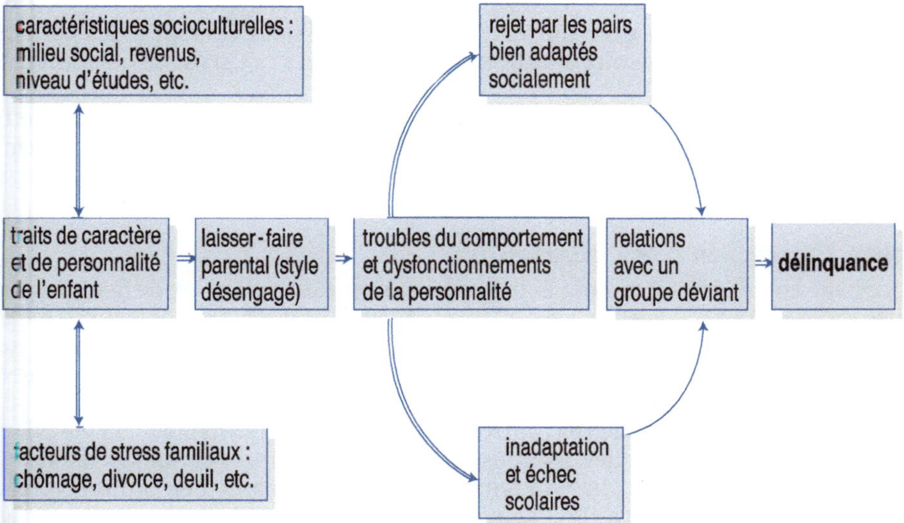

D'après G. R.Patterson *et al.*, D.R. 1989.

L'enfant et l'école

L'école est un lieu important de la socialisation par l'apprentissage à vivre en groupe et à respecter des règles institutionnelles. Certains enfants cependant n'ont pas les attitudes et les outils nécessaires pour s'adapter aux exigences scolaires.

L'adaptation scolaire et l'histoire individuelle

☐ L'adaptation de l'enfant à l'école dépend en partie de son histoire antérieure et, en particulier, de sa capacité à s'adapter aux situations et aux personnes nouvelles, sans sentiments d'insécurité trop intenses et durables.
☐ Les difficultés d'apprentissage en situation scolaire peuvent être mises en relation avec la non-existence d'un désir de connaître, de découvrir et de comprendre : le manque de curiosité, qui peut aller jusqu'à l'inhibition, peut être expliqué par le fait que l'enfant n'ait pas été antérieurement incité ou autorisé à « poser des questions » et qu'il puisse y avoir de la part des adultes refus ou oubli de répondre à certaines de celles qui étaient essentielles pour lui.

Donner un sens à l'école et aux savoirs

☐ Le manque de curiosité intellectuelle peut également provenir du fait que le rapport au savoir n'est pas relié à un objet ayant valeur et existence propres, mais est seulement compris en fonction de l'institution scolaire et de l'avenir professionnel.
☐ Plus l'élève est en difficulté, plus il décrit l'école comme étant un lieu d'activités imposées dont il faut respecter les règles. Le bon élève éprouve le plaisir d'apprendre mais il est aussi soucieux d'« apprendre à apprendre » et développe des activités pour chercher à répondre aux questions méta-cognitives : « Qu'est-ce qu'apprendre et comment apprendre ? »
☐ Pour un ensemble de caractéristiques psychologiques dont certaines sont à mettre directement en relation avec les pratiques éducatives qui les incitent à se conformer aux attentes sociales, les filles sont mieux adaptées à la situation scolaire que les garçons.

L'école, lieu de socialisation

☐ L'école contribue fortement à la socialisation de l'enfant et de l'adolescent puisqu'elle le met en contact avec d'autres figures adultes que les figures parentales. Les enseignants reçoivent de la société une délégation d'autorité en raison de leur rôle de transmetteurs de savoirs. Cependant, les élèves, suivant leur contexte familial, sont plus ou moins proches de cette norme sociale.
☐ L'école est aussi le lieu de rencontre des pairs et d'apprentissage à la vie collective et au fonctionnement des groupes. Pour certains enfants et adolescents, il y a à l'école à la fois plaisir de rencontrer des camarades et des amis et plaisir d'apprendre ; mais, pour les élèves en difficulté scolaire, et plus ils avancent en âge, l'école n'a pour seule finalité que la rencontre de jeunes du même âge, eux aussi marginalisés par rapport au système scolaire.

LES DIFFÉRENCES D'ADAPTATION SCOLAIRE LIÉES AU GENRE

■ Les caractéristiques en relation avec l'adaptation scolaire

À niveau socioculturel égal et avec un niveau intellectuel comparable, les performances des filles sont supérieures à celle des garçons aussi bien en français qu'en mathématiques.

Les filles utilisent mieux leurs capacités intellectuelles dès l'école maternelle : plus grande attention aux indications données par l'enseignant, plus grande autonomie dans l'exécution de la tâche ; plus grande stabilité de la concentration ; comportements de participation plus fréquents.

Ces résultats confirment les observations des parents et des enseignants qui décrivent les filles comme plus appliquées et attentives que les garçons. Les meilleurs résultats scolaires obtenus par les filles impliquent qu'elles sont plus nombreuses que les garçons à accéder sans retard aux différents niveaux scolaires et plus nombreuses à présenter le baccalauréat.

■ Les différences de parcours scolaire et de parcours post-bac

Les filles réussissent mieux que les garçons mais n'ont pas les mêmes parcours scolaires.

– **Dès l'école primaire**, les filles redoublent moins, leur taux de réussite au diplôme national du brevet et au baccalauréat est plus élevé.

– **À la fin du collège**, quels que soit leur milieu social d'origine ou leur réussite scolaire, les filles s'orientent davantage vers l'enseignement général et technologique que vers l'enseignement professionnel (et très rarement vers les sections industrielles). Dans l'enseignement général et technologique, elles délaissent plus facilement les filières scientifiques et techniques. Elles choisissent aussi des options différentes des garçons.

– **L'obtention du bac général et technologique** est plus forte chez les filles alors que l'inverse est constaté chez les garçons pour le bac professionnel.

– **Après le baccalauréat**, à série équivalente, les poursuites d'études ne sont pas les mêmes dans l'enseignement supérieur où de nombreuses formations sont très peu souvent réellement mixtes :

– Les filles sont surreprésentées dans les filières littéraires du secondaire et du supérieur, dans les filières professionnelles des services, dans les écoles paramédicales et sociales et dans les ESPE (Écoles Supérieures du Professorat et de l'Education)

– Les garçons sont surreprésentés dans les filières scientifiques et industrielles, et tout particulièrement dans les IUT et les écoles d'ingénieur.

– Dans les classes préparatoires aux grandes écoles, 74 % des élèves des filières littéraires sont des filles, pour 30 % des élèves de filières scientifiques. Seulement 28 % des diplômes d'ingénieurs sont délivrés à des femmes.

■ La sortie du système éducatif et l'entrée dans la vie professionnelle

– Les femmes sont plus nombreuses à être diplômées à tous les niveaux de sortie du système éducatif, avec cependant l'exception de 44 % de femmes au niveau du doctorat.

– À diplôme équivalent et à la sortie du lycée ou de l'apprentissage, les filles s'insèrent moins bien dans l'emploi que les garçons, notamment dans le domaine de la production.

Source : Ministère de l'enseignement supérieur et de la recherche. Direction de l'évaluation, de la prospective et de la performance, mars 2012.

L'âge adulte

Le développement de l'adulte dépend de la manière dont il résout les crises et les conflits liés aux circonstances de son existence. Ces remaniements, associés aux transformations physiologiques et cognitives, font évoluer l'image de soi.

Les crises de l'âge adulte

□ Des crises sont susceptibles de se produire sous l'effet d'événements familiaux et professionnels, et font réapparaître des conflits psychiques anciens non résolus.
□ Le fait de devenir parent amène la mère à transférer une partie de ses investissements narcissiques sur l'enfant. Le père, quant à lui, contribue à introduire une distance entre la mère et l'enfant : il se fait reconnaître de l'enfant et lui signifie certains interdits. Devenir parent implique également un réaménagement des relations avec ses propres parents.
□ Les parents sont amenés à réorganiser leur relation avec l'enfant devenu adolescent pour lui permettre une véritable prise d'autonomie psychique, en particulier en renonçant à la projection de leurs désirs sur l'enfant et à leur toute-puissance parentale.
□ La crise du milieu de la vie se produit entre 45 et 55 ans, au moment où l'individu réalise que le temps a très vite passé et qu'il n'a pu réaliser qu'une partie de ses projets : il doit renoncer à certaines de ses manières d'être et investir d'autres rôles.

Les capacités cognitives : détérioration et gains

□ Longtemps, on a considéré que l'âge était un facteur de détérioration des capacités cognitives alors qu'il y a très souvent compensation des effets du déclin de certaines capacités par la mise en œuvre d'autres habilités acquises avec la maturité.
□ Avec l'âge, le sujet est en général moins performant dans la rapidité d'exécution des tâches sollicitant les capacités intellectuelles. Cependant, quand on en teste les limites supérieures, des changements positifs sont notés en raison de la somme des expériences et de la capacité à réfléchir sur l'utilisation de ses propres connaissances. En effet, le sujet sait mieux comment organiser la tâche par rapport à ses propres compétences ou ses propres limites.
□ Les différences interindividuelles sont de plus en plus importantes aussi bien en ce qui concerne les transformations positives que négatives.

Le vieillissement est aussi social

□ Vieillir est un processus biologique qui peut avoir des retentissements importants au plan physique et psychique mais c'est d'abord un moment très important de la modification du rôle social de l'individu : avec la retraite, dans notre société, l'individu est souvent privé des avantages apportés par son statut social professionnel, sans que des investissements positifs ne viennent les remplacer.
□ Garder un réseau relationnel semble être, chez la personne âgée, l'un des facteurs déterminants du maintien d'une bonne santé psychique. Pour E.H. Erikson, la personne âgée conserve ses sentiments d'intégrité personnelle si elle assume la façon dont elle a mené sa vie et accepte le caractère inéluctable de la mort.

LES DIFFÉRENTS ÂGES DE LA VIE

Les aspirations dominantes modifient l'image de soi avec l'âge[1]

– **L'adaptation du soi** (de 17 à 23 ans). Les références aux motivations et valeurs sous-tendent conduites et choix : réalisation de soi, respect de l'autre et recherche du bonheur prédominent.

– **La polyvalence du soi** (de 24 à 43 ans). L'individu se situe par rapport à la diversité des situations vécues, avec l'objectif de savoir communiquer avec les autres et être appréciés d'eux.

– **La maturation du soi** (de 44 à 60 ans). L'individu effectue le bilan des compétences acquises dans la diversité des rôles sociaux exercés (conjugal, parental, amical, professionnel…). Le souci de profiter des aspects de la vie autres que professionnels pour se réaliser pleinement est prédominant.

– **La permanence du soi** (à partir de 60 ans). Pouvoir évoquer passé et présent, en décrivant sa condition physique, ses possessions et l'ensemble de ses activités organise le concept de soi.

Le vieillissement

Le nombre de personnes âgées de plus de 80 ans augmente considérablement. Les pathologies augmentent également avec l'âge, ainsi que les problèmes de dépendance qui en découlent. L'étude du vieillissement permet de distinguer le vieillissement cognitif normal du vieillissement cognitif pathologique. Les démences (dont la maladie d'Alzheimer est la plus fréquente) se caractérisent par une altération profonde des fonctions cognitives et de la personnalité qui entravent la vie quotidienne. À l'inverse, le vieillissement cognitif normal ne provoque que des pertes d'efficience qui se manifestent de façon hétérogène dans des domaines tels que les aptitudes intellectuelles, la mémoire, l'attention, les fonctions exécutives et le langage. Ce vieillissement normal est mis en relation avec les modifications structurales et neurochimiques du cerveau, en sachant que toutes les régions corticales et sous corticales ne sont pas affectés de la même manière. Une hypothèse est que les fonctions exécutives seraient parmi les premières fonctions cognitives à subir les effets négatifs du vieillissement normal. Elles sont impliquées dans la planification, la réalisation et le contrôle des activités motrices et cognitives et requièrent un niveau élevé d'intégration pour atteindre un but.

Maladie d'Alzheimer et modes de communication

– La maladie d'Alzheimer est caractérisée par des troubles de la mémoire et du langage. Cependant, la communication gestuelle se détériore moins que la communication verbale. Selon certains travaux récents, les pertes langagières pourraient être compensées par la communication gestuelle en particulier par l'utilisation de gestes métaphoriques qui permettent, même en l'absence de parole, de rendre visibles des éléments abstraits du discours (Schiaratura et al., 2015).

Exemple de geste métaphorique « Une chose et l'autre »

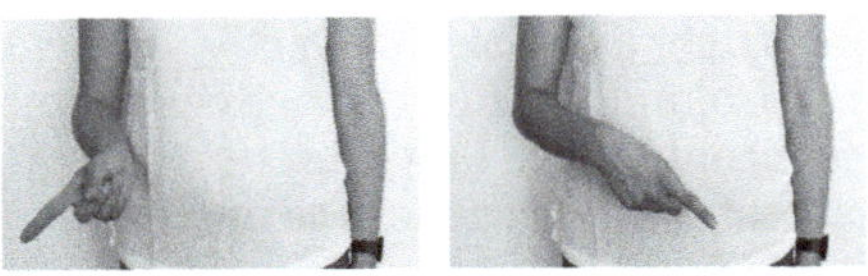

[1] D'après R. L'Ecuyer, *Le développement du concept de soi, de l'enfance à la vieillesse.* Les Presses de l'Université de Montréal, 1994.

La cognition

La psychologie cognitive étudie les processus mentaux sous-jacents à des activités telles que la perception, l'apprentissage, la mémoire ou le langage. Les recherches s'appuient sur l'observation et l'expérimentation des compétences cognitives ou des réponses physiologiques. En sont déduites des hypothèses de modélisation du fonctionnement des différentes activités.

Cognition et représentation

☐ Le terme « cognition » désigne l'ensemble des activités et des processus qui se rapportent à l'élaboration et à l'organisation des représentations mentales, ainsi qu'à leur utilisation et à leur modification. Ces représentations, stockées en mémoire, guident le traitement de l'information et aident à l'action. Certaines d'entre elles sont transitoires, mettant en œuvre des traitements spécifiques à une tâche. D'autres peuvent s'intégrer dans la mémoire à long terme sous forme de connaissances, habiletés, croyances ou stéréotypes.

☐ La psychologie cognitive, utilisant principalement la méthode expérimentale, est centrée sur l'étude des processus impliqués dans différentes grandes fonctions, dont la perception, l'apprentissage, la mémoire, le raisonnement et le langage.

☐ Ces processus, étudiés indépendamment de ce qui relève de la motivation ou de l'affect, sont appréhendés à la fois dans leur généralité et dans leurs aspects développementaux ou sociaux.

Cognition et traitement de l'information : la « révolution cognitive »

☐ Dans les années 1960, s'est développée dans le domaine de la communication la théorie de l'information basée sur le schéma « émetteur-canal-récepteur » (Shannon, 1948). Cette théorie décrit comment l'information est extraite de l'environnement, stockée, organisée, récupérée et utilisée.

☐ Le succès de cette théorie auprès des psychologues provoqua une « révolution cognitive » telle qu'ils en utilisent encore aujourd'hui les termes et les concepts. C'est le cas de la théorie de la détection du signal, qui identifie les processus sensoriels et décisionnels à l'œuvre dans la détection d'un stimulus perceptif.

La modélisation

☐ Modéliser consiste à choisir un nombre limité de composantes en faisant l'hypothèse qu'elles suffisent à rendre compte de l'activité cognitive étudiée. Ces modèles concernent aussi bien des activités élémentaires (par exemple, la perception visuelle de la profondeur) que des activités complexes telles que la perception de la musique, le traitement du langage, le pilotage d'avions ou les décisions médicales. Ils peuvent alors prendre la forme de réseaux de neurones artificiels ou de systèmes-experts.

☐ Les modèles – au même titre que les cartes géographiques – ne prétendent pas être des « photographies », mais des outils dont la capacité à prédire la réalité peut et doit être expérimentalement testée. Certains, purement qualitatifs, décrivent une série d'étapes de traitement. D'autres, dont on peut simuler le fonctionnement, sont conçus dans une perspective dynamique et incluent des paramètres quantitatifs.

THÉORIE DE LA DÉTECTION DU SIGNAL

La situation de base : une tâche de décision

La théorie a été à l'origine élaborée pour analyser le comportement des opérateurs radars chargés de détecter sur un écran des éclats lumineux signalant la présence d'avions en vol (Peterson, Birdsall, Fox, 1954). Il était alors important de ne pas confondre ces signaux avec des éclats lumineux parasites pouvant survenir en même temps.

Pour mettre en évidence les processus à l'œuvre dans ce type de situation, on soumet un participant à un grand nombre d'essais. Dans certains essais, le signal, c'est-à-dire le stimulus à détecter (visuel, auditif, tactile, etc.), est présent. Dans d'autres, le signal est absent, de sorte que seuls sont perceptibles les phénomènes non pertinents qui demeurent en l'absence du signal : ces phénomènes, aléatoires et dépourvus de signification, sont appelés « bruits ».

La tâche consiste à dire si, oui ou non, le signal a été présenté.

Le tableau présente les quatre réponses possibles, dont deux sont correctes (détection et rejet corrects) et deux sont fausses (fausse alarme et omission).

On peut ainsi calculer le taux de DC (pourcentage d'essais « signal » ayant conduit à des détections correctes) et de FA (pourcentage d'essais « bruit » ayant conduit à des fausses alarmes). Ces taux sont fonction de la difficulté de la tâche : plus elle est facile, moins il y a de FA ; plus elle est difficile, plus la décision pose problème, de sorte que les pourcentages de FA et DC sont voisins.

La mise en évidence de stratégies

Quelqu'un de « téméraire », répondant facilement oui, a un taux élevé de DC mais aussi de FA. À l'inverse, quelqu'un de « prudent », ne répondant que lorsqu'il est certain d'avoir perçu le signal, maximise le nombre de rejets corrects, fait moins de FA mais aussi moins de DC. La stratégie adoptée dépend en partie des coûts et des gains associés aux omissions et aux fausses alarmes.

Cette théorie a trouvé des applications dans les études de la mémoire basées sur des tâches de reconnaissance et, de façon plus originale, pour évaluer les stratégies utilisées pour répondre à des examens basés sur l'usage de QCM (questionnaire à choix multiples). Les stratégies sont alors guidées par la norme sociale selon laquelle il est moins grave de confondre deux informations (fausses alarmes) que de ne pas reconnaître une information compatible avec le contenu enseigné (omissions).

		Essai	
		signal (signal présent)	*bruit (signal absent)*
Réponse	oui (signal présent)	détection correcte (**DC**)	fausse alarme (**FA**)
	non (signal absent)	omission	rejet correct

La perception

La perception nous permet de construire des représentations du monde environnant. Elle implique des traitements complexes de l'information, du décodage sensoriel à la formation d'images mentales. Ces images prennent sens à partir des caractéristiques des stimulations et de nos anticipations sur leur contenu.

La perception est un processus actif

☐ Le monde qui nous entoure est composé de matière et d'énergie, dont les paramètres caractéristiques sont la longueur d'onde, l'intensité, etc. Nos organes des sens nous permettent de recevoir ces stimulations. Les modalités sensorielles nous renseignent sur des aspects différents de ce monde, selon qu'il s'agit de sens de proximité (le toucher, le goût) ou à distance (la vue, l'ouïe, l'odorat).
☐ La perception nous permet de recevoir, de traiter puis d'interpréter les informations physiques pour entrer en relation avec un monde qui doit être cohérent et intelligible. Nous construisons donc sans nous en rendre compte une représentation mentale des objets qui nous entourent.
☐ La psychophysique décrit les rapports entre les caractéristiques physiques (objectives) de la stimulation et la sensation (subjective) qu'elle engendre ; l'objectif à terme est de construire des modèles théoriques qui rendent compte des étapes du traitement perceptif.

Une étape correspond à un codage physiologique de l'information

☐ L'information physique arrivant aux récepteurs est transformée en information électrique relayée par le système nerveux jusqu'au cortex. Les cellules de la rétine, les cellules ciliées internes de l'oreille, effectuent cette transduction.
☐ Des mécanismes actifs d'inhibition, d'amplification et de sélection vont s'effectuer selon des modalités complexes qui sont en partie inconnues, mais qui impliquent l'influence des centres nerveux supérieurs sur les mécanismes de base.

Nous créons ensuite des représentations mentales

☐ Lors d'étapes de traitement ultérieures se créent les représentations mentales (par exemple, sous forme d'images visuelles ou auditives). Elles dépendent fortement des caractéristiques du stimulus (traitement ascendant, « dirigé par les données »), mais aussi des attentes du sujet et de ses connaissances préalables (traitement descendant, « dirigé par les concepts »). Dans les années 1920, les théoriciens de la gestalt ont décrit la formation de ces images.

L'image prend sens quand ces traitements ont été effectués

☐ Il s'agit donc bien d'une interprétation de la réalité, ce qui explique les confusions qui peuvent se produire lorsqu'il y a conflit entre les éléments résultants de différentes étapes du traitement. Les informations provenant des autres sens peuvent également agir sur la perception pour confirmer ou infirmer la construction : par exemple, nous « entendons » (ou plutôt nous comprenons) mieux la parole lorsque nous pouvons en même temps voir notre interlocuteur.

LES LOIS DE LA GESTALT

■ Théorie de la gestalt

La théorie de la gestalt est née au début du siècle. En 1912, M. Werteimer, puis ensuite W. Köhler et K. Koffka, affirment que « Le tout est différent de la somme des parties qui le constituent ». Ils posent ainsi la question de l'organisation perceptive, en considérant que percevoir est autre chose qu'additionner purement et simplement les informations. La « forme globale » (*Gestalt* en allemand) l'emporte sur les éléments qui la composent, est perçue d'emblée, et différenciée du fond sur lequel elle s'imprime. Les lois de la gestalt décrivent les principes de ségrégation figure/fond, qui s'appliquent tant en vision qu'en audition.

Principales lois de la gestalt

Loi de la bonne forme
La structure perçue est toujours la plus simple.

Loi de proximité
Les éléments sont regroupés en fonction de leurs distances respectives.

Loi de similitude
Qui se ressemble s'assemble : on regroupe les éléments semblables.

Loi de bonne continuité
Des éléments sont perçus comme appartenant à un ensemble cohérent et continu, plutôt qu'à un autre impliquant une rupture dans la continuité.

Loi du destin commun
Lorsque des éléments sont en mouvement, on regroupe ceux pour lesquels une cohérence de déplacement apparaît.

■ En vision : exemple d'une figure ambiguë : le vase de Rubin

On peut voir soit un vase, soit deux profils, selon l'organisation de la forme et du fond.

■ En audition : séparation des sources sonores

À un même moment arrive à nos oreilles un ensemble de bruits qui change continuellement et qui résulte du mélange des sources qui émettent simultanément.
Pourtant nous identifions sans effort d'une part le camion qui démarre, d'autre part l'oiseau qui chante, puis encore le téléphone qui sonne, même si tous ces sons sont présents simultanément.
Nous sommes donc capables de regrouper les informations qui proviennent d'une même source (fusion) et de les séparer de celles qui proviennent d'une autre source (ségrégation perceptive).
Nous nous basons pour cela sur l'analyse des régularités. Des événements auditifs qui commencent et s'arrêtent en même temps, ou bien un son qui évolue progressivement seront considérés comme provenant d'une même source. Un changement brutal de l'un des paramètres du son sera interprété comme l'arrivée d'un autre événement auditif provenant d'une source différente.

La perception auditive

Après l'étape sensorielle, le système auditif regroupe les informations provenant d'une même source et les sépare des autres sources. Il extrait ensuite les attributs de cette source : chaque son sera perçu avec une hauteur (grave/aigu), un niveau (fort/faible), un timbre (une sonorité), une localisation.

L'oreille reçoit les stimulations sonores

Dans la nature se propagent des sons complexes, décomposables en vibrations élémentaires. Pour étudier la perception, on utilise souvent des sons purs, correspondant à une seule de ces vibrations élémentaires (par exemple, le *la* du diapason). Les paramètres principaux sont la fréquence (en hertz) et l'intensité (en décibels). L'oreille interne les transforme en informations électriques qui se propagent le long du nerf auditif jusqu'au cortex.

La formation des images sonores

Selon les récents modèles de la cognition auditive, aussitôt effectués les premiers codages sensoriels, le système auditif procède au regroupement des éléments qui appartiennent à la même source et à leur séparation des autres sources. Cette ségrégation perceptive s'effectue au cours du temps, et nous permet de suivre par exemple une conversation dans le bruit sans en perdre le fil, ou de focaliser notre attention sur le hautbois dans une symphonie (constitution de flux auditifs).

Ensuite, s'effectue le calcul des paramètres des sons

☐ La sensation de son « grave » ou « aigu », appelée « hauteur », est principalement liée à la fréquence : plus la fréquence est élevée et plus le son est perçu aigu. Par ailleurs, deux sons à l'octave (deux *do* par exemple) sont perçus comme très similaires.
☐ La hauteur des sons complexes (composés de plusieurs fréquences) correspond à la hauteur de la fréquence la plus grave du son (fréquence fondamentale).
☐ La sonie, c'est-à-dire l'intensité subjective, dépend de l'intensité physique des sons : le niveau sonore semble doubler quand on l'augmente de dix décibels. Présentés avec une même intensité physique, des sons de fréquences différentes n'ont pas la même sonie : un son grave ou aigu doit être plus intense pour sembler avoir le même niveau qu'un son de fréquence moyenne.

Le timbre d'un instrument de musique

Deux instruments de musique jouant la même note produisent des sons différents quoique composés des mêmes fréquences. Ces différences de timbre proviennent de différences dans les intensités de chaque composante, dans les attaques des sons et dans l'évolution de la note au cours du temps.

La localisation des sons

Pour savoir d'où vient un son, nous avons besoin de nos deux oreilles. Notre système auditif compare les informations qui proviennent des deux oreilles : l'oreille la plus proche de la source sera stimulée en premier et légèrement plus fortement que l'oreille la plus éloignée et le son sera localisé de ce côté.

LA COGNITION AUDITIVE

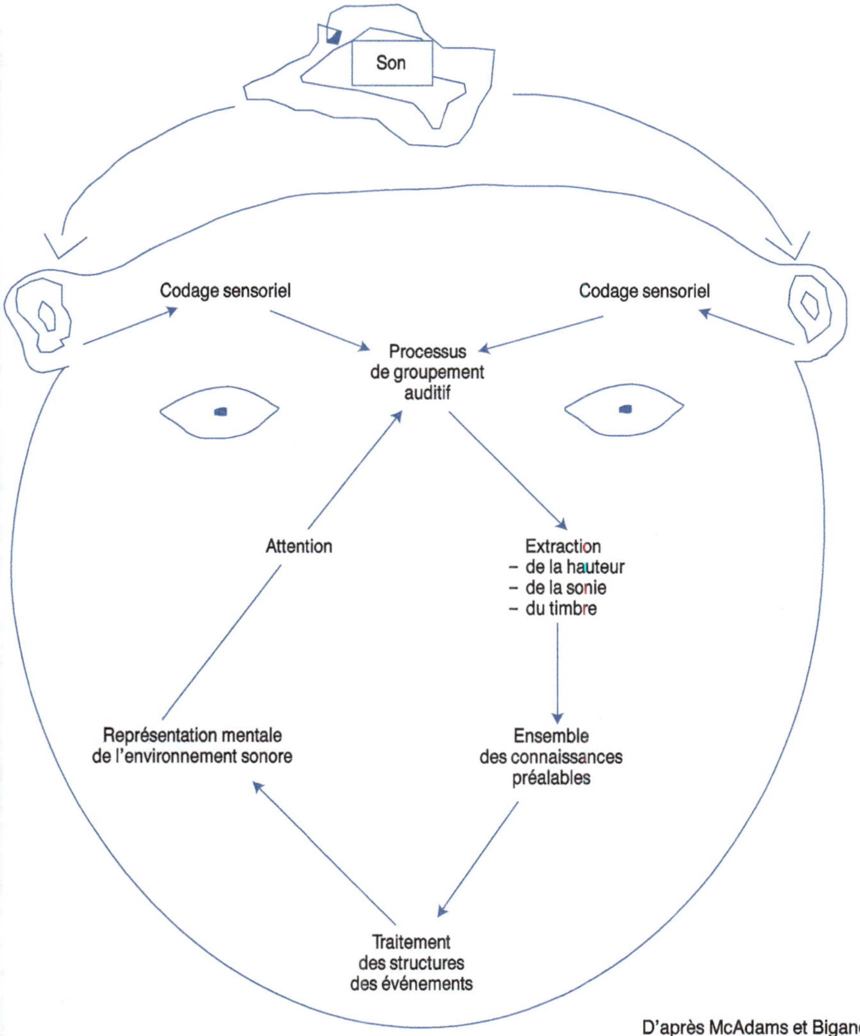

D'après McAdams et Bigand, *Penser les sons*, PUF, 1994.

Ce schéma représente les principaux processus de traitement des informations auditives. On peut suivre le cheminement de l'information, à partir de l'onde sonore présente dans l'air jusqu'à la représentation mentale de l'environnement sonore. Cette image auditive dépendra à la fois des caractéristiques physiques des stimuli et des connaissances et attentes préalables de l'auditeur compte tenu entre autres du contexte qui précède. Par exemple, une même séquence de free jazz donnera lieu à une représentation cohérente et interprétable pour l'amateur éclairé, mais sera perçue comme des éclats de bruits juxtaposés par le néophyte.

La perception visuelle

Voir implique une construction perceptive à partir des informations contenues dans l'environnement et de l'ensemble de nos connaissances et de nos attentes. Cette construction dépend des contraintes de l'œil lui-même, de la structure de la scène regardée et des stratégies perceptives.

Les caractéristiques de l'œil déterminent l'activité oculaire

□ La rétine est composée de deux zones qui diffèrent par les cellules qui y sont majoritaires : la zone centrale ou fovéa contient des cônes qui sont responsables de notre excellente acuité visuelle de jour et de la vision des couleurs. La rétine périphérique est surtout composée de bâtonnets qui ont besoin de peu de lumière pour être excités, mais qui permettent une vision moins précise, et sont insensibles aux variations de couleurs.

□ L'activité oculaire consiste à amener en vision fovéale ce qui sera traité plus précisément. Une saccade oculaire place l'œil dans la bonne position, puis une fixation oculaire permet le traitement de la scène. L'observation de cette activité permet de déduire les stratégies de traitement de l'information visuelle.

La perception des formes et les objets

□ Des processus de regroupement et de ségrégation des images sont à l'œuvre en vision comme dans les autres perceptions. Le système visuel regroupe les éléments selon des rapports de position, d'inclinaison et de ressemblance.

□ Malgré l'importance attribuée aux éléments eux-mêmes, c'est l'activité de construction du sujet, en fonction de ses attentes et de sa connaissance de l'environnement, qui détermine l'organisation résultante, et donc la forme perçue, comme en témoignent par exemple les figures réversibles (inversions figure/fond) ou les figures ambiguës (plusieurs significations possibles).

□ Les différentes étapes de traitement et les niveaux auxquels ils prennent place (sensoriels, perceptifs ou cognitifs) commencent à être mieux connus. Ainsi, certains supposent une décomposition de la stimulation en un certain nombre de composantes de base, qui seraient ensuite recombinées pour créer l'image perçue.

□ On a mis en évidence l'existence de cellules spécialisées dans la détection de contraste de luminance, d'attributs particuliers (d'orientation par exemple) ou de mouvement, présentes à différents niveaux du système visuel. Cela permet de rendre compte de la finesse de nos capacités.

Reconstruire l'espace et la profondeur

L'image qui se forme sur la rétine est en deux dimensions. Pour reconstruire la troisième dimension, le système visuel utilise :

– des indices monoculaires : un objet qui en cache partiellement un autre est considéré comme se trouvant devant. Les différents indices de perspective sont également utilisés (point de fuite, taille apparente, etc.), ainsi que la présence d'ombres ;

– des indices binoculaires : le système visuel interprète les différences entre les informations provenant de chaque œil (différence des images fovéales, parallaxe binoculaire, etc.).

LE MOUVEMENT DES YEUX PENDANT LA LECTURE

L'œil reste immobile 90 % du temps

Pour comprendre le travail effectué par un lecteur, on peut analyser le déplacement de ses yeux. La lecture est caractérisée par une succession de *saccades oculaires*, pendant lesquelles l'œil va se déplacer de telle sorte que le mot qui doit être regardé ait une projection sur la fovéa, et de *fixations oculaires*, pendant lesquelles s'effectue le traitement cognitif. Contrairement à ce que l'on peut penser, l'œil reste immobile 90 % du temps, et ne se déplace lors des saccades que durant 10 % du temps de lecture. L'étude de la programmation des saccades, des stratégies d'exploration, de l'évolution de la vitesse de lecture avec l'âge ou la complexité du message permet de modéliser le travail de traitement de ce type d'information et d'extraction du sens du message.

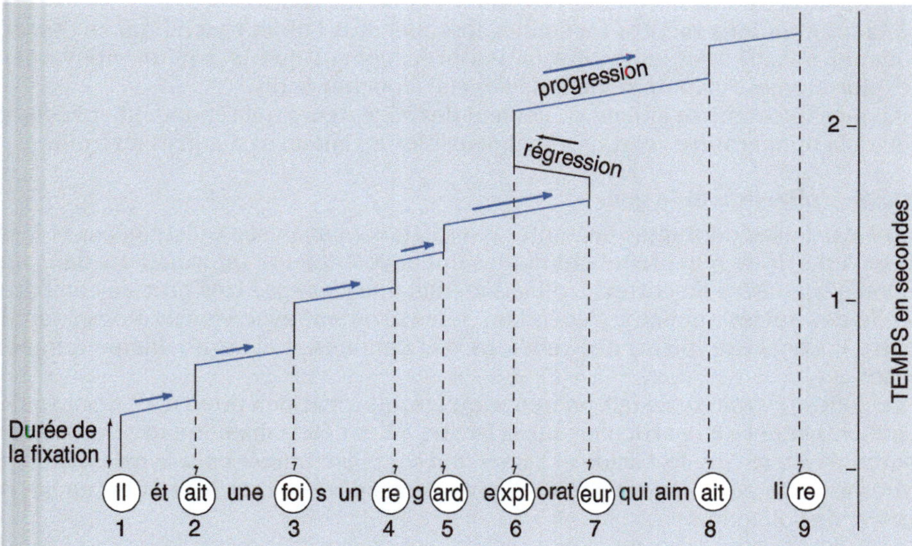

POSITIONS DES FIXATIONS SUCCESSIVES DANS UNE PHRASE

Interprétation

On voit sur cet exemple que l'on ne fixe pas tous les mots, mais que en revanche, pour certains mots longs et plus particulièrement porteurs de sens, deux fixations sont nécessaires. Un lecteur averti se distingue d'un lecteur novice par une diminution du nombre de fixations, de la durée de chaque fixation et du nombre de retours en arrière. Lorsque la complexité du texte augmente, il se comporte de nouveau comme un lecteur novice.

Les autres perceptions

Les études concernant le toucher, l'olfaction et le goût deviennent actuellement plus systématiques. L'équilibration, la proprioception, la perception du temps sont également considérées comme autant de sens à partir desquels l'homme prend connaissance du monde environnant.

Le toucher

☐ La peau est truffée de capteurs de pression dont certains ne répondent qu'au début et à l'arrêt de la stimulation (*on/off*), ce qui explique qu'un objet maintenu à pression constante dans la même position ne soit plus senti après quelques secondes (adaptation sensorielle). Par exemple, si l'on reste immobile avec les jambes croisées, on ne sent plus le contact des jambes l'une sur l'autre.
☐ Les informations tactiles recueillies lorsque c'est l'objet touché qui se déplace (toucher passif) sont analysées moins précisément que lorsqu'un mouvement d'exploration est volontairement déclenché (toucher actif).
☐ Au niveau cutané se situent également des récepteurs qui répondent spécifiquement à la température : certains sont sensibles au chaud et d'autres au froid.

L'olfaction et le goût

☐ Les particules odorantes présentes dans l'air sont analysées, distinguées et identifiées à partir de récepteurs chimiques qui envoient leurs informations dans une région particulière du cortex. L'olfaction humaine n'est pas très précise comparée à celle des autres animaux. Cependant, elle entretient avec les émotions (dont le centre cortical est voisin) des relations mal connues, mais probablement importantes.
☐ Le goût *stricto sensu* ne fait référence qu'aux informations provenant des papilles gustatives situées en particulier sur la langue. Elles déterminent quatre qualités primaires : le sucré, le salé, l'acide et l'amer, qui sont discriminées dès la naissance. Les autres aspects de ce qui est habituellement considéré comme le goût est en fait du ressort de l'olfaction.

L'équilibration et la proprioception

☐ L'équilibration renseigne sur la position du corps dans l'espace. L'organe responsable de l'équilibre se situe dans l'oreille interne, et utilise les informations provenant de la gravité, complétées par des informations visuelles. En l'absence de la vision, le sens de l'équilibre et de la verticalité peut aisément être mis en défaut.
☐ La proprioception permet de connaître les positions relatives des différentes parties du corps, la tension des muscles et apporte des informations concernant la vitesse des mouvements, par l'intermédiaire de récepteurs locaux.

Le sens du temps

Notre capacité à percevoir le temps qui passe est indubitable, mais aucun organe sensoriel apparent ne lui correspond. Cependant on a pu montrer (par ex., P. Fraisse) que nous pouvons estimer une durée, comparer plusieurs intervalles, ou regrouper une succession d'événements en fonction de leurs durées relatives (rythmes).

LE GOÛT ET L'OLFACTION CHEZ LE NOUVEAU-NÉ

La discrimination des saveurs

Dès la naissance, le bébé est capable de discriminer les quatre saveurs de base : sucré (A), salé (B), acide (C) et amer (D).

Le réflexe gusto-facial provoque des mimiques caractéristiques permettant d'observer cette différence.

Matty Chiva, *Le doux et l'amer. Sensation gustative, émotion et communication chez le jeune enfant*, PUF, 1985.

On a d'ailleurs montré qu'il peut y avoir apprentissage gustatif in utero. Ainsi, la consommation d'anis par la femme enceinte pendant les dernières semaines de grossesse conduit les nouveau-nés à ne plus se détourner de cette saveur généralement répulsive (Schaal, 2000).

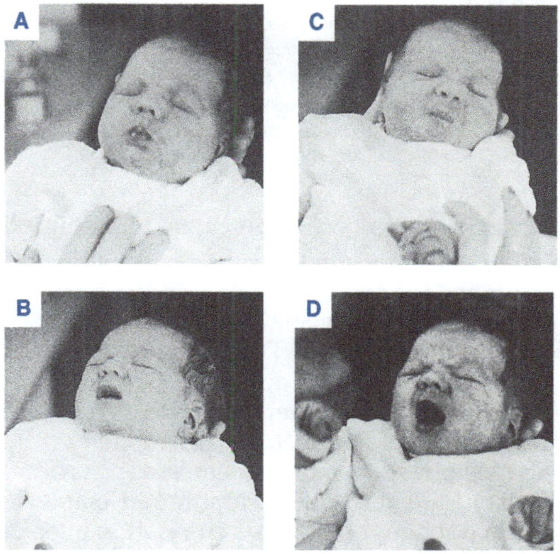

L'olfaction, moyen de reconnaissance mère-bébé

De nombreux travaux ont montré que, chez les mammifères, l'olfaction est l'un des facteurs déterminants de l'attachement du petit à sa mère et que l'odorat permet également à la mère de reconnaître son petit.

Les études sur l'olfaction du nouveau-né humain révèlent qu'entre 3 et 10 jours de vie le bébé est capable de discriminer l'odeur de sa mère. En effet, lorsqu'il est mis en présence de deux tampons d'ouate disposés de part et d'autre de sa tête, l'un ayant été porté par sa mère et l'autre par une autre femme sur certaines zones corporelles comme le creux du cou, le sein ou les aisselles, le nouveau-né tourne plus longtemps la tête du côté de l'odeur maternelle. Cette différenciation est observée indépendamment du fait que la mère nourrisse ou non le bébé au sein, l'odeur de la mère étant composée des productions des glandes sébacées, des glandes sudoripares et des sécrétions lactées.

Les mères, dès le troisième jour, reconnaissent l'odeur d'un vêtement porté par leur bébé de celle d'un autre bébé, et cela d'autant mieux qu'elles ont eu des contacts prolongés avec leur enfant.

L'attachement du jeune enfant à un objet en tissu ou à une peluche a certainement une forte composante olfactive qui peut avoir un effet apaisant comme cela peut être le cas lors de l'endormissement. De même, un vêtement porté par la mère peut procurer à l'enfant un certain réconfort dans une situation stressante pour lui et dans laquelle il est séparé de sa mère : par exemple, lors de l'entrée à l'école maternelle.

La mémoire

La mémoire permet de coder des informations, de les organiser, de les stocker et de les récupérer si besoin. On distingue classiquement une mémoire de travail, temporaire, qui assure un premier traitement, et une mémoire à long terme.

La mémoire : une capacité essentielle

□ Il est évident que la capacité à se souvenir d'expériences antérieures est fondamentale dans toute évolution, individuelle ou collective. Mais par quels processus encode-t-on un souvenir ? Comment est-il stocké et récupéré, au besoin ? Par exemple, on a pu observer que l'on mémorise mieux les premiers et les derniers éléments d'une liste et que l'on apprend mieux en plusieurs fois qu'en une seule séance.
□ Les psychologues cherchent à décrire les différentes formes de mémoires, à proposer des architectures et à établir des modèles de fonctionnement. La question de savoir si ces mémoires sont indépendantes les unes des autres (différentes mémoires autonomes) ou si une mémoire unique assure l'ensemble des fonctions reste encore polémique.
□ Ces données sont mises en relation avec celles des neurophysiologistes qui étudient les structures nerveuses en jeu dans la mémoire. Ils observent les relations entre les pathologies cérébrales dont sont atteints certains patients et les troubles qu'ils présentent : par exemple, ne plus enregistrer de souvenirs nouveaux ou au contraire ne plus avoir accès à des souvenirs anciens.

La mémoire de travail

□ Le terme « mémoire de travail » remplace actuellement celui de « mémoire à court terme » pour décrire ce qui permet, par exemple, de mémoriser un numéro de téléphone le temps d'aller le composer. Il s'agit d'un système qui maintient les informations (stockage temporaire à capacité limitée) pendant qu'un certain travail cognitif s'effectue : compréhension, apprentissage, commande motrice.
□ Un processeur central attentionnel commanderait la boucle phonologique (stockage et répétition mentale du numéro) et le traitement des informations visuelles et spatiales conduisant à une représentation mentale des objets ou images.

La mémoire à long terme

□ Différents registres mémoriels reçoivent les informations à stocker au long cours. On s'interroge encore sur la structure de ces outils de stockage.
□ La mémoire déclarative correspond à tout ce qui est explicitement un souvenir, sous forme verbale ou d'image. On distingue une mémoire épisodique, dans laquelle sont consignés les événements autobiographiques et leur chronologie, et une mémoire sémantique correspondant au vocabulaire et aux règles linguistiques.
□ La mémoire non déclarative (ou procédurale) concerne toutes les connaissances non verbales, que l'on utilise sans s'en rendre compte. Par exemple, certains patients amnésiques sont capables d'actions impliquant de toute évidence de la mémoire, puisqu'ils peuvent améliorer une performance d'une séance à l'autre, sans se souvenir pour autant de la séance précédente. Les procédures ainsi stockées peuvent permettre des actions motrices, verbales ou de raisonnement très complexes.

UN EXEMPLE DE RECHERCHE SUR LA MÉMOIRE

Dans le débat qui oppose les tenants d'une mémoire unique, responsable de toutes les activités de mémorisation, et ceux de modules indépendants, tous chargés d'un type particulier de mémoire, une recherche de L. Postman et L. Philips, en 1965, a fait date.

Rappel immédiat (0 seconde)

On a demandé à des sujets d'apprendre des listes de mots (soit 10, soit 20, soit 30 mots) sans rapports les uns avec les autres puis, tout de suite après, d'en rappeler autant qu'ils le peuvent dans n'importe quel ordre.

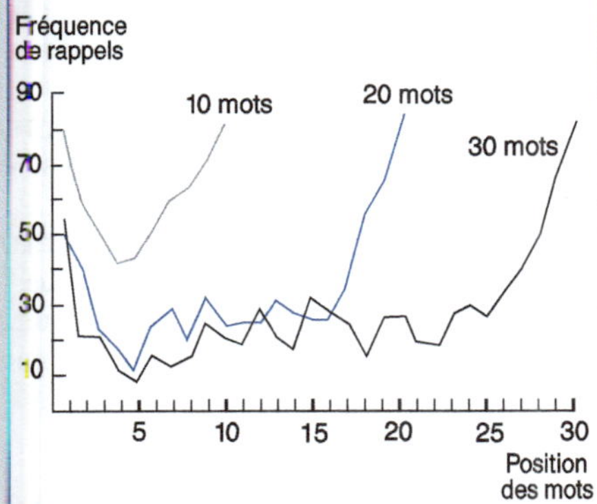

Nombre de mots rappelés en fonction de la position des mots dans la liste.

On voit que les sujets se souviennent mieux des mots situés au début de la liste (effet de primauté) et à la fin de la liste (effet de récence), au détriment des mots situés en milieu de liste.

Rappel différé (30 secondes)

On a ensuite fait faire la même tâche aux sujets, mais en introduisant une période de 30 secondes entre l'apprentissage et le rappel, pendant laquelle les sujets devaient effectuer du calcul mental (période d'interférence).

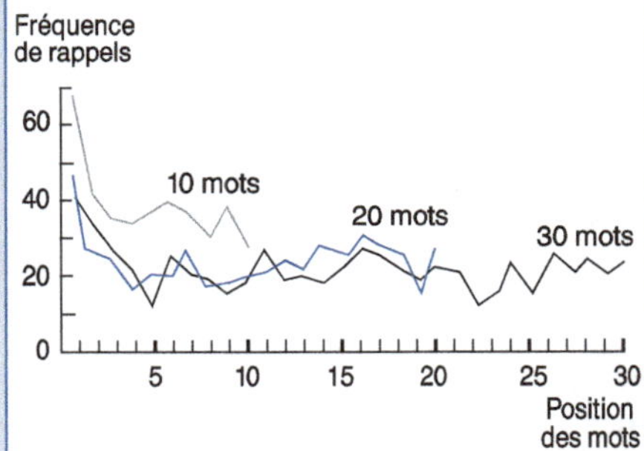

Nombre de mots rappelés en fonction de la position des mots dans la liste.

D'après L. Postman et L. W. Philips, *Short term temporal changes in the free recall, Quaterly Journal of Experimental Psychology* (pp. 17, 132-138), 1965-D.R.

L'effet de primauté subsiste (les premiers mots des listes sont mieux rappelés), l'effet de récence a disparu (les derniers mots des listes ne sont pas mieux mémorisés que les mots du milieu). La mémoire à long terme implique donc des processus différents de ceux de la mémoire de travail.

Interprétation

Ces résultats s'expliquent si l'on considère que la mémoire de travail se charge de la première partie de la tâche (stockage à court terme et premiers traitements), au moment même de l'activité de mémorisation. Le fait de maintenir dans cette mémoire les mots à apprendre justifie que les derniers mots soient restitués facilement. En revanche, très rapidement (puisque 30 secondes d'interférence suffisent) le relais est passé à une mémoire à long terme qui va stocker ces informations de façon plus durable. L'effet de récence disparaît alors.

D'autres expériences ont montré que la mémoire de travail a une capacité limitée (peu d'items sont stockés en même temps) alors que la mémoire à long terme a une capacité quasi illimitée, grâce à l'organisation de ces « bibliothèques mentales » dont nous ne connaissons pas encore précisément les structures.

Le langage

Les études en psycholinguistique décrivent les étapes de la perception et de la production du langage, qu'il soit oral ou écrit. On commence à mettre en évidence les mécanismes mentaux complexes impliqués dans la compréhension d'un énoncé.

Langue et langage

☐ La psycholinguistique, branche de la psychologie, étudie le sujet qui parle, écrit, écoute ou lit, pour comprendre les processus cognitifs sous-jacents à ces activités, à la différence des linguistes qui étudient la langue « en elle-même et par elle-même ».
☐ Les langues sont des systèmes de signes vivants avec une histoire et une évolution. Le langage est la fonction d'expression de la pensée, qui permet à tout homme de communiquer à l'aide de ces signes particuliers, oraux ou graphiques, en s'appuyant aussi sur des messages non verbaux ou gestuels.
☐ Le langage sert à communiquer des affects, à modifier le comportement d'autrui (ordres, demandes), à décrire une situation ou à argumenter des points de vue.
☐ On étudie indépendamment ce qui sous-tend le langage écrit et oral, ainsi que la perception (entendre), la production (parler) ; l'acquisition du langage fait également l'objet d'un grand nombre de recherches.

La perception du langage

☐ Pour qu'un auditeur comprenne une phrase prononcée par un locuteur, il faut qu'un certain nombre d'étapes de traitement soient franchies, sans qu'on sache encore précisément quelles sont les relations entre les étapes.
☐ Lors de l'étape phonologique, l'auditeur segmente en unités élémentaires un signal acoustique qui parvient en continu. Les phonèmes sont des unités acoustiques définies par le fait qu'un changement de phonème va impliquer un changement de sens (exemple le *t* et le *b*, comme « tas » et « bas »). L'auditeur va identifier les syllabes et les mots. Des étapes de traitements élémentaires de l'information visuelle sont également décrites pour le langage écrit.

L'accès à la communication

☐ La signification des mots (sémantique lexicale) sera recherchée dans un lexique interne, sorte de dictionnaire, ou de bibliothèque mentale dont les chercheurs tentent de déterminer la structure et l'organisation. On étudie aussi l'accès à ce lexique, c'est-à-dire les procédures qui permettent d'aller chercher le mot au bon endroit (système de fichier). Des techniques expérimentales complexes telles que la décision lexicale permettent de mesurer le temps que mettent des sujets à décider si telle chaîne de caractères est un mot appartenant à la langue. Ce temps varie systématiquement en fonction des catégories de mots.
☐ Une phrase obéit à des règles de syntaxe qui définissent l'ordre des mots et la grammaire. Le locuteur a une connaissance au moins implicite de ces règles, qui sont stockées en mémoire, et au filtre desquelles il analysera la phrase.
☐ Un traitement sémantique des énoncés intègre les significations lexicales dans le système des relations grammaticales. Certaines phrases peuvent cependant être ambiguës. C'est le contexte, linguistique ou non, qui permet de lever l'incertitude.

COMPLEXITÉ DES MÉCANISMES DE L'ACQUISITION DU LANGAGE

Les compétences langagières

Savoir parler implique de nombreux savoirs et savoir-faire :
- posséder des signifiants, c'est-à-dire des mots qui permettent de traduire précisément la réalité évoquée ;
- énoncer des phrases en conformité avec les règles de la grammaire ;
- communiquer avec autrui, c'est-à-dire agir sur autrui grâce au langage.

L'acquisition du langage est un phénomène d'une très grande complexité et de nombreuses théories cherchent à rendre compte des différents aspects de cette acquisition.

Les dispositifs innés d'acquisition chez l'homme

L'échec des essais d'apprentissage du langage oral à des chimpanzés et le constat de leur aptitude à apprendre des éléments simples de la langue des signes font penser que la capacité de parler est dépendante des particularités biologiques des humains.

La perspective nativiste (Chomsky, Slobin) argumente en faveur d'un dispositif inné qui est repérable quelle que soit la langue apprise. Il existerait des stratégies universelles du traitement linguistique comme celles relatives à l'ordre des mots qui fait que l'enfant porte son attention sur la fin des mots et le début et la fin de la phrase.

Les mécanismes cognitifs

Pour Piaget, le cognitif précède le linguistique. Le langage révèle les progrès de l'intelligence de l'enfant aux différents stades du développement.

Beaucoup d'auteurs contemporains considèrent le langage selon divers systèmes de traitement de l'information (phonologiques, morphologiques, sémantiques...) indépendants les uns des autres. Cette approche permet de comprendre pourquoi certains dysfonctionnements restent limités à un aspect particulier du maniement du langage oral ou écrit.

Le rôle de l'environnement social

L'associationnisme (B.F. Skinner) souligne l'importance de l'établissement d'une relation entre objet et mot avec des renforcements positifs ou négatifs donnés par les adultes.

Selon H. Wallon, l'adulte propose des modèles langagiers à imiter. L'acquisition du langage est la condition d'accès à la représentation mentale. Selon L. Vygotsky, les acquisitions des enfants ne sont possibles qu'avec l'aide de l'adulte avant de l'être à un niveau individuel. Le langage est acquis dans ce contexte d'interaction sociale et le langage intérieur constitue les éléments de la pensée.

La linguistique pragmatique souligne que l'adulte initie la communication avec le bébé en interprétant ses signaux, et continue à lui fournir un cadre d'acquisition (J. Bruner), en organisant des modèles standardisés d'interaction sur lesquels se greffent les échanges verbaux.

Le rôle du langage adressé à l'enfant (le parler-bébé)

Ce langage aux énoncés simples et brefs, avec un débit lent, des répétitions fréquentes, des intonations modulées et des effets de prononciation et d'accentuation, est produit avec un ton de voix plus aigu que celui utilisé pour s'adresser à un adulte. Toutes les personnes qui parlent à un jeune enfant ont tendance à utiliser ce langage qui a sans doute plusieurs fonctions : attirer et retenir l'attention du bébé, lui fournir des modèles simples et redondants qui lui permettent d'identifier les éléments réguliers du langage.

L'intelligence

Actuellement, on considère que l'intelligence est la capacité à établir des relations, tant sur le plan cognitif que social, et qu'elle doit être envisagée sur de multiples dimensions. Les définitions qu'on en a donné ont beaucoup varié depuis les premiers tests de Binet, au début du siècle, et continuent d'être discutées.

Qu'est-ce que l'intelligence ?

☐ Le concept d'intelligence reprend actuellement de l'importance, après une phase de désuétude liée à la difficulté de s'entendre sur sa définition. On s'accorde à considérer que l'intelligence est pluridimensionnelle : un seul type de caractéristique ne suffit pas pour rendre compte de sa diversité. Ni la logique pure, ni la rapidité, ni l'étendue des savoirs ne constituent des indices univoques.

☐ L'intelligence peut être définie comme la fonction d'établissement de relations. C'est un système de structuration des connaissances, non la somme des connaissances. Plus la complexité de ce qui est appréhendé augmente, plus le niveau de structuration est élaboré, plus l'activité mise en œuvre requiert d'intelligence.

Intelligence géométrique et intelligence sociale

☐ Le terme d'intelligence géométrique a été utilisé par P. Oléron (1979) pour souligner qu'on ne peut limiter l'étude de l'intelligence aux seules compétences à raisonner à propos des caractéristiques de l'environnement physique. En effet, l'intelligence s'applique aussi à la compréhension de l'environnement humain et social.

☐ L'acquisition des théories de l'esprit est une étape importante dans le développement de l'intelligence sociale. Il s'agit pour l'enfant de découvrir l'univers psychique qui caractérise la personne humaine et d'être capable de comprendre ses états mentaux et ceux d'autrui. Aux environs de 4-5 ans, l'enfant distingue phénomènes physiques et psychiques. Il peut établir une relation entre comportement et désir ou intention, et détecter les fausses croyances. Dans la même période, il consolide sa connaissance des principaux états émotionnels. L'acquisition de ces compétences dépend à la fois du développement cognitif et de la diversité des expériences affectives et sociales et ces compétences sont la condition d'interactions sociales adaptées. Les enfants autistes souffrent d'une incapacité à comprendre les intentions d'autrui.

☐ Certains modèles comme ceux de R. J. Sternberg et de H. Gardner tentent de prendre en compte la diversité des conduites intelligentes.

Intelligence innée, intelligence acquise : le grand débat

☐ Pour certains, nous naissons avec une intelligence génétiquement déterminée. Cette idée a favorisé bien des discours racistes (supériorité génétique d'une race par rapport à une autre). D'autres postulent que l'intelligence se développe par l'apprentissage et l'éducation, et mettent l'accent sur le rôle de l'environnement dans les différences interindividuelles.

☐ L'hypothèse de l'interaction entre les deux catégories de facteurs semble pertinente : l'influence de facteurs génétiques est attestée (certaines maladies génétiques impliquent un déficit intellectuel) et correspondrait à l'existence d'un certain potentiel, mais l'influence de l'environnement (tant physique que social, éducatif ou relationnel) est déterminante dans le développement de ces potentialités.

LA DIVERSITÉ DES FORMES D'INTELLIGENCE

■ Les trois composantes de l'intelligence de Robert J. Sternberg (1985)

Pour Sternberg, l'intelligence est l'ensemble des habiletés que l'individu met intentionnellement en œuvre pour s'adapter au milieu dans lequel il vit.
Pour rendre compte des différentes manifestations de l'intelligence, Stenberg a analysé trois composantes des conduites intelligentes en montrant comment elles entrent en interaction dans un grand nombre de situations.

■ *Composante contextuelle :* capacités de l'individu à sélectionner les comportements en fonction des partenaires, de la situation et de son contexte, et à agir sur son environnement pour le transformer.

■ *Composante expérientielle :* capacité de l'individu à prendre en compte ses propres expériences, ce qui permet soit de trouver des réponses adaptées à des situations nouvelles, soit de traiter de façon automatique les situations déjà connues.

■ *Composante componentielle :* mise en œuvre de mécanismes mentaux élémentaires permettant la production de conduites intelligentes, processus de traitement de l'information et capacités à en planifier le déroulement dans ses différentes étapes et à en contrôler l'exécution.

■ La théorie des intelligences multiples selon Howard Gardner (1987)

Ce chercheur américain en sciences cognitives a initialement distingué sept formes d'intelligence différentes et indépendantes les unes des autres, puis une huitième (*intelligence naturaliste*), et travaille, à l'heure actuelle, sur l'hypothèse d'une neuvième forme (*intelligence existentielle*).

■ *L'intelligence logico-mathématique*, qui permet de formuler des hypothèses différentes et de conduire la démarche de validation ou d'invalidation de ces hypothèses.

■ *L'intelligence langagière*, permettant la maîtrise du langage oral et écrit.

■ *L'intelligence spatiale* et les capacités à se construire une représentation mentale de l'espace.

■ *L'intelligence musicale*, correspondant aux aptitudes nécessaires à la perception et à la production de musique.

■ *L'intelligence kinesthésique*, relative à la maîtrise corporelle et gestuelle.

■ *L'intelligence interpersonnelle*, mettant en œuvre des aptitudes à comprendre autrui.

■ *L'intelligence intrapersonnelle*, permettant la connaissance de soi.

■ *L'intelligence naturaliste*, permettant la discrimination des éléments de la faune et de la flore.

La validation de ce modèle est faite en fonction de l'analyse des différentes formes d'intelligence qui n'ont pas la même importance selon les individus et du repérage des zones corticales activées par la mise en œuvre de chacune d'elles.

■ L'hypothèse d'une *intelligence existentielle* reste à être confirmée : elle concernerait la capacité à se poser les problèmes fondamentaux relatifs à l'existence humaine.

Les tests d'intelligence

Selon les objectifs poursuivis par le constructeur, les tests d'intelligence évaluent des capacités très différentes. Ils sont issus de l'expérience empirique ou de théories et méthodes plus ou moins sophistiquées.

Le premier test d'intelligence

□ A. Binet (1905) a mis au point l'échelle métrique de l'intelligence pour dépister les enfants incapables de suivre l'école obligatoire et de les orienter vers des enseignements spécialisés. Dans la forme définitive du test, chaque épreuve est représentative d'un âge et le résultat obtenu permet de déterminer un âge mental. Le test évalue les connaissances acquises par tout enfant d'un âge donné et certaines des aptitudes nécessaires à ces apprentissages.
□ En 1912, W. Stern, psychologue allemand, propose la formule du QI (quotient intellectuel) qui met en rapport l'âge mental obtenu au test et l'âge réel de l'enfant.

Autres évaluations empiriques de l'intelligence

□ L'évaluation de l'intelligence n'est pas limitée aux facteurs verbaux très dépendants du milieu culturel. S. Kohs (1920) a, par exemple, mis au point le test des cubes aux faces de couleurs différentes permettant de reproduire des figures plus ou moins complexes.
□ Pour pouvoir évaluer l'intelligence adulte, D. Weschler définit un autre type de QI qui indique la position du sujet par rapport à la performance moyenne du groupe auquel on le compare (en particulier, celle de son groupe d'âge), en différenciant QI verbal et QI de performance. Cette forme de cotation est reprise pour la plupart des tests.

Intelligence et analyse factorielle

□ Certains tests sont constitués d'épreuves dont les performances sont en corrélation les unes avec les autres, c'est-à-dire pour lesquelles il y a même rang de réussite pour les mêmes sujets. L'analyse factorielle permet de faire des hypothèses sur les sources de variation commune aux différentes épreuves d'un test.
□ Ainsi, certains tests sont fondés sur l'idée qu'il y a un facteur général commun à différentes aptitudes, car l'intelligence serait une capacité unique qui se manifesterait à travers une multiplicité de tâches.
□ D'autres tests sont construits suivant le principe que les différentes aptitudes intellectuelles seraient indépendantes les unes des autres, avec des épreuves différentes pour évaluer les aptitudes verbales, spatiales, mnémoniques, etc.

Les tests issus des théories de l'intelligence

□ Des tests permettent de situer le sujet dans un des stades de l'intelligence décrits par Piaget, qui considère leur ordre comme invariable au cours du développement.
□ Plusieurs théories contemporaines montrent que l'évaluation de l'intelligence ne peut se limiter aux « aptitudes intellectuelles » et qu'il faut mettre au point de nouveaux tests prenant en compte d'autres composantes : la créativité ou l'adaptation aux situations pratiques, par exemple.

QU'EST-CE QUE LE QI ?

■ Le QI de développement selon la formule de Stern

$$QI = \frac{\text{âge mental}}{\text{âge réel}} \times 100$$

La multiplication par 100 n'est faite que pour éviter les nombres décimaux.
L'âge mental est celui que l'enfant obtient au test en réussissant les épreuves qui caractérisent un âge donné : ces épreuves ont été majoritairement réussies par les enfants de cet âge dans la population sur laquelle le test a été étalonné. Si l'enfant obtient au test un âge mental égal à son âge réel, son QI est de 100, ce qui signifie qu'il n'a ni avance, ni retard de développement par rapport à la population de référence. Entre 90 et 110, le QI est donc considéré comme « normal ». En dessous de 90, il y a retard de développement et, au-dessus de 110, avance de développement.

■ Le QI de performance de type Weschler

Le QI indique un rang dans une population distribuée selon la loi normale (Gauss) qui permet de traiter les résultats obtenus en unités d'écart type, l'écart type étant l'indice qui évalue la dispersion des notes autour de la moyenne.
L'écart type permet de définir la place du sujet dans la population de référence, en sachant quel pourcentage de sujets se trouvent au-dessus et au-dessous de la moyenne.
En raison de la vogue du QI de développement pour lequel la valeur 100 indique une normalité de développement, Weschler attribue arbitrairement la valeur 100 au niveau de performance moyen et un écart type de 15 pour chaque groupe d'âge.
Un QI supérieur ou inférieur à 100 signifie une performance supérieure ou inférieure à la moyenne du groupe d'âge. Par exemple, un QI de 115 signifie que le sujet est à plus un écart type de la moyenne et un QI de 85 à moins un écart type et que 68, 3 % des sujets ont une performance comprise entre − 1 et + 1.

Représentation d'une courbe de Gauss

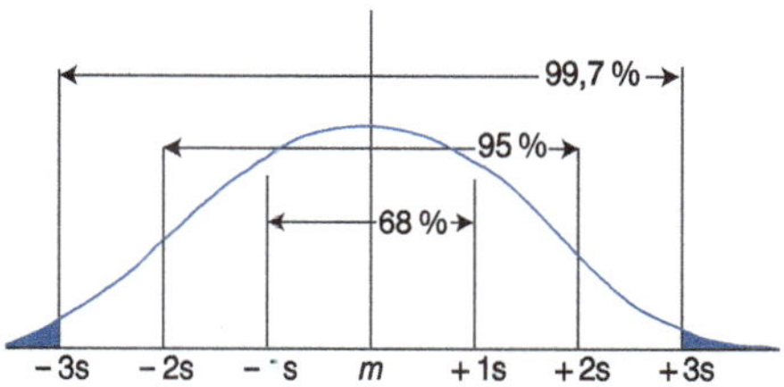

■ Les enfants intellectuellement précoces (QI > à 130) ou surdoués (QI > 145)

En France, un enfant sur 50 est précoce ou surdoué. Dès la naissance, ce sont des bébés très attentifs. En grandissant, ils sont très sensibles et réactifs à leur environnement, sont capables de comprendre des concepts difficiles. Leur concentration, leur mémoire, leur créativité et leur imagination sont très développées. Leur grande capacité à analyser les risques d'échec peut entraîner une hantise de l'échec responsable de difficultés scolaires. De plus, comme les autres enfants, 8 à 10 % d'entre eux sont dyslexiques ou souffrent de troubles moteurs. L'enfant surdoué ayant ces difficultés particulières est conscient des écarts entre les attentes à son égard et ses résultats, ce qui le place également en situation d'échec scolaire. La meilleure façon d'éviter ces écueils à un enfant surdoué est de repérer en grande section de maternelle sa précocité et les troubles associés afin de mettre en œuvre le plus tôt possible les traitements utiles : rééducations psychomotrice, orthophonique et/ou psychothérapie.

L'apprentissage

L'acquisition de nouvelles conduites ou connaissances se fait par l'intermédiaire de mécanismes de conditionnement et d'apprentissages complexes mettant en jeu des représentations symboliques. Certains apprentissages sont de nature sociale.

Modifier ses conduites et ses connaissances

Il y a apprentissage lorsque, sous l'effet d'interactions avec l'environnement, un organisme modifie systématiquement et durablement sa conduite ou ses connaissances. Certains de ces apprentissages concernent des conduites élémentaires entièrement sous la dépendance de stimuli présents dans l'environnement. D'autres concernent des conduites complexes mettant en jeu la signification que l'individu attribue aux stimuli et qui guide sa réponse.

Béhaviorisme et apprentissage par conditionnement

□ L'approche béhavioriste, développée à la fin du XIXe siècle, limite l'analyse du comportement au domaine de l'observable : l'explication des réponses (R) de l'organisme doit pouvoir se limiter à l'analyse des stimuli (S) présents dans l'environnement. Le conditionnement consiste à provoquer l'association entre un stimulus et un comportement qui peut être une réponse réflexe (conditionnement classique) ou une action (conditionnement opérant).

□ Les procédures de conditionnement, initialement étudiées sur des animaux, sont utilisées dans des domaines aussi variés que l'éducation et l'enseignement programmé, ou les thérapies comportementales par déconditionnement.

Apprentissages complexes

□ Les apprentissages complexes mettent en jeu des représentations symboliques et sont fondés sur différentes activités mentales permettant de générer des informations nouvelles à partir d'informations déjà connues. Le rôle des exemples est particulièrement important : ainsi, présenter la multiplication $m \times n$ comme l'addition de n fois le nombre m facilite les multiplications de nombres entiers mais rend difficiles celles qui comportent des décimales.

□ Ces apprentissages aboutissent à l'acquisition ou à une modification de certaines connaissances. Ces connaissances peuvent être concrètes et sont alors principalement acquises par l'observation et l'enseignement. Elles peuvent également concerner des notions abstraites, des concepts ou des procédures, par exemple dans le domaine mathématique. L'action, qui conduit à constater l'échec ou la réussite des procédures mises en œuvre, contribue alors également à l'apprentissage.

Le rôle d'autrui

□ Autrui peut être source de renforcements, en émettant des signaux verbaux ou non verbaux (hochements de tête ou sourires).

□ Observer ou imiter autrui permet d'acquérir les comportements qu'il exécute. Ce type d'apprentissage rend compte de certains processus de socialisation chez l'enfant.

LE CONDITIONNEMENT

Conditionnement classique

Il a été mis en évidence par I. Pavlov (1849-1936) pour expliquer l'apparition de certaines réponses neurovégétatives, puis généralisé à d'autres types de conduites.

– L'expérimentateur utilise un stimulus déclenchant de façon réflexe une certaine réponse dite inconditionnelle (ici : la présentation d'une poudre alimentaire déclenche automatiquement une réponse de salivation).
– Il choisit un stimulus neutre, qui n'a pas le pouvoir de déclencher la réponse (ici : le son d'une cloche).
– Si, à plusieurs reprises, on fait précéder le stimulus inconditionnel du stimulus neutre, ce dernier provoque alors la réponse quand il est présenté seul : il devient ainsi « stimulus conditionnel » auquel la réponse est désormais conditionnée.

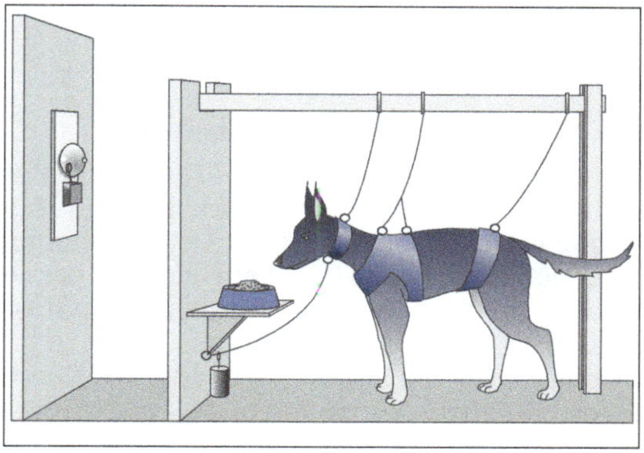

Conditionnement opérant

Il a été étudié par B.F. Skinner (1904-1990).
Ici, la présentation du stimulus joue le rôle de renforcement. Son efficacité peut concerner des comportements élaborés et a été utilisé chez le nourrisson.

On place un animal (ici : un pigeon) dans une cage munie d'une commande (ici : une clé) relié à un distributeur de nourriture (ici : des grains). L'animal appuie, d'abord par hasard, sur la commande, ce qui entraîne une récompense immédiate par de la nourriture (stimulus renforçateur). La réponse « appuyer sur la commande » est dite instrumentale, car elle constitue le moyen d'obtenir le renforcement. La répétition de la séquence augmente la fréquence de production de la réponse. À l'inverse, si l'agent renforçateur est négatif (par exemple, un choc électrique), la réponse devient de moins en moins fréquente.

Reuchlin, *Psychologie*, © PUF, 2001

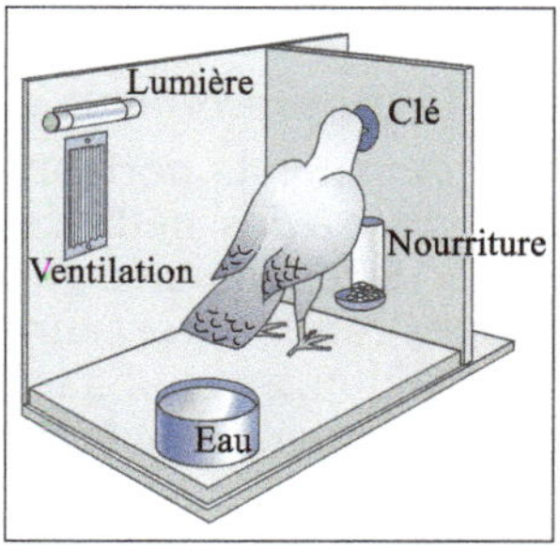

Les lois du conditionnement

Il doit y avoir contiguïté temporelle entre les stimuli inconditionnels et conditionnels, ou entre la réponse instrumentale et sa conséquence. La séquence doit être répétée : si elle cesse, il y a extinction du conditionnement mais, si on la reprend, le réapprentissage est plus rapide que l'apprentissage.
Les conditionnements peuvent se généraliser à des stimuli légèrement différents de l'agent renforçateur. Ainsi, la réaction salivaire chez l'homme peut apparaître en remplaçant le son de la cloche par le mot « cloche ».

Cognition et neurosciences

La psychologie cognitive et les neurosciences sont en interaction, l'une proposant des hypothèses que les autres vont tester, et réciproquement. Les techniques de visualisation du cerveau permettent d'établir de nouvelles connaissances sur les zones cérébrales concernées par telle ou telle activité cognitive.

Visualiser le cerveau en activité

☐ Les techniques d'imagerie cérébrale permettent de visualiser précisément et de façon indolore les aires cérébrales activées lors des activités mentales (perceptives, cognitives et/ou motrices). Deux techniques sont utilisées : la tomographie par émission de positons (TEP) et l'imagerie par résonance magnétique fonctionnelle (IRM). L'augmentation du débit sanguin, traduisant l'activité mentale, est repérée dans les zones cérébrales impliquées.
☐ Ces techniques ont apporté des réponses à certaines des questions auxquelles les mesures effectuées en psychologie expérimentale (temps de réaction, acuité de réponse des sujets) n'apportaient que des données parcellaires et souvent contradictoires. Elles ont, par exemple, permis de montrer que la simple évocation d'une image active les mêmes aires cérébrales que la vue de cette image.
☐ Les techniques électro et magnéto-encéphalographiques (EEG et EMG) se sont également développées : elles enregistrent par l'intermédiaire d'électrodes sur le cuir chevelu les ondes électriques ou magnétiques émises par certaines régions du cerveau lorsqu'une personne réalise des opérations cognitives élémentaires (par exemple, en réponse à des stimulations sensorielles). La grande précision, de l'ordre de la milliseconde, permet de recueillir la chronologie des opérations mentales, depuis l'apparition du stimulus jusqu'à la réponse donnée par le sujet.

Neuropsychologie et neuropharmacologie

L'étude de patients porteurs de lésions cérébrales localisées et l'analyse de leurs déficits grâce à des méthodes expérimentales permettent de proposer des modèles généraux de fonctionnement du cerveau. De plus, l'utilisation de médicaments psychotropes (antidépresseurs, anxiolytiques, amphétamines, etc.) comme moyen d'investigation, en modifiant le comportement cognitif, permet de tester les hypothèses concernant les mécanismes d'action neurochimiques des activités cognitives.

Intelligence artificielle et modélisation de l'activité cérébrale

☐ Les chercheurs en intelligence artificielle ont tenté de fabriquer des ordinateurs intelligents susceptibles de résoudre des tâches complexes, voire de continuer à apprendre sans l'intervention d'un humain. Les algorithmes ne sont pas nécessairement basés sur le fonctionnement supposé ou connu du cerveau de l'homme.
☐ Il est également possible de simuler l'activité de réseaux de neurones sur ordinateur (modèles connexionnistes). On compare ces modèles aux données obtenues en mesurant l'activité électrique unitaire de neurones chez l'animal, lors de comportements simples (reconnaissance d'objets) ou complexes (apprentissage d'une règle ou d'un environnement nouveau).

L'APPORT DE L'IMAGERIE CÉRÉBRALE À L'ÉTUDE DE LA COGNITION

L'imagerie cérébrale offre la possibilité de cartographier très finement les aires cérébrales en fonction de leur mise en jeu dans des activités cognitives aussi diverses que l'attention, la mémoire, la perception, la résolution de problèmes ou encore la programmation d'un acte moteur. Ci-dessous figure une étude de la perception du langage associant des techniques de tomographie par émission de positons et d'imagerie par résonance magnétique. Les zones colorées correspondent aux aires activées en fonction des différents textes présentés.

Aires cérébrales activées dans cinq conditions expérimentales chez de jeunes adultes de langue maternelle française

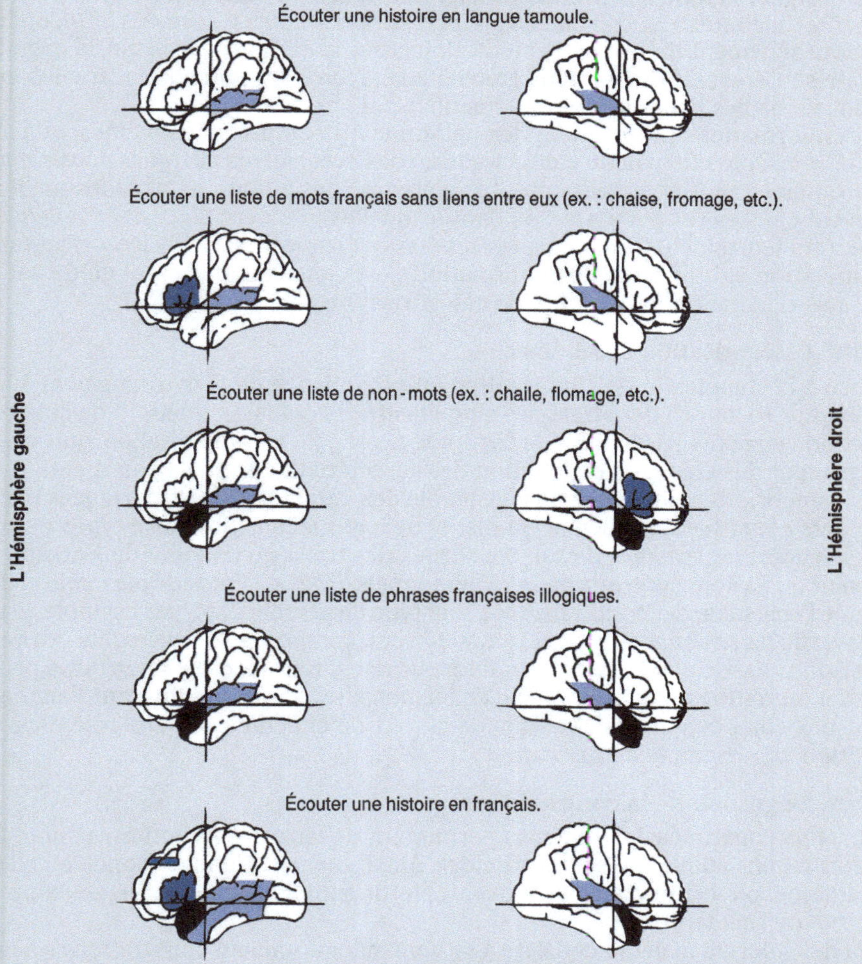

Mozoyer, B. M. Dehaene, S. Tzouro, N. Frak, V. N. Nurayama, L. Cohen, O. Lévrier, G. Salamon, A. Syrota, J. Mehler, *in* "The cortical representation of Speech". *Journal of Cognitive Neuroscience*, n° 5, 1993, p. 467-479.

La cognition sociale

Le traitement de l'information en provenance de l'environnement social est guidé par des schémas. Les cognitivistes sociaux s'intéressent en particulier au traitement des informations qui contredisent les schémas.

Traiter l'information sociale

☐ L'expression « cognition sociale » a été introduite par J. Bruner et R. Tagiuri en 1958 pour désigner l'étude des processus cognitifs à l'œuvre dans la perception d'autrui et le rôle du contexte social dans cette perception. Depuis les années 1970, opérant un rapprochement théorique et méthodologique avec le cognitivisme, la cognition sociale s'intéresse de façon plus globale à la façon dont l'individu traite les informations fournies par son environnement social.

☐ Ces informations proviennent des personnes, y compris nous-mêmes, que nous rencontrons, directement ou indirectement ; des événements auxquels nous sommes confrontés en tant qu'acteurs ou observateurs ; des situations dans lesquelles se trouvent placées ces personnes ou dans lesquelles prennent place ces événements.

☐ Leur traitement, étudié dans toutes ses étapes (acquisition, stockage, organisation, récupération et utilisation de l'information), est conçu comme étant guidé par des schémas résultant d'une activité de catégorisation.

Catégorisation et schémas

☐ Face à la complexité de l'information en provenance de l'environnement social, l'individu a recours à des stratégies simplificatrices qui lui permettent de minimiser ses efforts cognitifs. Au nombre de ces stratégies, figure la catégorisation, qui consiste à regrouper des éléments en fonction des caractéristiques qu'ils partagent.

☐ La catégorie accompagnée de l'ensemble des caractéristiques partagées par ses éléments constitue un schéma. On distingue habituellement quatre types de schémas sociaux : *les schémas de soi*, constitués des traits qu'un individu s'attribue en pensant qu'ils sont centraux dans sa personnalité ; *les schémas de personne*, définis comme l'ensemble des traits attribués à un type de personnalité, par exemple, le type extraverti ; *les schémas de groupe ou stéréotypes*, composés de l'ensemble des caractéristiques associées à un groupe de personnes, par exemple un groupe professionnel ou national ; *les schémas d'événements ou scripts*, définissant l'enchaînement des comportements attendus de la part de chacun selon son rôle dans une situation, par exemple au restaurant.

La gestion de la contradiction

☐ Une fois constitués, les schémas permettent de faire des hypothèses sur le type d'informations auquel on peut s'attendre. Ainsi, sachant d'une personne qu'elle est dynamique, on s'attend à ce qu'elle soit plutôt enthousiaste ou indépendante que discrète ou timide.

☐ Un des intérêts majeurs consiste à se demander comment sont traitées les informations qui contredisent ces attentes. Les contradictions sont-elles ignorées ? Sont-elles au contraire traitées de façon élaborée ? Cette question a été particulièrement étudiée dans le domaine de la mémoire des personnes.

LA MÉMOIRE DES PERSONNES : LE RÔLE DES STÉRÉOTYPES

■ Une question...

La connaissance que l'on a de l'appartenance catégorielle d'une personne (par exemple : « c'est un Italien ») génère un certain nombre d'attentes, d'hypothèses, sur le type de caractéristiques qu'elle est susceptible de manifester (« il doit aimer parler, manger des pâtes, etc. »). Confronté à cette personne, quelles informations va-t-on le mieux mémoriser ? Les informations cohérentes qui confirment les attentes ou les informations incohérentes qui les contredisent ?

■ Deux prédictions opposées...

La théorie des schémas prédit une meilleure mémorisation des informations cohérentes. En effet, les schémas fonctionnent comme des filtres ne laissant passer que les informations cohérentes qui sont ainsi préférentiellement encodées, intégrées et récupérées en mémoire.

À l'opposé, le modèle dit en réseau associatif prédit que les informations incohérentes sont les mieux mémorisées.

Le modèle en réseau associatif

– Les informations sont organisées sous la forme d'un réseau comportant deux niveaux : un niveau superordonné, le nœud central, correspondant à la représentation globale de la personne associée au stéréotype activé (« c'est un Italien »), et un niveau subordonné auquel sont encodées les informations (les comportements manifestés par cet Italien).

– Toutes les informations, qu'elles soient cohérentes ou incohérentes, sont mises en relation avec le nœud central. Cependant, en raison de leur aspect contradictoire, les informations incohérentes suscitent un traitement intensif qui conduit à établir des liens associatifs avec les autres informations (cohérentes et/ou incohérentes) déjà encodées. Il s'ensuit que les informations incohérentes sont munies de liens associatifs plus nombreux que les informations cohérentes.

– L'accessibilité des informations en mémoire étant fonction du nombre de liens associatifs dont elles sont munies, les informations incohérentes sont mieux mémorisées que les informa-

(version simplifiée)

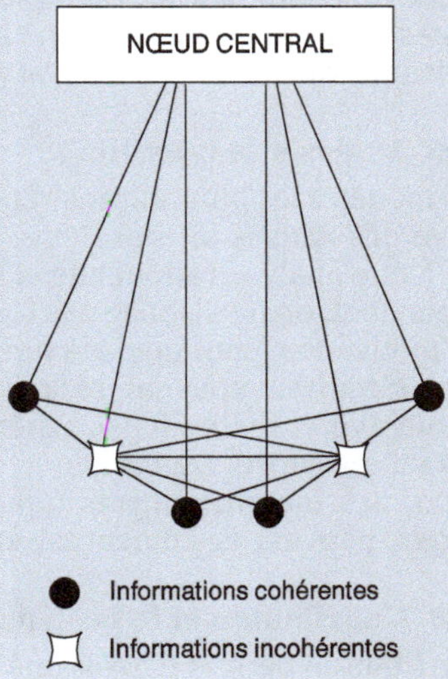

■ Une réconciliation

Les travaux actuels, plutôt que de continuer à opposer ces deux modèles, se donnent pour objectif de déterminer quelles variables favorisent la manifestation de l'un ou l'autre des effets. Ainsi, les informations cohérentes sont d'autant mieux rappelées que les attentes stéréotypées sont liées à des catégories saillantes telles que le sexe ou l'appartenance ethnique. Cependant, la tendance peut s'inverser au profit d'une meilleure mémorisation des informations incohérentes quand l'appartenance catégorielle met en jeu un groupe dont les membres sont perçus comme semblables les uns aux autres.

L'attribution causale

Chercher à expliquer les événements de la vie quotidienne répond au besoin de rendre le monde prévisible et contrôlable. Cette activité, déclenchée essentiellement quand il s'agit d'événements inattendus, désagréables ou graves, fait de chacun de nous un « scientifique spontané ».

Remonter des effets aux causes

□ Dans la vie quotidienne, les individus cherchent à expliquer les événements dont ils sont acteurs ou observateurs, leurs propres comportements et émotions ou ceux d'autrui. Attribuer une cause implique que, à partir de l'observation directe d'un effet (par exemple, l'échec à un examen), on fait une hypothèse sur la cause qui en est à l'origine (la raison de cet échec).

□ Les causes invoquées sont soit internes (facteurs propres à la personne, tels que motivation, effort ou capacité), soit externes (facteurs extérieurs à la personne, tels que circonstances, environnement, chance ou hasard). Des causes retenues dépendent le jugement porté et le comportement adopté. Par exemple, si on attribue son échec à un examen à un manque de chance ou à la difficulté du sujet (causes externes), on s'appliquera moins à améliorer son niveau que si on l'attribue à une insuffisance de connaissances ou à un manque de travail (causes internes).

Analyser la causalité

□ Les modèles les plus anciens reposent sur l'idée que, pour estimer la contribution relative des causes internes et externes, on procède, comme le ferait un scientifique, à une analyse rationnelle et logique des informations qu'il possède.

□ Cependant, on ne dispose pas toujours de suffisamment d'informations, de temps ou de motivation, pour mener à terme de telles analyses. De plus, les attributions que l'on fait s'écartent souvent de la rationalité. Certains auteurs ont alors suggéré que l'on peut avoir recours à des schémas permettant de conclure rapidement en économisant les efforts cognitifs.

□ Enfin, des facteurs autres que cognitifs, par exemple affectifs, normatifs ou culturels, peuvent également intervenir dans la détermination de la causalité.

L'attribution et le besoin de contrôle

□ L'attribution permet d'avoir une vue stable et cohérente de l'environnement physique et social. Elle répond au besoin de donner un sens au monde dans lequel on vit et de le rendre contrôlable, afin de pouvoir adapter son comportement et de faire des prévisions. Ainsi recherche-t-on d'autant plus activement la cause d'un événement qu'il est grave, désagréable, étrange, rare, nouveau ou inattendu.

□ La satisfaction de ce besoin de contrôle, qui conduit généralement à privilégier la causalité interne au détriment de la causalité externe, constitue un facteur de confort et de santé psychologique et physique. Être confronté à des situations que l'on ne peut pas maîtriser conduit à un état de résignation acquise pouvant mener à un état dépressif. En revanche, se rendre responsable d'événements traumatiques, tels qu'une maladie ou un accident de la route, permet de penser que l'on peut éviter qu'ils ne se reproduisent et peut aider à se remettre plus vite de leurs conséquences.

LA RECHERCHE DES CAUSES

Les modèles logiques : la métaphore du scientifique

F. Heider (1958), le premier théoricien de l'attribution, soutient que l'individu est un être logique et rationnel qui effectue ses attributions à la manière d'un scientifique. Les modèles d'attribution développés après lui décrivent le type de raisonnement logique suivi pour inférer les causes d'un événement. Le modèle de la covariation en est sans doute le meilleur exemple.

Le modèle de la covariation (H. Kelley, 1972)

Ce modèle envisage le cas où de nombreuses informations (sur soi ou sur autrui) sont disponibles. Il postule que l'individu traite ces informations « à la manière d'un statisticien » en examinant les covariations entre l'effet (le comportement) et ses différences causes possibles, c'est-à-dire : l'acteur (l'auteur du comportement), la cible du comportement (l'objet ou la personne à l'égard de qui est dirigé le comportement) et les circonstances dans lesquelles se produit le comportement.

QUESTION
« Pourquoi Jean vient-il de marcher sur les pieds de Julie, sa partenaire de danse ? »

Pour répondre à la question, il faut faire varier :
– La cause « acteur » : Les autres marchent-ils aussi sur les pieds de Julie (consensus fort) ou non (consensus faible) ?
– La cause « cible » : Jean marche-t-il seulement sur les pieds de Julie (distinctivité forte) ou non (distinctivité faible) ?
– La cause « circonstances » : Jean marche-t-il souvent sur les pieds de Julie (constance forte) ou non (constance faible) ?
Le modèle postule qu'il est nécessaire d'avoir ces trois informations pour conclure. Sinon, il y a incertitude et indécision.

RÉPONSE
« Parce qu'il est maladroit ».

Une telle conclusion suppose que l'on sache que Jean est un des rares à marcher sur les pieds de sa partenaire (consensus faible), qu'il lui arrive de marcher sur les pieds d'autres partenaires (distinctivité faible) et qu'il a déjà marché sur les pieds de Julie dans d'autres circonstances (constance forte).

Les schémas : le principe d'économie

Lorsqu'on ne recourt pas à des analyses logiques complexes, on se base sur des schémas construits sur la base de l'expérience passée et stockés en mémoire. L'activation de ces schémas permet de conclure rapidement en minimisant les efforts cognitifs. Ainsi a-t-on souvent recours à des scripts décrivant la séquence d'événements attendus dans le déroulement d'une situation. Par exemple, le script du restaurant décrit l'enchaînement des comportements attendus de la part de chacun selon son rôle (client, serveur, maître d'hôtel, etc.). La référence à ces scripts permet d'expliquer rapidement pourquoi telle personne s'est engagée dans telle séquence ou dans telle action.

Les biais d'attribution

La recherche des causes expliquant ses comportements ou ceux d'autrui conduit souvent à des distorsions systématiques. Cependant, ces biais ne sont pas universels mais sont culturellement et socialement marqués.

Les distorsions dans l'attribution

L'attribution du comportement d'une personne (soi-même ou autrui) à des causes internes (propres à la personne) ou externes (extérieures à la personne) conduit souvent à des distorsions systématiques. Ces biais consistent pour la plupart à négliger une partie des informations disponibles pour décider de la cause à retenir et, en conséquence, à privilégier un type de causalité au détriment de l'autre. Cependant, ces biais sont loin d'être universels et sont culturellement marqués.

Le biais de correspondance : nous sommes à l'image de nos actes

□ Ce biais consiste à accentuer la causalité interne au détriment des pressions situationnelles ou des contraintes de rôles. Ainsi infère-t-on qu'un comportement traduit une disposition interne même si l'on sait que ce comportement a été imposé ou effectué sous la contrainte d'une autorité. Par exemple, un texte défendant une position politique est jugé refléter l'attitude de son auteur, même quand il est dit que la thèse à défendre n'a pas été choisie librement mais lui a été imposée.

□ Appliqué à son propre comportement, ce biais répond au besoin de contrôler et de maîtriser l'environnement social. Appliqué au comportement d'une autre personne, il traduit le fait que l'on manque souvent d'informations sur les conduites passées d'autrui, ce qui conduit à postuler que le comportement observé est habituel et donc dû à des causes internes.

L'autocomplaisance : préserver l'estime de soi

□ L'autocomplaisance conduit à attribuer ses succès à des causes internes et ses échecs à des causes externes, ce qui permet de conserver une bonne estime de soi.

□ Cette tendance se manifeste également au niveau du groupe, par exemple lorsque, à la suite d'une compétition sportive, l'équipe perdante explique sa défaite par le jeu de l'autre équipe ou les mauvaises conditions météorologiques.

L'attribution ethnocentrique : protéger l'image du groupe

□ L'ethnocentrisme se traduit par la tendance à attribuer plus volontiers les actes positifs (tels que porter aide à autrui) à des causes internes, s'ils sont le fait d'un membre du groupe auquel on appartient, et à des causes externes s'ils sont le fait d'un membre d'un autre groupe. La tendance inverse se manifeste pour des actes négatifs. Il en résulte que des actes négatifs au sein du groupe d'appartenance, ou des actes positifs au sein d'autres groupes, sont considérés comme des exceptions à la règle.

□ Cette tendance contribue au maintien des stéréotypes et répond au besoin d'avoir une identité sociale positive. Cependant, sa manifestation dépend fortement des rapports de pouvoir qu'entretiennent les groupes et peut aller jusqu'à s'inverser lorsque le groupe d'appartenance est minoritaire.

LES INFLUENCES CULTURELLES

Le soi individualiste et le soi collectiviste

La psychologie dite culturelle, s'inspirant de l'anthropologie, pose que les attributions reflètent les théories implicites du comportement et que ces théories dépendent de la culture, en particulier de son caractère individualiste ou collectiviste. Les cultures individualistes, que l'on retrouve particulièrement dans les sociétés nord-américaines et européennes, prônent la séparation de l'individuel et du collectif au profit de l'individu et encouragent tout ce qui relève de l'initiative personnelle. À l'inverse, le collectivisme, présent dans les sociétés africaines, latino-américaines et de l'Asie du Sud-Est, met en avant l'interdépendance entre les individus et l'harmonie au sein du groupe. Le soi individualiste est ainsi basé sur l'indépendance et l'autonomie alors que le soi collectiviste est indissociable du groupe.

Les attributions internes et externes

Cette différence entre cultures se traduit par une préférence pour les attributions internes plus marquée dans les sociétés individualistes. Ainsi, l'âge accentue la préférence des enfants américains pour des explications internes ; à l'inverse, les explications des enfants indiens deviennent de plus en plus externes. De même, si les Américains et les Chinois perçoivent de la même façon la causalité lorsqu'ils s'agit d'événements physiques, les premiers fournissent plus d'attributions internes que les seconds lorsqu'il s'agit d'expliquer des événements sociaux. Enfin, une série de travaux français montre comment, dans les sociétés libérales, l'internalité fonctionne comme une norme. Il en résulte que la plupart des biais d'attribution mis en évidence ne valent que pour les sociétés individualistes et s'annulent, voire s'inversent, dans les sociétés collectivistes.

L'internalité : une norme propre au libéralisme

L'internalité fonctionne comme une norme collective spécifique à la culture libérale et liée à une idéologie de responsabilité personnelle. Cette norme pousse les gens les mieux insérés dans les sociétés libérales à attribuer de la valeur aux explications internes et, a fortiori, aux gens qui les favorisent.

Ce point de vue s'appuie sur des travaux de J.-L. Beauvois (1994) et N. Dubois (2009) montrant les mécanismes d'appropriation des attributions internes :
- Les attributions internes apparaissent davantage valorisées que les attributions externes. Des enfants à qui on demande de donner une bonne impression d'eux-mêmes à un enseignant font plus d'attributions internes que ceux qui répondent spontanément.
- Elles font l'objet d'un apprentissage social via la scolarisation. La comparaison entre élèves de différents cycles d'enseignement montre que l'internalité augmente avec l'âge pour atteindre un pic vers 15-16 ans.
- Elles sont plus souvent sélectionnées par les groupes favorisés sur le plan socio-économique (cadres dirigeants) que par ceux qui sont en position d'exécutants (ouvriers ou employés).
- Elles aident à l'évaluation : à niveau de performance équivalent, un salarié a d'autant plus de chances d'être sélectionné qu'il manifeste une tendance à l'internalité.

L'influence sociale

L'influence sociale peut se manifester par un simple effet public ou traduire un changement plus profond. Elle peut consister à se rallier à une majorité ou, à l'inverse, à adopter le point de vue d'une minorité.

Complaisance et influence

☐ On parle d'influence sociale quand un individu, confronté aux opinions, attitudes, jugements ou comportements d'autres personnes, est amené à modifier ses propres opinions, attitudes, jugements ou comportements.

☐ Le changement peut être ponctuel et superficiel, manifestant un simple effet public de complaisance ; il traduit une véritable influence lorsqu'il perdure en privé.

☐ On distingue quatre types d'influence : la convergence entre les points de vue de différents individus ayant même statut, susceptible d'expliquer la formation des normes sociales (voir p. 82) ; l'obéissance à une personne représentant une autorité, pouvant conduire à la soumission aveugle (voir p. 85) ; le ralliement d'un individu isolé au point de vue de la majorité ; l'adoption du point de vue d'une minorité.

Le conformisme : se rallier à la majorité

☐ Il peut y avoir conformisme même quand les membres de la majorité sont unanimement dans l'erreur. Cet effet, mis en évidence pour la première fois par S. Asch (1956), fut largement reproduit et donna lieu à deux interprétations majeures.

☐ Pour certains auteurs (dont Asch lui-même), le sujet se voit confronté à deux sources d'information qu'il considère également valables et dignes de confiance : lui-même, qui défend une certaine position, et autrui, qui en défend une autre. Se conformer à la majorité est un moyen de mettre fin à ce conflit cognitif.

☐ Pour d'autres, le conformisme répond au besoin d'être accepté par le groupe. Se rallier à la majorité permet de rétablir un rapport positif avec le groupe et d'éviter le rejet. Cette interprétation est confortée par des études interculturelles montrant que le conformisme est plus fort dans les cultures collectivistes qui, dans les sociétés pastorales et agricoles, privilégient le groupe plutôt que l'individu.

La conversion : l'influence des minorités

☐ L'ensemble des recherches menées à la suite des premiers travaux de S. Moscovici (1969) ont montré que, pour convertir autrui à son point de vue, une minorité doit se montrer autonome et défendre sa position de façon consistante, dans le temps et à travers les situations, sans pour cela faire preuve de rigidité.

☐ À la différence des majorités, les minorités ont alors une influence souvent différée mais profonde et privée. Lorsqu'on exprime publiquement ses opinions, on souhaite montrer que la minorité, généralement évaluée négativement, n'a pas d'influence. Cependant, être confronté à une minorité entraîne un examen approfondi de la divergence et conduit à assimiler son point de vue.

☐ Néanmoins, toutes les minorités n'ont pas ce pouvoir et la consistance peut parfois donner lieu à des phénomènes de rejet, en particulier si les minorités s'opposent à des majorités faisant preuve de cohésion sociale.

QUAND LA MAJORITÉ EST DANS L'ERREUR

L'expérience de S. Asch

La situation de base utilisée dans les expériences de Asch (1956), et qui a servi de prototype à des centaines d'expériences ultérieures, consiste à demander à un participant de dire laquelle, de trois lignes de comparaison présentées sur un même carton, est égale à une ligne standard présentée sur un autre carton.

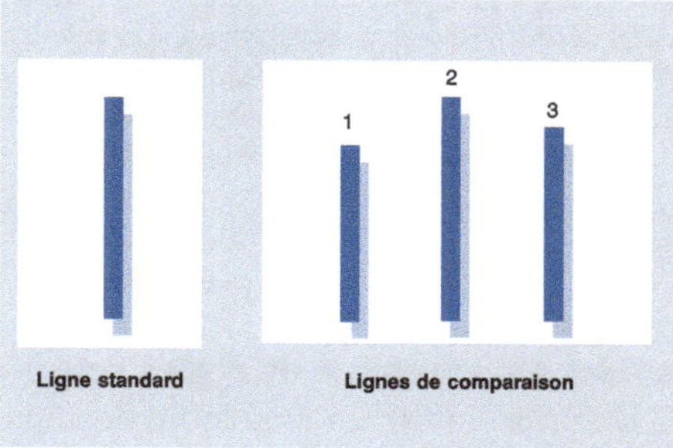

Les réponses

Dans la première de ces expériences, le participant répond toujours après que sept autres personnes, en fait complices de l'expérimentateur, ont donné une réponse unanime. La tâche comporte dix-huit essais dans lesquels la bonne réponse est évidente. Or à douze de ces essais, la réponse des complices est fausse, mettant le sujet en situation de conflit. On observe alors qu'un tiers des réponses reproduisent les erreurs de la majorité alors que d'autres participants, répondant seuls sans avoir connaissance des réponses d'autrui, ne font pratiquement aucune erreur.

Les variantes

Diverses variantes de cette expérience ont montré que, pour être influente, une majorité doit comporter au moins trois individus mais que son pouvoir n'augmente pas au-delà de cette taille. De plus, les individus se rallient d'autant plus à la majorité qu'ils expriment leurs réponses publiquement, et que la majorité est composée de personnes attrayantes et de statut élevé.
Cependant, le pouvoir de la majorité s'affaiblit dès lors que son unanimité est brisée, même quand celui qui contredit la majorité est lui-même dans l'erreur.

Le malaise d'un participant (Y) qui, placé face à un matériel dénué d'ambiguïté, répond après avoir entendu les réponses incorrectes d'autres personnes.

D. G. Myers et L. Lamarche, *Psychologie sociale*, (2006) Mc Graw Hill, D.R.

Les normes sociales

Les normes, expression d'une collectivité, traduisent et renforcent la cohésion des groupes. Elles informent chacun de la façon de se comporter à l'égard d'autrui. Les groupes font pression sur ceux qui les transgressent.

Un ensemble de règles valorisées

☐ Une norme est un ensemble de règles, valorisées et tenues pour légitimes, qui prescrivent les attitudes et les comportements à adopter dans un contexte donné. Certaines sont institutionnalisées et garanties par un appareil répressif.

☐ Les normes sont soit générales et communes à tous les membres d'un groupe ou d'une société, soit spécifiques à des sous-groupes. Ainsi, les normes de rôles, tels que les rôles professionnels ou les rôles liés au sexe, prescrivent les conduites découlant du statut et de la position sociale.

Les normes sont l'expression d'une collectivité

☐ Une norme constitue un cadre de référence socialement élaboré. Ainsi, Sherif (1936) a montré comment les réponses de différents individus placés en situation d'interaction convergent vers une norme commune.

☐ Une fois établies, les normes font l'objet d'un apprentissage ou d'une transmission sociale. Elles se modifient au gré des changements historiques et socio-économiques. De plus, les minorités peuvent provoquer des phénomènes d'innovation, en créant et en diffusant de nouvelles normes.

Les normes ont des fonctions sociales et individuelles

☐ L'ensemble des normes constitue un système de référence commun qui, en engendrant une certaine uniformité, permet d'harmoniser les conduites. Elles traduisent et renforcent la cohésion en favorisant une identification mutuelle au groupe.

☐ Les normes facilitent les interactions sociales, en informant chacun de la façon de se comporter, de ce à quoi il faut s'attendre et de ce qui est accepté.

L'écart à la norme : de la transgression à la délinquance

☐ Les marges de tolérance sont plus ou moins grandes selon l'importance de la norme pour le groupe et le statut de ceux qui la transgressent.

☐ Quand le groupe perçoit que la transgression remet en cause son unité et sa cohésion, la transgression devient déviance. Le groupe exerce alors des pressions tendant à ramener les déviants à la norme. Si cette pression échoue, elle peut être suivie d'un rejet ou d'une hostilité. Les déviants évitent les contacts avec les non-déviants, préférant se joindre à d'autres déviants. Ils peuvent former des sous-groupes régulés par leurs propres normes.

☐ La déviance devient délinquance si son « a-normalité » s'accompagne d'une infraction et d'une transgression des règles (civiles ou pénales) de la société. Les travaux actuels sur l'origine de la délinquance concluent au rôle conjoint de causes sociologiques (difficulté d'adaptation ou défaillance des institutions) et psychologiques (déficience dans le développement psychologique et/ou structure d'ordre névrotique ou psychotique).

CONVERGENCE ET NORMALISATION

■ L'expérience de M. Sherif

Afin de montrer comment des individus, en situation d'interaction, élaborent un cadre de référence qui leur est propre, M. Sherif (1936) choisit de les placer dans une situation manquant de point de référence externe.

Pour cela, il utilise une tâche perceptive ambiguë. Placé devant un point lumineux fixe dans l'obscurité, on a l'illusion de le voir se déplacer. Il s'agit d'une illusion perceptive appelée « effet autocinétique ». Face à une telle situation, un individu se trouvant plusieurs fois de suite amené à évaluer l'ampleur du déplacement établit un point de référence, une norme subjective, qui lui est propre.

Quand, par la suite, différents individus sont réunis pour émettre à plusieurs reprises leurs jugements dans un contexte de groupe, leurs réponses convergent graduellement vers une norme commune supra-individuelle, non prédictible à partir de la seule connaissance des normes individuelles.

Exemple d'un groupe de trois sujets : les réponses, d'abord fournies individuellement, convergent peu à peu vers une norme commune

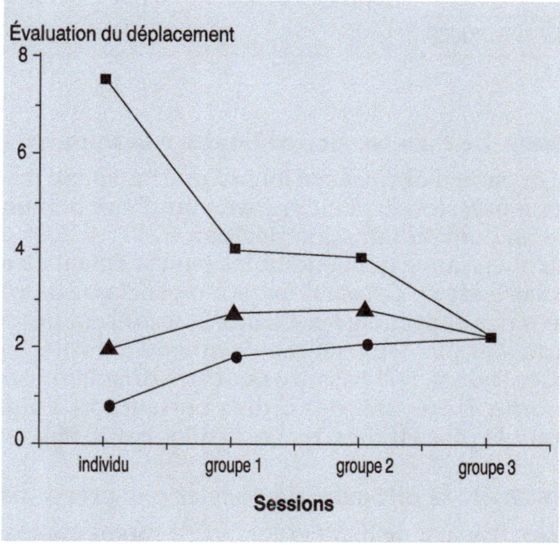

D'après M. Sherif, *The Psychology of Social Norms,* Harper & Row, New York, 1936 D.R.

■ La norme de groupe

Ces normes, qui sont propres à chaque groupe, sont alors intériorisées : lorsque les mêmes personnes répondent ensuite individuellement en dehors de tout contexte de groupe, elles continuent de le faire en fonction de la norme de groupe.

■ Les interactions entre individus

Ainsi, Sherif s'oppose à l'approche individualiste dominant la psychologie sociale au début du XXe siècle : les groupes ont des propriétés qui résultent des interactions entre leurs membres et qui ne sont pas déductibles de la seule connaissance de leurs caractéristiques individuelles.

Des études plus récentes ont montré que les normes de groupe influencent les jugements individuels après plusieurs semaines, voire plusieurs mois. De plus, la convergence est d'autant plus marquée que les individus sont liés par une attraction mutuelle et par le sentiment d'appartenir à un même groupe. Enfin, les individus de bas statut hiérarchique convergent vers les personnes de haut statut plutôt que l'inverse.

L'obéissance

L'obéissance suppose qu'il y ait asymétrie de rôle et de pouvoir entre celui qui donne l'ordre et celui qui l'exécute. Elle fut principalement étudiée dans sa forme extrême, quand elle risque de mettre la vie d'autrui en danger.

De l'obéissance ordinaire à la soumission aveugle

□ On parle d'obéissance lorsqu'une personne modifie son comportement à la suite d'une pression explicite provenant d'une personne de statut supérieur ayant sur elle un pouvoir tenu pour légitime.

□ L'obéissance qui conduit les jeunes enfants à accepter la discipline familiale ou scolaire est un puissant facteur de socialisation. Rationalisant les conduites effectuées par obligation, les enfants intériorisent progressivement les normes et valeurs partagées par ceux qui représentent l'autorité.

□ Cependant, l'obéissance peut être dramatique et conduire, sous la pression d'une autorité, à exécuter des ordres portant tort à autrui. Ce sont ces cas extrêmes qui furent le plus étudiés, en particulier par S. Milgram, dans les années 1970-1980.

De la difficulté de résister aux pressions de l'autorité

□ Les travaux de S. Milgram (1974) furent menés dans le but de comprendre comment, entre 1933 et 1945, des millions d'innocents furent massacrés sur ordre. Voulant expliquer l'obéissance des officiers, Milgram a montré la difficulté de résister aux pressions de l'autorité alors qu'il faudrait la mettre en question.

□ Ses expériences (plus de quinze) ont montré comment, sous le simple effet des injonctions de l'expérimentateur, on peut être amené à nuire à autrui. Elles dérangèrent d'autant plus qu'elles contredisaient autant le sens commun que les prédictions de psychiatres. Elles amorcèrent également un double débat éthique : Dans quelle mesure les chercheurs en sciences humaines ont-ils le droit de confronter les participants à une image peu valorisante d'eux-mêmes et du genre humain en général ? Sont-ils conscients d'avoir, de par leur statut, leur rôle social et les représentations dont il sont l'objet, une autorité et une emprise sur leurs sujets ?

□ Des recherches ultérieures ont montré que ce type d'obéissance ne se limite pas à la violence physique ni à des situations de laboratoire. Ses résultats furent reproduits dans de nombreux pays de cultures différentes, attestant que la soumission à l'autorité est un phénomène transversal aux individus, aux cultures et à l'histoire.

Pourquoi se soumettre ?

□ L'individu amené à obéir aux ordres d'une personne dont le pouvoir est tenu pour légitime, se trouve placé dans un état agentique tel qu'il perd son autonomie et ne se sent plus responsable de ses actes. Il se considère plutôt comme l'instrument d'une volonté institutionnelle dont les buts le dépassent et qui prend à sa charge les torts qu'il pourrait causer à autrui.

□ De plus, au nom d'une croyance largement répandue selon laquelle l'on vit dans un monde juste où chacun a ce qu'il mérite, la soumission s'accompagne d'une tendance à blâmer la personne victime des ordres.

LA SOUMISSION AVEUGLE

L'expérience de S. Milgram

Les expériences de Milgram furent toutes menées à partir d'une expérience princeps. Dans cette expérience, les participants, de sexe masculin, de professions et d'âges variés, sont recrutés par voie de presse pour participer à une recherche sur l'apprentissage menée par des chercheurs d'une université prestigieuse.
On précise que l'expérience porte sur le rôle de la sanction dans les tâches de mémorisation et qu'il s'agit d'évaluer l'intensité de la punition la plus efficace.

La mise en situation

L'expérimentateur dit à chacun qu'il aura à jouer soit le rôle de l'élève (celui qui apprend), soit le rôle du professeur (celui qui doit faire apprendre).
En fait, tous les participants recrutés se voient attribuer le rôle du professeur. Le rôle de l'élève est tenu par un compère, complice de l'expérimentateur.

L'expérimentateur explique au « professeur » qu'il doit punir chaque erreur de l'« élève » en lui envoyant un choc électrique et qu'il doit augmenter la puissance du choc à chaque nouvelle erreur, sachant qu'il dispose d'un clavier lui permettant d'aller d'un choc signalé comme « léger » (15 volts) à un choc signalé comme « dangereux » (450 volts).
À chaque hésitation, l'expérimentateur l'incite à continuer.
En réalité, aucun choc n'est délivré, le compère jouant le rôle de l'élève est placé dans une autre pièce et ses protestations, graduées en fonction de l'intensité du choc, sont préenregistrées.
L'expérience s'arrête lorsque trois chocs dangereux ont été successivement envoyés ou lorsque le « professeur » refuse de continuer.
L'expérimentateur explique alors au participant la mise en scène en le déculpabilisant et en insistant sur l'intérêt scientifique de ce type de recherche.

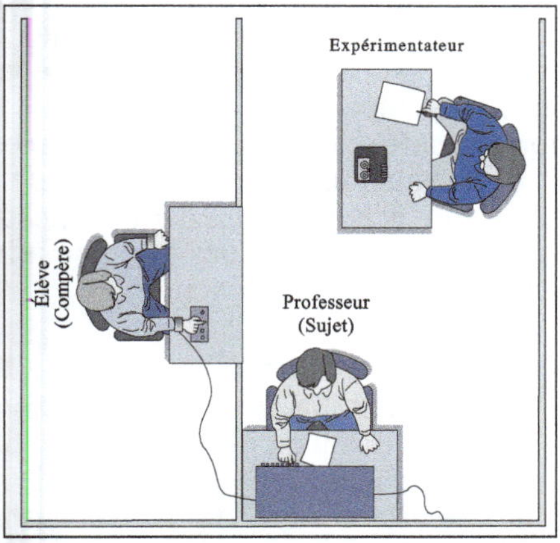

D'après S. Milgram, *Obedience to Authority* (1974), Harper, New York. D.R.

L'obéissance

Dans ces conditions, 62,5 % des participants allèrent jusqu'à administrer des chocs de 450 volts. Ce pourcentage, retrouvé avec des femmes, augmente encore (92,5 %) quand les chocs sont délivrés par l'intermédiaire d'une tierce personne et qu'il y a ainsi dilution de responsabilité.
Cependant, l'obéissance diminue, sans pour autant disparaître, lorsque celui qui exécute les ordres voit ou doit toucher celui qui en est la victime, que les ordres sont donnés par téléphone, ou que le pouvoir de donner les ordres a été délégué à quelqu'un de même statut.

Les conduites d'aide

Aider autrui répond à la fois à des normes sociales et à la recherche de gains personnels. La probabilité de secourir une personne en détresse dépend des caractéristiques de cette personne et de la situation dans laquelle s'inscrit la demande d'aide.

Toute conduite d'aide n'est pas altruiste

□ Une conduite d'aide est un acte réalisé volontairement dans le but de faire du bien à autrui. Une conduite d'aide est altruiste si elle est désintéressée : elle ne profite pas directement à son auteur, lui apporte d'éventuels désagréments ou lui fait courir des risques. À l'inverse, elle est instrumentale si elle est guidée par la recherche d'une récompense externe, telle qu'une récompense monétaire.

□ D'après certains sociobiologistes s'inspirant de la théorie évolutionniste de C. Darwin (1809-1882), l'altruisme est dirigé préférentiellement vers ceux qui appartiennent à la même espèce, et contribue ainsi à sa survie.

Aider autrui : une (simple) affaire de normes sociales ?

□ Au cours de notre éducation, nous apprenons qu'il faut et qu'il est bien d'aider ceux qui nous ont aidés (norme de réciprocité) et ceux qui dépendent de nous (norme de responsabilité). Ces normes sont intériorisées et deviennent alors des normes personnelles. Leur pouvoir n'est cependant pas universel. D'une part, elles n'agissent pas inconditionnellement : la norme de réciprocité vaut surtout lorsqu'il s'agit d'égaux et la norme de responsabilité joue d'autant plus que la personne n'est pas tenue pour responsable de la situation dans laquelle elle se trouve. D'autre part, elles peuvent entrer en conflit avec une autre norme prescrivant de ne pas se mêler des affaires d'autrui (norme d'intimité).

□ La décision d'aider répond également au souci de maximiser les gains et de minimiser les coûts personnels. Ainsi, on décidera de donner son sang si le bénéfice lié au don (sentiment d'utilité) l'emporte sur le coût (perte de temps ou fatigue) ; à l'inverse, on décidera de ne pas donner son sang si le gain lié au refus du don (s'épargner du temps) l'emporte sur le coût (sentiment de culpabilité).

□ L'aide dépend enfin de facteurs de situation (on aide d'autant moins que l'on est pressé ou exposé au bruit) et du nombre de témoins : une personne a d'autant moins de chances d'être secourue qu'il y a de nombreux témoins. Ce dernier constat pour le moins paradoxal a donné lieu à de nombreux travaux destinés à comprendre pourquoi les témoins d'une situation d'urgence restent parfois inactifs.

Nous aidons plus volontiers ceux qui nous ressemblent

□ La ressemblance, en particulier physique ou vestimentaire, avec la victime favorise l'aide ; cependant, recevoir de l'aide de la part de quelqu'un qui nous ressemble peut avoir des effets négatifs sur notre estime personnelle.

□ Le rôle de la ressemblance s'étend au contexte intergroupe : nous avons plus de chances d'être aidé par quelqu'un qui appartient au même groupe social ou ethnique que nous, surtout si nous appartenons à un groupe majoritaire ou dominant.

AIDER EN SITUATION D'URGENCE

Plus il y a de témoins, moins il y a de chances d'être secouru

Dans une rue de New York, une jeune fille est attaquée sans qu'aucun des trente-huit témoins assistant de chez eux à la scène ne lui porte secours. Sur un lac près de Rotterdam, un canot pneumatique se renverse, entraînant la noyade d'une enfant de 9 ans : la scène se passe sous les yeux d'environ deux cents personnes présentes sur les berges du lac, dont six seulement tentent d'apporter leur aide. Dans les deux cas, certains parlèrent d'apathie, d'indifférence, voire de sadisme.

Cependant, entre temps, deux psychologues sociaux (B. Latané et J.M. Darley, 1970), s'élevant contre une conception aussi pessimiste de la nature humaine, avaient mené une série de travaux ingénieux (en laboratoire et sur le terrain) montrant que la non-intervention des témoins ne tient en rien à ce qu'ils sont mais à leur simple nombre.

La présence de témoins biaise l'interprétation de la situation et dilue la responsabilité

Aider en situation d'urgence suppose de passer par une série d'étapes décisionnelles se conditionnant l'une l'autre (voir schéma ci-dessous).

La présence de nombreux témoins freine l'aide en intervenant principalement à la deuxième et la troisième étape de ce processus. En effet, observer l'inaction des autres témoins conduit, par un mécanisme d'influence sociale, à ne pas percevoir l'urgence. De plus, la présence de plusieurs témoins entraîne un phénomène de dilution de responsabilité (« pourquoi moi ? pourquoi pas lui ? »), d'autant plus prononcé que les témoins ne se connaissent pas.

Une question d'interprétation : « Quand il y a de la fumée, il y a (parfois) du feu »

Dans une de leurs expériences, Latané et Darley convoquent des sujets pour participer à une recherche. Ils les font asseoir dans une petite salle d'attente et les invitent à remplir un questionnaire en attendant qu'on vienne les chercher. Au bout de quelques minutes, de la fumée s'échappe par une bouche d'aération. Cette fumée devient rapidement désagréable et provoque des troubles de la vision et de la respiration. Les participants attendent soit seuls, soit en présence de deux « complices » à qui on a demandé de ne pas parler et de continuer à remplir leur questionnaire comme si de rien n'était. On arrête l'expérience au bout de six minutes et on note quel pourcentage de participants ont signalé la fumée dans ce délai : alors que 75 % de ceux attendant seuls signalent la fumée, la présence des autres « témoins » fait chuter le pourcentage à 10 %. Des entretiens menés à l'issue de l'expérience montrent que ceux qui ne sont pas intervenus n'ont pas associé la fumée à un risque d'incendie mais l'ont attribuée à d'autres causes telles qu'une fuite dans le système de climatisation.

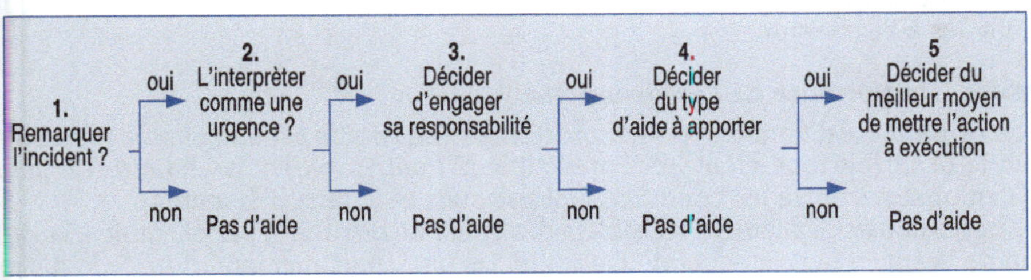

L'agression interpersonnelle

Souvent déclenchée par une frustration, l'agression est encouragée par l'observation de modèles violents et par de nombreux facteurs sociaux et environnementaux.

Agression et hostilité

Est défini comme agressif un comportement physique ou verbal visant à faire physiquement et/ou moralement mal à autrui. Plus souvent utilisé pour qualifier des comportements hostiles intentionnels, le terme « agression » s'applique également aux cas où la souffrance n'est infligée à autrui que comme un moyen pour atteindre une fin (par exemple, s'approprier les biens d'autrui).

Peut-on parler de prédisposition ?

Aujourd'hui, rares sont ceux pour qui l'agression est instinctive. Cependant, on admet que l'agression dépend de facteurs héréditaires et biochimiques.

Une réponse à la frustration ?

☐ Selon la plupart des auteurs, l'agression est liée à l'empêchement d'atteindre un objectif ou, plus généralement, à l'écart entre les attentes (ce qu'on s'attend à produire ou à recevoir) et les réalisations (ce qu'on produit ou reçoit réellement).
☐ Pour certains, toute agression résulte d'une frustration et toute frustration conduit nécessairement à l'agression. L'impulsion agressive est réduite lorsqu'on peut « libérer » l'énergie agressive par l'expression ou l'imagination d'un acte agressif (phénomène de catharsis). De plus, en l'absence de l'agent frustrant, l'agression peut se déplacer vers d'autres personnes qui jouent alors le rôle de boucs émissaires.
☐ Plus récemment, on admet que la frustration n'engendre l'agression que si elle produit un état d'excitation négatif, la colère. Cette disposition à agresser se traduit en actes dans la mesure où sont présents des stimuli associés à l'agression, des signaux agressifs ou des indices évocateurs d'agression (L. Berkowitz, 1993).

Le rôle des apprentissages sociaux

Les comportements agressifs sont également le fruit d'apprentissages sociaux qui se font de deux façons différentes : – par observation de modèles fournis par l'environnement immédiat ou les médias, dont la télévision ; – par l'intermédiaire de renforcements positifs ou négatifs, conduisant à faire l'expérience des bénéfices et des coûts liés à l'agression.

L'importance de l'environnement

☐ La probabilité d'émettre des comportements agressifs est augmentée par la douleur, le bruit (surtout s'il n'est ni prévisible ni maîtrisable) et la chaleur (on pense au lien observé entre les conditions climatiques et le taux d'émeutes).
☐ L'agression est également sensible à des effets de territoire, par exemple à la violation de l'espace personnel et de l'intimité. De plus, une augmentation de la densité peut induire un sentiment d'entassement et provoquer des comportements agressifs.

AGRESSION ET VIOLENCE : L'EXEMPLE DE LA TÉLÉVISION

Une relation complexe : la télévision n'est qu'une des causes de l'agression

□ On étudie le lien entre agression et violence télévisée, soit en menant des expériences (en laboratoire ou en milieu naturel) dans lesquelles on observe les réactions à des films choisis pour leur plus ou moins grande violence, soit en observant sur une période relativement longue les habitudes télévisuelles de personnes dont on mesure par ailleurs l'agressivité.

□ Les résultats vont à l'encontre de l'hypothèse de la catharsis, selon laquelle vivre une émotion est un moyen de s'en libérer, et mettent en évidence une corrélation entre agression et violence télévisée. Cependant, l'observation d'une corrélation peut être interprétée de différentes façons : ou bien c'est le fait de regarder des films violents qui rend agressif, ou bien c'est le fait d'être agressif qui pousse à préférer regarder des films violents.

□ Néanmoins, les études actuellement disponibles permettent de conclure que la violence télévisée, même si elle ne suffit pas à expliquer la manifestation de comportements agressifs, est un des facteurs qui la facilitent.

La télévision agirait sur les comportements et les attitudes

□ La télévision agirait sur les comportements en produisant des modèles à imiter, en banalisant la violence et en montrant des actes agressifs non punis, voire récompensés. Elle agirait également sur les attitudes en créant une vision paranoïde du monde et en augmentant le sentiment d'insécurité.

□ Elle agirait d'autant plus que les spectateurs sont irrités, anxieux et de mauvaise humeur, et que le personnage vainqueur est sympathique, au point d'entraîner un mécanisme d'identification.

□ Enfin, la violence réelle serait plus néfaste que la violence fictive, soulignant ainsi le potentiel agressif des journaux télévisés.

Anticiper des images de violence peut suffire à provoquer des comportements agressifs

Des participants sont recrutés par groupes de trois pour donner leur avis sur un film étranger soi-disant controversé par les organismes de censure.
En fait, l'un des trois est un « complice » de l'expérimentateur. Il a pour mission de profiter de l'absence de l'expérimentateur, sorti pour préparer la projection, pour laisser croire qu'il a entendu parler du film par un ami ayant déjà participé à l'étude et qu'il s'agit soit d'un film violent, soit d'un film non violent.
Au moment de commencer la projection, l'appareil « tombe en panne » et l'expérimentateur demande si les participants (hormis le « complice » qui propose son aide technique) acceptent de profiter de leur temps libre pour participer à une autre expérience.
Cette expérience les met dans une situation où, à tour de rôle, l'un peut contrôler l'exécution d'une tâche motrice par l'autre en lui envoyant des chocs électriques de force graduée.
Les résultats montrent que les participants qui s'attendaient à voir un film violent se montrent plus agressifs en envoyant des chocs électriques plus forts (en réalité contrôlés de sorte à être très légers) que ceux qui s'attendaient à voir un film non violent. Ainsi, la simple évocation d'un contexte de violence peut encourager la manifestation de comportements agressifs.

D'après J.P. Leyens et M. Dunand, *"Priming agressive thoughts: the effect of the anticipation of a violent movie upon the agressive behaviour of the spectators", European Journal of Social Psychology*, n° 21, 1991, p. 507-516-D.R.

L'attraction interpersonnelle

Guidée par les principes de gratification et de réciprocité, l'attraction interpersonnelle est favorisée par la proximité géographique, la ressemblance et la beauté physique.

Attraction, gratification et réciprocité

□ L'attraction correspond à l'expression d'une attitude positive à l'égard d'autrui (sympathie) et d'un désir de s'en rapprocher. Elle conduit à des relations dont la nature, l'intensité et la durée varient considérablement, allant de simples relations formelles à des relations plus intimes telles que l'amitié ou l'amour. Pour qu'une relation positive se maintienne, il faut que les profits et gratifications (protection, tendresse, joie, etc.) dépassent les coûts qui en découlent (conflit, ennui, etc.).
□ Nous sommes attirés par ceux dont nous pensons qu'ils nous aiment ; cependant, ce principe de réciprocité ne vaut que si nous percevons la gentillesse de l'autre comme n'étant pas seulement guidée par le désir de s'attirer nos bonnes grâces.
□ La sociométrie permet d'analyser les attractions mutuelles au sein d'un groupe et d'en dégager la structure. Elle permet également d'examiner quels sont les facteurs favorisant l'attraction interpersonnelle.

Nous sommes attirés par ceux qui sont géographiquement proches

□ La proximité physique, par exemple sur le lieu d'habitation ou de travail, augmente l'attraction mutuelle. Ainsi, plus la distance entre deux appartements est petite, plus il est probable que leurs occupants développent des relations amicales. De même, les étudiants deviennent souvent amis de ceux à côté desquels ils sont assis.
□ En effet, la proximité augmente la fréquence avec laquelle les gens se croisent et entrent en interaction. Or on a montré (R. Zajonc, 1968) que le simple fait d'être exposé de manière répétée à quelqu'un, au même titre que n'importe quel stimulus, conduit à une attitude plus favorable à son égard. De plus, interagir permet de découvrir d'éventuelles ressemblances.
□ Néanmoins, on sait que la proximité peut également être source d'agression et que le simple rapprochement physique ne suffit pas à résoudre les conflits.

« Qui se ressemble s'assemble »

Nous avons tendance à être attirés par ceux qui partagent nos attitudes, valeurs et opinions, surtout si elles concernent des dimensions jugées importantes. Cette ressemblance nous permet de valider nos opinions et par là même de protéger l'estime de que nous avons de nous-mêmes. Ce rôle de la similitude conduit à avoir souvent pour amis ceux qui font partie du même milieu social.

Le rôle de la beauté

Nous sommes attirés par ceux que nous trouvons beaux et, réciproquement, nous trouvons beaux ceux qui nous attirent. Cependant le rôle de la beauté ne se limite pas à sa composante physique, mais s'explique aussi par le fait que, selon un stéréotype largement partagé, la beauté est perçue comme allant de pair avec d'autres caractéristiques positives, telles que l'intelligence ou la bonté.

LA SOCIOMÉTRIE

Mesurer les affinités au sein d'un groupe

Proposée initialement par J. Moreno, la sociométrie repose sur l'idée que chaque groupe social a une structure particulière qui dépend de la configuration des affinités entre ses membres. Son intérêt est de formaliser et de quantifier des phénomènes relationnels par nature subjectifs.

Cette quantification se fait à l'aide d'un test (dit test sociométrique) qui consiste à demander aux membres d'un groupe de désigner ceux avec lesquels ils souhaiteraient s'associer (choix) dans une situation ou une activité déterminée (jeu, travail, cohabitation, etc.).

On peut également leur demander d'indiquer ceux avec lesquels ils souhaiteraient ne pas s'associer (rejets) et ajouter deux questions de perception demandant par qui ils pensent avoir été choisis ou non.

Des individus au groupe

On peut identifier les individus qui émettent le plus de choix (les expansifs) ou en reçoivent le plus (les leaders) et, à l'inverse, ceux qui émettent le moins de choix (les solitaires) ou en reçoivent le moins (les isolés). On peut aussi s'intéresser aux rejets, étudier la réciprocité des affinités et, par l'intermédiaire des questions de perception, estimer le degré de réalisme de chacun dans l'évaluation de sa popularité.

On peut également analyser l'ensemble du groupe et déterminer son degré de cohésion, lui-même fonction de la densité des réseaux d'affinités. Une absence de cohésion peut se traduire par la présence de sous-groupes (cliques) éventuellement organisés autour de leaders.

Une représentation graphique : le sociogramme

Les affinités peuvent être résumées dans des graphiques appelés « sociogrammes » figurant l'ensemble des individus et leurs relations.

Ainsi, demandant à un groupe d'enfants qui ils souhaiteraient (choix) ou pas (rejets) avoir comme compagnons de chambre pour partir en classe verte, on peut imaginer voir apparaître la structure suivante : deux cliques organisées chacune autour d'un leader (A et B) et deux individus (Z et Y) qui ne font partie d'aucune clique mais ont de bonnes relations avec chacun des leaders.

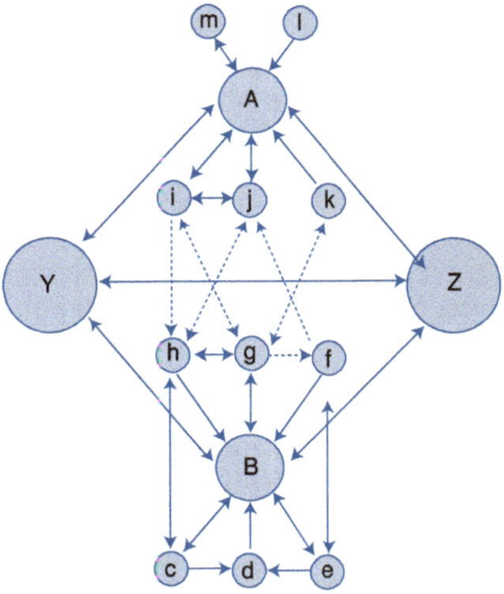

J.-P. Leyens et V. Yzerbyt, *Psychologie sociale*, p. 255, © Pierre Mardaga Éditeur, 1997.

Un outil de recherche et d'intervention

La sociométrie permet de tester des hypothèses relatives par exemple à certains déterminants de l'attraction ou au lien existant entre la cohésion d'un groupe et sa performance. Elle peut également servir à intervenir pour améliorer le climat d'un groupe, rompre l'isolement de certains ou constituer des équipes cohérentes.

Agir et coagir en groupe

Le travail en groupe peut tout à la fois faciliter ou entraver la production individuelle, diminuer le rendement collectif et conduire à prendre des décisions extrêmes.

Un des thèmes fondateurs de la psychologie sociale expérimentale

Peu de temps avant que le taylorisme ne s'intéresse aux moyens de remédier à la « flânerie des ouvriers », parurent les premiers travaux expérimentaux consacrés à l'influence du travail collectif sur les performances individuelles. La question de l'influence du groupe fut ensuite étendue aux décisions collectives.

Agir en présence d'autrui : facilitation ou inhibition ?

□ Quel effet a sur la performance individuelle le fait d'agir en présence d'autres personnes ? Cet effet est le même, que ces autres personnes soient de simples observateurs passifs ou des coacteurs effectuant simultanément la même tâche : si la tâche est simple ou bien connue, la présence d'autrui a pour effet d'améliorer la performance (facilitation) ; à l'inverse, si la tâche est complexe ou nouvelle, autrui perturbe l'apprentissage et la performance (inhibition).

□ Une des premières interprétations proposées pour réconcilier ces deux effets en apparence contradictoires (R. Zajonc, 1965) fait appel à la physiologie. La présence d'autrui augmente le niveau d'activation physiologique de l'organisme et, en conséquence, favorise l'émission des réponses les plus probables ; or ces réponses sont bonnes si la tâche est simple (ce qui conduit à un effet de facilitation), et mauvaises si la tâche est complexe (ce qui conduit à un effet d'inhibition). Selon cette théorie, n'importe quelle substance chimique susceptible d'agir sur le niveau d'activation de l'organisme aurait des effets similaires.

□ D'autres interprétations mettent plus l'accent sur la spécificité sociale du phénomène. Ainsi, l'effet stimulateur d'autrui s'expliquerait par le fait qu'on le perçoit comme un évaluateur potentiel de nos performances. Par ailleurs, il se peut que la présence d'autrui augmente l'attention que nous portons à nous-mêmes, ce qui facilite la production des comportements les plus spontanés.

Produire à plusieurs : « deux ne valent pas toujours mieux qu'un »

□ Lorsque les membres d'un groupe doivent coopérer en vue d'un objectif commun fixé par une personne extérieure, on constate fréquemment qu'ils fournissent moins d'efforts que lorsqu'ils doivent répondre individuellement de leurs actes. Ce phénomène, qualifié de « paresse sociale », s'observe même avec des tâches rudimentaires telles que produire le maximum de bruit en criant ou en applaudissant. Il est d'autant plus marqué que le groupe est nombreux ou peu cohésif, et peut être éliminé en rendant les efforts de chacun identifiables.

□ Selon certains, il s'agit d'un cas particulier d'influence sociale : la situation de travail collectif affaiblit le pouvoir de celui qui donne l'ordre d'exécuter la tâche, et ce d'autant plus que le groupe est nombreux. Pour d'autres, le travail collectif empêche l'individu de se comparer à autrui dans le but de « faire mieux » que les autres.

LES DÉCISIONS COLLECTIVES

L'augmentation de la prise du risque en groupe

Contredisant l'hypothèse généralement admise de l'effet modérateur du groupe, J. Stoner (1961) constate que les groupes prennent plus de risques que les individus. Utilisant une série de dilemmes décisionnels mettant en scène une personne que l'on doit conseiller dans son choix, il observe que les groupes proposent après discussion des solutions plus risquées que la moyenne des positions des individus qui le composent.

Il y a augmentation du risque même si le groupe n'a pas pour règle de parvenir à un consensus : le simple échange de points de vue suffit. De plus, l'augmentation de la prise de risque se maintient lorsque, après discussion, les individus prennent à nouveau personnellement position. Enfin, on observe le même type de phénomène avec des enjeux réels tels que des gains ou des pertes monétaires.

Un cas particulier de polarisation collective

Ce phénomène de polarisation, qui conduit le groupe à « extrêmiser » sa position, s'observe non seulement dans le domaine du risque, mais de façon plus générale dans celui des attitudes. Néanmoins, il ne se produit que si les membres du groupe se sentent impliqués, si la décision à prendre est importante pour eux et si les opinions de départ divergent. Enfin, la polarisation est d'autant plus faible que la discussion est entravée, par exemple en disposant les gens côte à côte plutôt que face à face ou en limitant le temps de discussion.

Certains attribuent la polarisation au simple échange d'arguments qui amène chacun à réaffirmer sa position et incite à l' « extrêmisation ». Pour d'autres, les gens adoptent la position du groupe dans l'idée de fuir le désaccord et d'obtenir l'approbation sociale.

Un exemple de dilemme décisionnel

Claude est un écrivain possédant, dit-on, un talent considérable, mais qui, jusqu'à maintenant, a gagné sa vie à écrire de minables westerns. Il a eu récemment une idée pour un roman éventuellement important. S'il pouvait l'écrire et le faire accepter, le roman pourrait avoir un impact considérable sur la littérature et sa carrière avancerait énormément. Par contre, s'il n'est pas capable de réaliser son idée ou si le roman est un échec, il aura dépensé énormément de temps et d'énergie sans rémunération.

Supposons que vous conseilliez Claude. Veuillez cocher *la plus faible probabilité* vous semblant acceptable pour que Claude essaie d'écrire le roman. Claude devrait essayer d'écrire le roman si les chances de succès du roman sont au moins de :

- ☐ 1 sur 10
- ☐ 3 sur 10
- ☐ 5 sur 10
- ☐ 7 sur 10
- ☐ 9 sur 10
- ☐ 10 sur 10 (Claude ne devrait essayer de l'écrire que si le succès est assuré).

Si le groupe est plus risqué que ses membres, la discussion conduit à se mettre d'accord sur une valeur plus faible (par exemple, trois chances sur dix) que la moyenne des réponses individuelles (par exemple, cinq sur dix).

La communication interpersonnelle

Communiquer s'effectue à l'aide d'indices verbaux et non verbaux. Les indices non verbaux jouent un rôle primordial dans l'expression des émotions.

Émettre un message au moyen d'indices

□ Toute communication implique qu'une personne (émetteur) émette un message porteur de signification et qu'une autre personne (récepteur) le perçoive, l'interprète et y réponde en retour.

□ Cependant, le rôle de l'intentionnalité du message reste discuté. Ainsi, certains restreignent la définition de la communication aux cas où l'émetteur anticipe un effet de son message sur le récepteur (communication intentionnelle). D'autres étendent la définition aux cas où l'émetteur ne maîtrise pas l'effet de son émission alors que le récepteur l'interprète comme un message. C'est par exemple le cas des cris du très jeune bébé qui, d'abord simple expression de détresse, deviennent, de par la réponse qu'ils provoquent, utilisés aux fins d'obtenir la présence de l'adulte.

□ Le message est transmis au moyen de signaux (indices), par l'intermédiaire d'un canal (système physique par lequel transite le message). Lorsqu'il s'agit de communication au sein d'un groupe, l'ensemble des canaux est appelé « réseau de communication ». La structure du réseau détermine l'efficacité et la cohésion du groupe.

La communication et le langage : joindre le geste à la parole

□ L'essentiel de la communication se fait sur la base du langage oral ou de ses substituts codifiés, en particulier l'écriture qui joue un rôle primordial dans la transmission des savoirs sociaux. Cependant, il existe également des moyens de communication non verbaux, basés sur des indices physiques et comportementaux.

□ La communication orale est indissociable des mouvements du corps, en particulier des gestes des mains. Ainsi est-on souvent amené à faire des gestes pour figurer la forme de l'objet évoqué ou pour accompagner les pauses et les hésitations. Le recours aux gestes est d'autant plus marqué qu'il s'agit de communications complexes et difficiles, par exemple lorsqu'on s'exprime dans une langue étrangère.

La communication non verbale

□ Les indices non verbaux sont particulièrement importants dans les communications destinées à obtenir la soumission ou à tromper. Ainsi, certains travaux ont tenté de déterminer les indices permettant de décider si quelqu'un est en train de mentir.

□ La communication non verbale se fonde sur des indices visuels qui peuvent concerner des caractéristiques statiques (taille, morphologie, habillement), la distance physique avec autrui, des signes cinétiques rapides (mimiques faciales, mouvements, gestes) ou des signes cinétiques lents (posture, regard ou expressions faciales). Les expressions faciales sont primordiales dans l'expression et l'identification des émotions.

□ D'autres indices interviennent également, tels que le contact physique et des indices voco-acoustiques (éléments mélodiques et intonatifs) ou olfactifs.

LES RÉSEAUX DE COMMUNICATION

Un ensemble de canaux

Les personnes occupant différents rôles dans un groupe (groupes de travail, administrations, entreprises, etc.) coordonnent leurs actions en communiquant. Cependant, cette structure des rôles est généralement telle que tous les membres du groupe ne peuvent pas communiquer entre eux. Ils ne peuvent communiquer que s'il existe un canal.

Les réseaux varient en centralité

Les premiers travaux expérimentaux sur les réseaux de communication utilisent une table circulaire munie de cloisons séparant les membres du groupe (H. Leavitt, 1951).

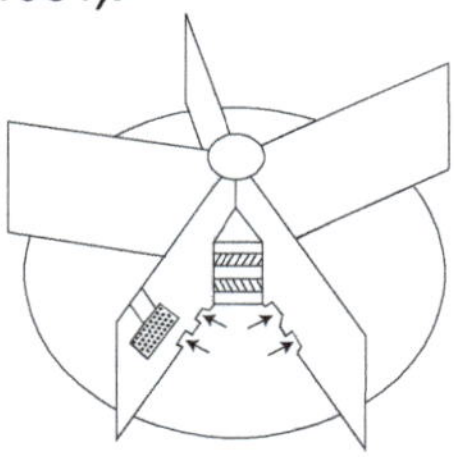

Les cloisons possèdent des clapets dont l'ouverture et la fermeture permet de décider qui peut communiquer avec qui. La configuration des canaux détermine la centralité. Plus un réseau est centralisé, plus il est difficile de communiquer librement avec autrui.

La centralité augmente l'efficacité mais réduit le moral du groupe

La centralité améliore la performance du groupe s'il s'agit d'une tâche simple mais l'affaiblit s'il s'agit d'une tâche complexe telle qu'une tâche de créativité ou une discussion nécessitant l'échange de nombreux messages.
En revanche, la centralité réduit la satisfaction, l'harmonie et la solidarité, produisant parfois des conflits internes.

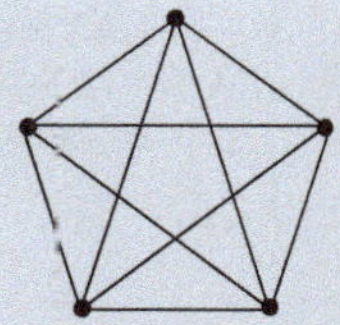

Réseau décentralisé :
chacun peut communiquer avec tous les autres.

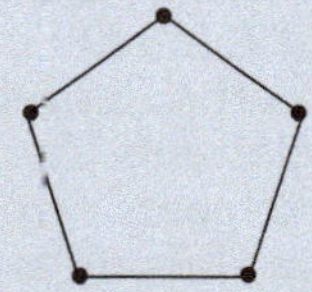

Réseau circulaire :
chacun ne peut communiquer qu'avec ses deux voisins.

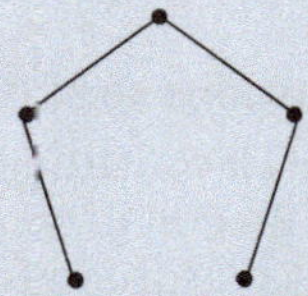

Réseau en chaîne :
les communications obéissent à un ordre séquentiel.

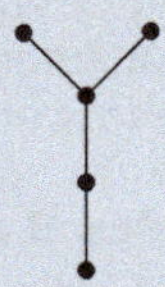

Réseau en Y :
certains ne peuvent communiquer qu'avec un de leurs voisins.

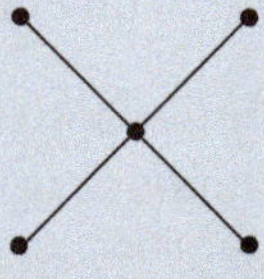

Réseau centralisé :
un des participants peut communiquer avec tous les autres, mais ceux-ci ne peuvent communiquer qu'avec lui.

Les attitudes

Connaître l'attitude d'une personne ne permet pas toujours de prédire son comportement. Ainsi, modifier une attitude ne suffit pas nécessairement à modifier le comportement.

Les attitudes ne sont pas directement observables

☐ Une attitude désigne une disposition interne, favorable ou défavorable, à l'égard d'un objet. Tout élément du monde social peut être objet d'attitude. Ainsi peut-on s'intéresser aux attitudes relatives à des éléments concrets (un produit de consommation), à des éléments abstraits (liberté), à des comportements (consommation de tabac ; comportements de prévention) ou encore à des catégories sociales ou ethniques (on parle alors de préjugés).
☐ Les attitudes ne sont pas directement mesurables. Le plus souvent, on les infère à partir des réponses (accord-désaccord) à un ensemble de questions, dit échelle d'attitude, qui permet de quantifier la direction (positive ou négative) et l'intensité de l'attitude.

Les attitudes sont des structures complexes

Le plus souvent, les attitudes sont conçues comme ayant trois composantes :
☐ La composante cognitive inclut l'ensemble des jugements, savoirs ou croyances relatifs à l'objet d'attitude (croire que prendre l'avion est dangereux).
☐ La composante comportementale désigne les intentions de comportement ou le comportement réel à l'égard de l'objet (éviter de prendre l'avion).
☐ La composante affective recouvre l'ensemble des réactions affectives (positives ou négatives) suscitées par l'objet attitudinal (sentiments, émotions, humeurs, etc.) ainsi que les changements physiologiques qui leur sont associés (manifester de l'angoisse chaque fois que l'on pense à l'avion).

Les attitudes et comportements

Le lien entre attitude et comportement est relativement faible, ce qui explique l'échec de certaines tentatives pour changer les comportements via les attitudes. Cependant, les attitudes prédisent d'autant mieux les comportements qu'elles correspondent étroitement aux situations considérées et qu'il s'agit de comportements privés sur lesquels l'individu a un contrôle direct.

Les attitudes sont modifiables

☐ Certaines techniques utilisées pour provoquer des changements d'attitude sont fondées sur la diffusion de messages persuasifs.
☐ D'autres cherchent à modifier l'attitude par l'intermédiaire du comportement. Ainsi, la technique dite du pied dans la porte est basée sur l'idée qu'une personne se soumettra d'autant plus volontiers à une certaine demande qu'elle aura préalablement accepté une requête de moindre importance (« Si tu lui donnes la main, il te prendra le bras. »). Le jeu contre-attitudinal modifie quant à lui l'attitude en invitant la personne à soutenir et à défendre une position contraire à la sienne.

LES COMMUNICATIONS PERSUASIVES

Est persuasive une communication, écrite, orale et/ ou visuelle visant à modifier l'attitude d'un individu dans un contexte où ce dernier conserve, ou croit conserver, une certaine liberté de choix.
Son efficacité dépend de facteurs concernant chacun des éléments classiquement distingués par la théorie de l'information au sein d'une situation de communication.

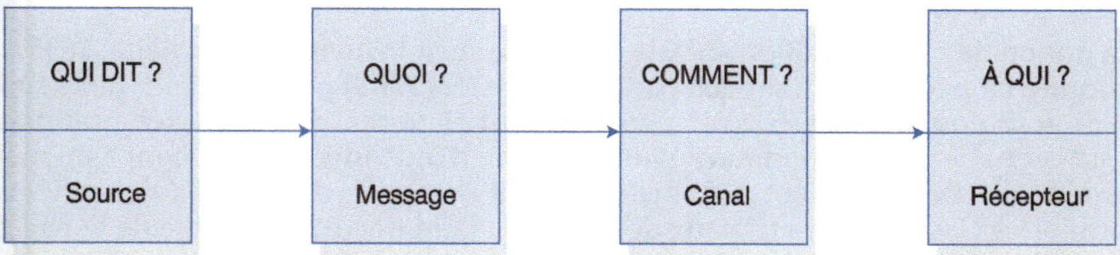

■ La source

Une source est d'autant plus persuasive qu'elle est attrayante et ressemble au récepteur, et qu'elle paraît crédible, c'est-à-dire compétente et digne de confiance (on pense aux « hommes en blouse blanche » de nombreuses publicités). Cependant, ces effets s'observent principalement à court terme.

■ Le message

Pour être plus efficace, un message doit placer les arguments principaux soit en premier (effet de primauté), soit en dernier si la décision est immédiate (effet de récence). On comprend ainsi pourquoi, dans des débats contradictoires, les interlocuteurs veulent intervenir à la fois en premier lieu et en dernier lieu.
Un message est d'autant plus efficace que la conclusion en est explicite.
La question de savoir dans quelle mesure il faut faire appel à la peur est sans doute la plus débattue et la plus actuelle. On le voit dans les campagnes de prévention (ex. : prévention médicale ou prévention routière), ou de propagande (ex : propagande anti-tabac ou anti-alcool). La réponse la plus adéquate semble être la suivante : il peut être efficace de faire appel à la peur, à condition que le récepteur se sente vulnérable et concerné, et que le message soit accompagné de propositions de moyens efficaces et accessibles pour faire face au danger.

■ Le canal

Les communications en situation de face-à-face sont plus persuasives que celles transmises par les médias.
Le support audiovisuel est plus efficace pour les messages simples et le support écrit plus efficace pour des messages plus complexes.

■ Le récepteur

On a montré que le pouvoir persuasif des messages est optimal quand les gens ont une intelligence ou une estime d'eux-mêmes ni trop forte ni trop faible, et quand on les distrait par quelque chose qui attire leur attention.

Représentations sociales

Les représentations sociales permettent de faire face à l'incertitude et servent de guide pour l'action. Elles facilitent la communication entre les membres d'un groupe et contribuent à leur identité sociale.

Un savoir social

☐ La notion de représentation sociale, d'origine sociologique (E. Durkheim, 1895), fut introduite en psychologie sociale par S. Moscovici (1961) pour désigner des savoirs dits de sens commun. Ces savoirs, socialement élaborés, ont une visée pratique et constituent une réalité commune à un ensemble d'individus appartenant à un même groupe social. Ils concernent des objets pouvant relever de domaines aussi variés que des théories (les premiers travaux de Moscovici ont porté sur l'image de la psychanalyse), le monde du travail, l'environnement, le domaine médical ou les valeurs (par exemple, les Droits de l'homme). Leur contenu traduit le plus souvent une distorsion d'un savoir expert. Cependant, les chercheurs s'intéressent actuellement plus à la construction et aux fonctions des représentations qu'à leur validité.
☐ Une représentation sociale se construit principalement dans des contextes marqués par la polémique, l'incertitude et le manque d'information. Historiquement codifiée, elle prend racine dans des savoirs anciens et s'insère dans des idéologies et des systèmes de croyances plus larges.

Un savoir organisé

☐ La complexité d'une représentation sociale est fonction de la richesse de ses éléments (informations, croyances, valeurs, attitudes) et de leur organisation.
☐ Selon certains auteurs, les éléments les plus consensuels constituent un noyau central autour duquel gravitent des éléments périphériques dépendant plus fortement des individus et des situations. Ainsi, dans la représentation du groupe idéal, l'amitié et l'égalité constituent des éléments centraux, alors que la communauté d'opinions et d'intérêts n'a qu'un rôle périphérique.
☐ Le noyau central, lié à la mémoire collective et à l'histoire du groupe, serait relativement stable et résistant au changement. En revanche, le système périphérique serait plus flexible et permettrait d'intégrer des éléments nouveaux sans que l'ensemble soit modifié pour autant.

Les fonctions de la représentation : de la compréhension à l'action

☐ Les représentations aident à comprendre et à maîtriser l'environnement social ou matériel et le monde des idées. Les éléments abstraits, tels que des concepts, par définition non directement observables, sont intégrés dans une réalité de sens commun.
☐ Socialement partagées, elles aident les individus d'un même groupe à communiquer entre eux et contribuent à leur identité sociale.
☐ Elles constituent enfin un guide pour l'action. Leur analyse permet de prédire non pas les comportements individuels mais les règles de conduite collectives d'un groupe d'individus. Modifier les pratiques sociales suppose ainsi de connaître les représentations qui les sous-tendent.

LA REPRÉSENTATION SOCIALE DES DROITS DE L'HOMME

Quelques rappels historiques

1789 : Déclaration des droits de l'homme et du citoyen.
1948 : Déclaration universelle des droits de l'homme proclamée par l'Assemblée générale des Nations unies.
1959 : Création de la Cour européenne des droits de l'homme.
Depuis, en Europe, les droits des citoyens ont été élargis aux personnes émigrées et étendus à des domaines tels que le droit à un environnement sain et à un développement durable.

Un savoir partagé

La représentation sociale des droits de l'homme est dite normative, en ce qu'elle constitue un idéal commun à atteindre.
Pour en analyser le contenu, W. Doise mène dans les années 1990 une étude internationale auprès d'élèves âgés de 13 à 20 ans. Il leur demande d'évaluer la gravité d'une série de vingt situations d'atteintes aux droits de l'homme.
Indépendamment de l'appartenance nationale, l'accord se fait sur un classement global de ces situations, illustré par les exemples suivants :

Atteintes les plus graves

- Emprisonnement sans défense par avocat
- Laisser mourir de faim des hommes et des femmes
- Faire travailler des enfants dans une usine
- Condamner des prisonniers révoltés sans avocat
- Peine de prison pour avoir contesté le gouvernement
- Des Blancs refusant un locataire Noir

W. Doise, *Droits de l'homme et force des idées*, PUF, 2001

Atteintes les moins graves

- Tuer un cambrioleur
- Obliger les enfants à aller à la messe
- Salaires plus élevés pour certaines personnes
- Hospitalisation forcée en cas de maladie contagieuse

Ibidem

Autour d'un savoir commun, des divergences

Cependant, au-delà de ce consensus, trois groupes se dégagent.
Les deux premiers groupes reflètent le consensus, même si le premier considère comme plus graves les contraintes exercées au sein de la famille.
Le troisième groupe prend des distances avec la définition institutionnelle des droits de l'homme et montre un relatif désintérêt pour la question. Il considère comme atteinte la plus grave l'interdiction de fumer en réunion et comme atteinte la moins grave le refus de locataires noirs. Ce groupe est principalement constitué de Français.

Ancrages idéologiques

Les réponses à une série d'autres questions permettent de voir dans quelles idéologies plus générales sont ancrées ces représentations.

- Le groupe 1 tolère la marginalité individuelle. Il adopte une position visant à la protection de l'individu contre les autorités, tout en acceptant qu'elles jouent un rôle régulateur.
- Le groupe 2 partage une vision plus fataliste de la réalité sociale et tolère davantage les ingérences des autorités.
- Le groupe 3 refuse les contraintes de la vie quotidienne et se sent peu concerné par les restrictions exercées sur les libertés publiques.

Ibidem

Percevoir autrui

Se former une impression sur une personne suppose d'intégrer des informations de deux types : des informations associées à son groupe d'appartenance et des informations qui lui sont spécifiques.

Intégrer des informations

□ Percevoir autrui consiste à aller au-delà de ce qui est directement observable (caractéristiques physiques ou comportements) pour se former une impression du genre de personne dont il s'agit. Ainsi, conversant avec un invité, on lui attribue un certain nombre de caractéristiques (« c'est quelqu'un d'intelligent et de généreux ») et on porte un jugement global sur la sympathie qu'il nous inspire.
□ Les premières recherches sur la formation d'impression montrent en quoi les principes de la *Gestalt*, initialement élaborés dans le domaine de la perception des objets, valent aussi pour la perception des personnes. Se former une impression sur une personne, c'est percevoir ses traits non pas isolément mais en relation les uns avec les autres. Cette structure organisée sert alors de base pour élaborer d'autres jugements et décider du type de conduite à adopter.
□ En opposition à ce courant, s'est développé le point de vue dit associationniste selon lequel les traits gardent la même signification et évoquent le même degré de sympathie quel que soit le contexte. Ainsi, si l'on connaît le degré de sympathie associé à différentes caractéristiques considérées isolément (par exemple : adroit, intelligent, serviable), on peut prédire celui suscité par une personne qui les posséderait toutes à la fois (quelqu'un qui serait à la fois adroit, intelligent et serviable).

Une controverse : à quelles informations donner la priorité ?

□ Pour se former une impression sur une personne, on dispose le plus souvent de deux types d'informations : des informations catégorielles (« C'est un homme jeune, il est psychologue, on le dit sociable. ») et des informations individualisantes qui lui sont spécifiques (« Au cours de la soirée, il a parlé de musique et s'est montré galant avec les femmes. »). À quelles informations donne-t-on la priorité ?
□ Les travaux inspirés de la *Gestalt* ont conduit à admettre que chacun a des théories sur les caractéristiques partagées par des catégories de personnes ayant le même type de personnalité (« Les gens sociables sont... ») ou appartenant au même groupe (« Les psychologues sont... »). Ces théories (schémas de personne ou stéréotypes) aident à se former une impression sur autrui. À l'inverse, le point de vue associationniste conduit à conclure que la priorité va aux informations individualisantes.

Vers des modèles intégratifs

□ Les travaux actuels tentent de résoudre la controverse en définissant les conditions favorisant l'usage respectif des informations catégorielles et individualisantes.
□ Ainsi a-t-on montré que l'impression est d'autant plus basée sur les informations individualisantes que celles-ci contredisent l'information catégorielle (par exemple, un homme qui contredit l'image de la galanterie), que l'on a pour objectif de se former une impression exacte, ou que l'on doit justifier son jugement auprès d'un tiers.

LA PERCEPTION EST ORGANISÉE

Se former une impression sur une personne consiste à percevoir des relations entre les traits qu'elle possède.
Les deux expériences suivantes (Asch, 1946) montrent comment, en conséquence, tous les traits n'ont pas le même poids, certains étant plus informatifs et centraux que d'autres.

Certains traits suffisent à modifier une impression

On demande à des participants de se former une impression sur une personne fictive A ou B. Ces deux personnes sont définies chacune par un portrait. Le portrait A (« intelligent, adroit, travailleur, chaleureux, déterminé, pratique, prudent ») et le portrait B (« intelligent, adroit, travailleur, froid, déterminé, pratique, prudent ») ne diffèrent que par un seul trait.
Après avoir pris le temps de se forger une impression sur le genre de personne auquel correspond le portrait, les participants indiquent si la personne possède ou non chacun des dix-huit traits d'une autre liste.
On constate que le seul fait d'être chaleureux (au contraire de froid) suffit à modifier l'impression globale dans un sens positif. Cette caractéristique est dite centrale, par opposition aux caractéristiques périphériques qui, comme « poli bourru », n'ont pas ce pouvoir organisateur.

Les premières informations guident l'interprétation des suivantes

Deux personnes fictives C et D sont décrites par deux portraits composés des mêmes caractéristiques. Cependant, alors que C est présenté comme un être « intelligent, travailleur, impulsif, critique, entêté, envieux », D est décrit dans l'ordre inverse (envieux, entêté, critique, impulsif, travailleur, intelligent). On constate que la personne C est jugée plus positivement que la personne D : les premières informations guident l'impression, en indiquant comment interpréter les suivantes.

Attribution de caractéristiques positives (en pourcentage)

	Portrait A « chaleureux »	Portrait B « froid »
1. généreux	91	8
2. sage	65	25
3. heureux	90	34
4. d'heureuse nature	94	17
5. doué d'humour	77	13
6. sociable	91	38
7. populaire	84	28
8. fiable	94	99
9. important	88	99
10. humain	86	31
11. séduisant	77	69
12. persistant	100	97
13. sérieux	100	99
14. mesuré	77	89
15. altruiste	69	18
16. imaginatif	51	19
17. fort	98	95
18. honnête	98	94
Moyenne	**85**	**54**

Attribution de caractéristiques positives (en pourcentage)

	Portrait C « intelligent »	Portrait D « envieux »
1. généreux	24	10
2. sage	18	17
3. heureux	32	5
4. d'heureuse nature	18	0
5. doué d'humour	52	21
6. sociable	56	27
7. populaire	35	14
8. fiable	84	91
9. important	85	90
10. humain	36	21
11. séduisant	74	35
12. persistant	82	87
13. sérieux	97	100
14. mesuré	64	9
15. altruiste	6	5
16. imaginatif	26	14
17. fort	94	73
18. honnête	80	79
Moyenne	**53,5**	**39**

J.P. Leyens et V. Yzerbyt, *Psychologie sociale* (1997), p. 45. © Pierre Mardaga Éditeur.

Expression et identification des émotions

Les émotions, dont certaines sont universelles, sont principalement identifiables à partir du visage. La sensibilité aux expressions émotionnelles se manifeste dès les premiers jours de la vie.

De l'universalité des émotions

☐ Le terme « émotion » désigne un état affectif intense et d'une durée brève, déclenché par un objet, une personne ou une idée. Les émotions sont accompagnées de signes expressifs (faciaux, vocaux et corporels) et de modifications physiologiques tels qu'une modification du rythme cardiaque ou de la pression sanguine. Elles possèdent un impact sur l'activité mentale et le comportement qui en résulte.

☐ Selon C. Darwin (1872), les expressions émotionnelles ont à l'origine une fonction adaptative : par exemple, l'expression du dégoût reproduit l'action de recracher une substance toxique ou d'éviter une odeur agressive. Transmises héréditairement, elles sont réutilisées comme moyen de communication et permettent de réguler les interactions sociales. D'après le modèle évolutionniste, certaines émotions dites de base sont universelles et existent chez tout homme. Ces émotions, parmi lesquelles on distingue le plus fréquemment la joie, la surprise, la tristesse, la colère, le dégoût et la peur, sont reconnues par des individus de différentes cultures. De plus, dès la naissance, le nouveau-né réagit par le dégoût à des odeurs désagréables et un bébé d'1 mois différencie un visage souriant d'un visage triste.

☐ Cependant, cette universalité n'exclut pas que l'expression des émotions varie d'une société à l'autre. Ainsi, même si le sens et le rôle de la tristesse sont universels, leurs règles d'expression sont régies par des normes culturellement marquées.

Les indices d'identification

☐ Les travaux sur l'identification des émotions, initialement menés pour tester l'hypothèse de l'universalité des émotions, ont été centrés sur le visage. Les indices les plus discriminants concernent le front, les yeux et le bas du visage. Leur efficacité est confirmée par l'analyse électromyographique de l'activité des muscles faciaux.

☐ Les indices vocaux, qui facilitent l'identification des émotions négatives comme la colère, impliquent principalement l'intensité, le tempo et la hauteur de la voix. Les indices corporels, tels que la posture ou la démarche, jouent également un rôle important mais sont plus ambigus.

Les émotions complexes

Aux émotions de base viennent s'ajouter des émotions complexes, telles que le désespoir, dont l'analyse relève de deux points de vue théoriques différents. Selon le premier, en accord avec le modèle évolutionniste, les émotions complexes ne sont que l'association d'émotions de base. Le second, développé plus récemment, propose une analyse cognitive des émotions. À chaque état émotionnel correspond un ensemble de représentations mentales liées à ses différentes composantes (circonstances, conséquences physiologiques, réactions comportementales, etc.) et organisées autour d'un schéma. L'activation d'une de ces représentations (par exemple, les conditions environnementales) suffit alors à déclencher l'émotion.

LES ÉMOTIONS DE BASE

ÉMOTIONS	INDICES FACIAUX		ÉMOTIONS

- Sourire
- Pli naso-labial creusé.
- Muscle orbiculaire de l'œil contracté.
- Coins de la bouche relevés.

Joie

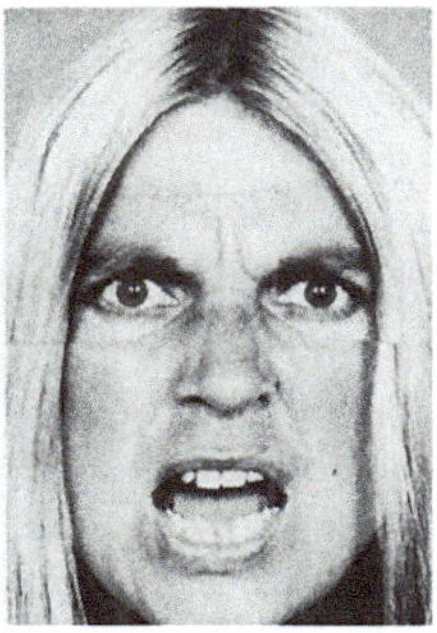

Colère

- Sourcils froncés.
- Paupières contractées.
- Lèvres serrées ou ouvertes.

- Sourcils relevés.
- Yeux grands ouverts.
- Bouche ouverte et relâchée.

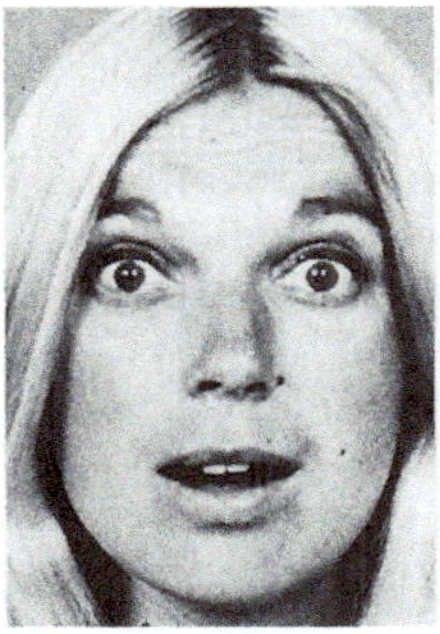

Surprise

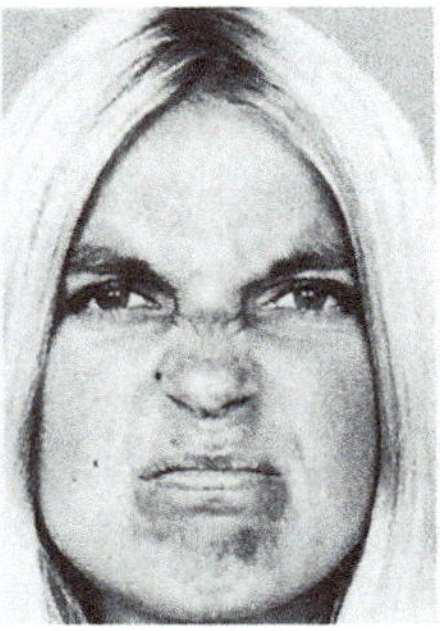

Dégoût

- Paupières inférieures remontées.
- Joues remontées.
- Nez pincé.

- Sourcils abaissés.
- Regard vers le bas.
- Muscles de la mâchoire relâchés.

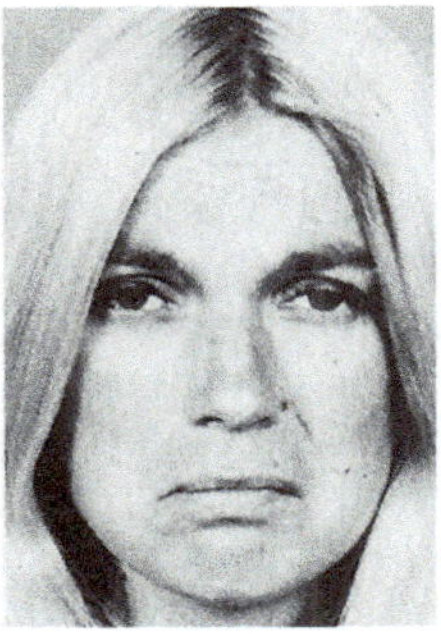

Tristesse

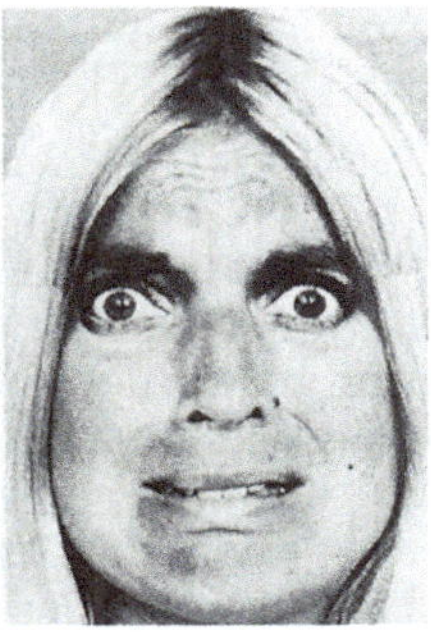

Peur

- Sourcils relevés.
- Yeux grands ouverts.
- Coins de la bouche tirés vers l'arrière.

D'après P. Ekman et W Friezen, *Unmasking the face: A guide to recognizing emotions from facial clues*, Englewood Cliffs, Prentice Hall, 1975.

L'identité sociale

L'individu est guidé par le besoin d'avoir une identité sociale positive, basée sur une valorisation du groupe d'appartenance. L'identité sociale contribue d'autant plus à la définition de soi que l'on appartient à un groupe minoritaire ou dominé.

La construction d'une différence

☐ La définition de soi est fondée sur la construction d'une différence tant sur le plan individuel (identité personnelle) que sur le plan collectif (identité sociale). L'identité personnelle conduit à se définir en termes de caractéristiques ou de compétences permettant de se différencier des autres individus considérés indépendamment de leur appartenance de groupe. L'identité sociale met en jeu une différenciation entre « nous », le groupe d'appartenance (« nous les femmes »), et « eux », les autres (« eux les hommes »).

☐ L'identité sociale d'un individu est positive ou négative selon qu'il valorise ou non son groupe d'appartenance. Cette évaluation résulte d'un processus de comparaison avec d'autres groupes sur des critères importants et socialement chargés de valeur. Les comparaisons aboutissant à une valorisation du groupe d'appartenance (« nous sommes mieux qu'eux ») permettent d'affirmer une supériorité de soi et favorisent la formation et/ou le maintien d'une identité sociale positive. Les comparaisons défavorables, l'appartenance à des groupes non appréciés contribuent à l'inverse à une identité sociale négative.

Le besoin d'avoir une identité sociale positive

☐ Chaque individu est guidé par le besoin d'avoir une identité, tant personnelle que sociale, positive. Avoir une identité sociale négative peut ainsi conduire à déprécier et dénigrer son groupe d'appartenance, ce qui provoque un sentiment de résignation et inhibe toute tentative de changement social.

☐ Un des moyens de maintenir ou d'accéder à une identité sociale positive consiste à adopter des comportements discriminatoires à l'égard de certains groupes. Cependant, d'autres stratégies peuvent être mises en œuvre pour rehausser une identité menacée.

Identité sociale et définition de soi

☐ L'identité sociale contribue d'autant plus à la définition de soi que l'on appartient à un groupe en situation minoritaire ou en position dominée. Ainsi, à la question « Qui suis-je ? » les femmes mentionnent plus souvent leur catégorie d'appartenance sexuelle que les hommes. De plus, les membres des groupes minoritaires et/ou dominés se définissent par des caractéristiques qui permettent d'accentuer l'unité de leur groupe et sa différence avec les autres groupes, et par là même d'affirmer la solidarité du groupe face à un sentiment de menace.

☐ À l'inverse, les membres de groupes à prestige élevé mettent plus l'accent sur l'identité personnelle, c'est-à-dire sur la différence entre soi et les autres individus appartenant au même groupe, en particulier quand les critères de comparaison sont socialement valorisés.

QUAND L'IDENTITÉ SOCIALE EST MENACÉE

Si son groupe d'appartenance n'est pas évalué positivement en comparaison aux autres, le sujet peut mettre en œuvre des stratégies individuelles (améliorer sa position personnelle) ou collectives (améliorer la position de son groupe).

Selon la théorie de l'identité sociale (H. Tajfel et J.C. Turner, 1986), le caractère individuel ou collectif de la stratégie adoptée dépend de deux critères : la perception des frontières (perméables ou non) et des rapports (modifiables ou non) entre les groupes.

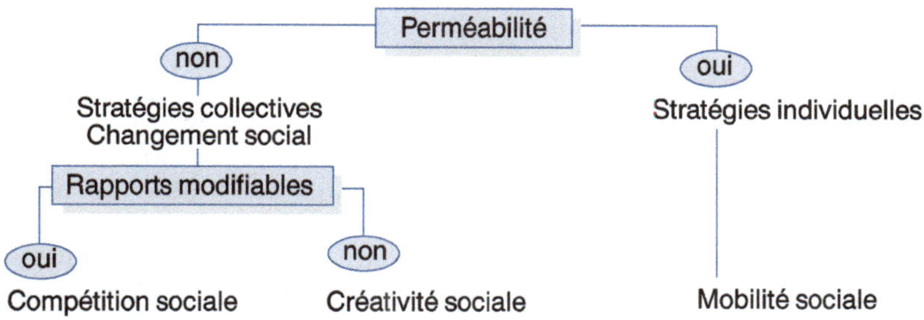

■ La mobilité sociale : une stratégie individuelle

Quand il est jugé possible d'accéder au groupe avantagé, l'individu peut, à défaut de pouvoir l'intégrer, en adopter les valeurs, les normes ou la culture.

■ Le changement social : des stratégies collectives

Si les rapports entre groupes sont perçus comme modifiables, l'individu peut mettre en œuvre des stratégies de compétition passant par une confrontation directe avec le groupe dominant, comme dans le cas d'une grève. Le danger est alors d'engendrer des conflits sociaux ou d'en accentuer l'escalade.

Si aucune alternative n'est perçue, les membres du groupe menacé peuvent faire preuve de créativité sociale.

Ils peuvent, par exemple :

- réinterpréter positivement les caractéristiques typiques du groupe. Ce fut le cas des Noirs américains (*Black is beautiful*) ou des Italiens du sud qui, dans les années 1970, firent de leur caractère passionnel, jusqu'alors dévalorisé, un trait idéal ;
- proposer de nouvelles dimensions de comparaison plus favorables ;
- changer de groupe de comparaison.

Identité sociale et acculturation

Le sentiment de menace sociale peut également concerner l'identité culturelle. Dans un contexte d'immigration, les changements culturels qui résultent du contact entre les minorités ethniques et la société d'accueil (acculturation) peuvent aller de l'assimilation (le « *melting pot* » américain) ou de l'intégration multiculturelle (le modèle canadien) à la séparation ou à la marginalisation des immigrés. Cependant, les politiques adoptées par les dirigeants d'un pays ou les modes d'acculturation souhaités par la majorité de ses habitants ne correspondent pas toujours à ce que préféreraient les minorités.
De telles discordances alimentent les conflits intergroupes.

Les stéréotypes

Les stéréotypes, résultant de facteurs multiples, traduisent la tendance à accentuer les ressemblances perçues entre individus appartenant au même groupe. Leur usage risque de conduire à la discrimination et à leur autoconfirmation.

Stéréotype et catégorisation

☐ Les stéréotypes résultent d'une activité cognitive de catégorisation. Au lieu de percevoir une multitude de personnes dans leur individualité, on définit des catégories (ou groupes) de personnes en fonction de leur similitude sur un certain nombre de caractéristiques importantes. Cette activité de catégorisation s'accompagne d'une tendance à accentuer les ressemblances perçues au sein d'un même groupe (« ils sont tous pareils ») et les différences entre les groupes.
☐ Ainsi, les stéréotypes sont des attentes concernant les caractéristiques personnelles partagées par un groupe d'individus (groupe professionnel, ethnique, national ou autre) et le différenciant des autres. Par exemple, dire que le trait « autoritaire » fait partie du stéréotype des hommes suppose de penser que les hommes partagent ce trait et qu'il les différencie des femmes. Les stéréotypes sont principalement, mais pas exclusivement, négatifs et traduisent un biais de favoritisme à l'égard du groupe d'appartenance. C'est aux stéréotypes négatifs que se sont majoritairement intéressés les chercheurs.

Pourquoi avons-nous des stéréotypes à l'égard d'autrui ?

☐ Les premiers travaux, développés à la suite de la Première Guerre mondiale, reposaient sur l'idée que les stéréotypes sont les symptômes de conflits psychiques internes à l'individu. Ainsi, selon la théorie de la personnalité autoritaire (T. Adorno *et al.*, 1950), les personnes ayant reçu dans leur enfance une éducation stricte et sévère projettent l'hostilité qu'ils ressentent à l'égard de leurs parents sur des groupes jugés indésirables qui jouent alors le rôle de boucs émissaires.
☐ Par la suite, les chercheurs mirent l'accent sur les relations entre groupes, faisant l'hypothèse que les stéréotypes résultent de conflits d'intérêts et de la compétition qui en découle (M. Sherif, 1966). Cependant, à partir des années 1970, les travaux menés sous l'influence de H. Tajfel montrent que le simple sentiment d'appartenir à une catégorie suffit à créer une différenciation en faveur du groupe d'appartenance.

Les conséquences de l'usage des stéréotypes

☐ L'accentuation des ressemblances perçues permet, sachant seulement d'une personne qu'elle appartient à un groupe, de faire sans trop d'efforts cognitifs de nombreuses hypothèses à son sujet.
☐ En revanche, s'appuyer sur une image généralisée du groupe et négliger l'individualité de la personne peut conduire à des conduites discriminatoires et provoquer des distorsions dans le traitement de l'information, renforçant ainsi le stéréotype.
☐ Enfin, lorsque l'on interagit avec une personne à l'égard de laquelle on a des attentes stéréotypées, on peut être amené à susciter chez elle un comportement conforme à ces attentes, produisant un phénomène d'autoconfirmation.

L'AUTOCONFIRMATION DES STÉRÉOTYPES

Les stéréotypes créent leur propre réalité

M. Snyder (1984) a mené plusieurs expériences montrant que, en situation d'interaction, nous pouvons conduire autrui à adopter un comportement conforme aux attentes que nous avons à son égard : c'est ainsi que nous obtenons d'autrui ce que nous en attendons et qu'un stéréotype initialement erroné peut devenir « vrai ».

L'exemple du stéréotype de la beauté physique

On demande à des étudiants de sexe masculin de communiquer par téléphone avec une étudiante. Ils ont sur elle un certain nombre d'informations fictives, dont une photographie. Cette photo, dont l'étudiante ignore l'existence et l'image, montre soit une personne séduisante, soit une personne antipathique. Ainsi les étudiants s'attendent-ils à interagir avec une personne présentée à son insu comme physiquement attirante ou pas.
Les conversations, d'une durée de dix minutes, sont enregistrées.
À la fin de la conversation, les étudiants jugent leur interlocutrice plus intelligente, plus sociable, plus sympathique et plus enthousiaste lorsqu'elle est séduisante. Ils confirment ainsi le stéréotype selon lequel la beauté physique va de pair avec d'autres traits positifs (« ce qui est beau est bon »). Cette évaluation plus favorable des femmes « séduisantes » se confirme lorsque l'on demande à d'autres personnes, extérieures à la recherche, de les évaluer sur la seule base de l'écoute des enregistrements et sans rien connaître de la photo.
Enfin, l'analyse des conversations montre que les femmes présentées, sans qu'elles le sachent, comme séduisantes ont parlé de façon plus chaleureuse et plus agréable que les autres. Les partenaires féminines ont donc bien confirmé les attentes (fausses) des étudiants masculins à leur égard.

Les dangers de l'autoconfirmation

Toute situation d'interaction sociale peut conduire à un phénomène d'autoconfirmation. Il en est ainsi des situations d'embauche où interviennent des stéréotypes relatifs à l'adéquation d'une personne à un emploi.
On a également montré que les attentes des enseignants peuvent influencer les performances de leurs élèves, de sorte que présenter un élève comme « prometteur » augmente ses chances d'avoir de bons résultats. Cet effet s'explique à la fois par la différence de comportement non verbal (plus ou moins de sourires et de signes approbateurs) et par les attitudes pédagogiques (permettre de répondre plus ou moins souvent et longtemps). Cependant, il arrive que, à l'inverse, ce soient les performances qui influencent les attentes.

La discrimination entre groupes

La discrimination traduit la présence de préjugés et de stéréotypes négatifs. Les moyens de lutter contre la discrimination fait encore aujourd'hui l'objet de nombreux travaux.

Préjugé, stéréotype et discrimination

☐ Un préjugé désigne une attitude négative à l'égard d'un groupe auquel nous n'appartenons pas. Un préjugé comporte une composante cognitive (un stéréotype attribuant des caractéristiques négatives aux membres du groupe), une composante affective (des sentiments défavorables) et une composante comportementale (des comportements discriminatoires).

☐ Il y a discrimination lorsqu'un comportement négatif à l'égard d'une personne est uniquement basé sur son appartenance de groupe, alors que cette appartenance est sans rapport avec les capacités, mérites ou conduites de la personne. La discrimination, parfois institutionnalisée (comme dans le cas de l'Apartheid), peut se manifester dans des sphères diverses (domaine scolaire, monde du travail, etc.) et reposer sur des indices subtils, tels que l'accent.

☐ Si la manifestation d'un comportement discriminatoire traduit le plus souvent la présence de préjugés et les renforce, une absence de discrimination n'équivaut pas nécessairement à une absence de préjugés. En effet, les comportements ne sont pas entièrement déterminés par les attitudes, mais dépendent également de normes, ici celle selon laquelle « il n'est pas bien » de manifester son hostilité en public.

Lutter contre la discrimination : le contact ne suffit pas

☐ En 1954, la Cour suprême des États-Unis déclare que la ségrégation raciale dans les écoles viole la Constitution. La même année, le psychologue G. Allport propose des recommandations pour éliminer les préjugés et réduire les tensions, en les regroupant sous le terme « hypothèse du contact ». Cette hypothèse repose sur le postulat que les stéréotypes découlent d'une méconnaissance d'autrui, de sorte que créer des situations de contact devrait permettre de « corriger » ces erreurs.

☐ Les premières expériences de déségrégation ne furent pas toutes positives. En effet, pour que le contact entre groupes ait quelque chance de réduire la discrimination, celui-ci doit répondre à plusieurs conditions. Ainsi, il doit offrir des opportunités de rencontres nombreuses, entre personnes de statut et de pouvoir égaux. Il doit comporter une activité de coopération couronnée de succès. Il doit enfin être soutenu officiellement par les autorités, par exemple par l'intermédiaire d'une politique d'intégration.

☐ Cependant, même s'il remplit ces conditions optimales, le contact risque d'avoir des effets limités aux individus rencontrés. Pour augmenter les chances de généralisation, ces individus doivent être perçus comme des représentants typiques du groupe, sinon, ils risquent d'être considérés comme des exceptions à la règle sans que la représentation globale du groupe s'en trouve modifiée.

LES FEMMES : DES STÉRÉOTYPES À LA DISCRIMINATION PROFESSIONNELLE

La réputation des femmes

Les femmes sont réputées être moins autonomes et moins compétitives que les hommes, mais plus intuitives et plus sensibles qu'eux. Elles seraient plus réactives aux événements négatifs et ressentiraient plus souvent que les hommes les émotions de tristesse et de peur.

On leur attribue moins de capacités en mathématiques. L'activation de cette mauvaise réputation peut créer une pression évaluative suffisante pour faire baisser la performance des femmes en mathématiques. Cette « menace du stéréotype » (Steele, 1997) aurait pour conséquence de confirmer les stéréotypes et participerait au maintien des différences de réussite et de motivation entre les femmes et les hommes dans les disciplines scientifiques.

Des stéréotypes ancrés socialement

Dès la période de socialisation précoce (de 0 à 6 ans), l'enfant observe une division des rôles parentaux, confortée par les jeux et la littérature enfantine. Il est souvent encouragé dans les comportements correspondant à ces rôles aussi bien par ses parents que par tous ceux qui interviennent auprès de lui. Malgré la mixité scolaire, l'école conforte les différences entre les filles et les garçons, par les pratiques et outils d'enseignement, et par l'orientation scolaire (Dafflon-Novelle, 2006). Observer les femmes dans des rôles spécifiques amènerait à penser que les traits et aptitudes requis pour assumer ces rôles (par exemple, la chaleur et la tendresse à l'égard des enfants) sont caractéristiques des femmes et non des rôles que la société leur attribue. Ce mécanisme contribuerait à donner à certains stéréotypes un noyau de vérité (Eagly, 1987).

Un sexisme ambivalent, à la fois hostile et bienveillant[1]

Le sexisme ne se limite pas à une attitude explicitement négative à l'égard des femmes prônant la supériorité des hommes. À ce sexisme « hostile » peut se rajouter une forme subtile de sexisme « bienveillant », partagé par certaines femmes et les décrivant comme des personnes fragiles ayant besoin de la protection des hommes et contribuant à les maintenir dans un statut inférieur à celui des hommes.

Une discrimination professionnelle persistante[2]

La situation familiale des femmes sert souvent de frein à l'embauche. Si les femmes représentent désormais une personne active sur deux (48 %), leurs salaires restent en moyenne inférieurs de 25 % à ceux des hommes. Elles ne comptent que pour 20 % des cadres dirigeants et sont alors payées 32 % de moins que les hommes.

Les droits des femmes en France : quelques repères historiques

1907 Possibilité pour les femmes mariées, ou pour les jeunes filles mineures, de disposer librement de leur salaire.

1938 Possibilité de s'inscrire à l'université sans l'autorisation du mari, ou du père en cas de minorité.

1944 Droit de vote et d'éligibilité.

1946 Suppression de la notion de « salaire féminin ».

1965 Droit des femmes de gérer leurs biens propres et d'ouvrir un compte bancaire.

1965 Possibilité d'exercer une profession sans l'autorisation du mari, ou du père en cas de minorité.

[1] Glick & Fiske, 1996 ; Dardenne, 2006.
[2] Commissariat Général à la Stratégie et à la Prospective, Janvier 2014.

Les rumeurs

Parfois qualifiées de « plus vieux média du monde », les rumeurs transmettent des informations non vérifiables directement et progressivement déformées. Elles traduisent et répondent à un climat de peur individuelle ou sociale.

Le plus souvent, une rumeur est négative et orale

□ Une information est qualifiée de rumeur quand elle est présentée comme vraie sans qu'il y ait de données concrètes permettant d'en vérifier l'exactitude.

□ Le contenu d'une rumeur est généralement négatif. La cible peut en être personnelle, et concerner un individu (en 1986, Isabelle Adjani prétendument atteinte d'une grave maladie) ou un groupe (en 1969, des commerçants juifs d'Orléans accusés de traite des Blanches). Elle peut aussi concerner des objets, comme ce fut le cas de rumeurs concernant la vente de timbres-tatouages soi-disant imprégnés de LSD (1988) ou la présence d'additifs alimentaires supposés cancérigènes (1976).

□ Le plus souvent, une rumeur se transmet oralement, de bouche à oreille. Néanmoins, elle peut également se transmettre par voie écrite, par exemple sous forme de tract, et semble être alors plus persuasive. Ce pouvoir persuasif des supports écrits s'étend également à la presse, donnant aux médias une responsabilité importante quand il s'agit d'informer de l'existence d'une rumeur ou de la démentir.

La propagation d'une rumeur s'accompagne de distorsions

Les transformations subies par une rumeur sont de trois types :

– *réduction* : le nombre d'éléments d'information composant la rumeur se réduit jusqu'à atteindre un palier. Cette réduction résulte des capacités limitées de la mémoire humaine mais aussi du degré d'implication de ceux qui transmettent la rumeur. En effet, la déperdition ne se fait pas au hasard ; les faits les plus importants sont maintenus et accentués ;

– *accentuation* : les éléments maintenus sont mis en exergue jusqu'à devenir des éléments centraux. L'accentuation peut prendre plusieurs formes : le nombre de certains détails est multiplié, des événements passés sont déplacés dans le présent ;

– *assimilation* : les éléments retenus et accentués vont dans le sens de l'idéologie, des valeurs, des habitudes et des intérêts de ceux qui les propagent. La rumeur devient cohérente et vraisemblable ; elle est alors difficile à démentir.

Une rumeur remplit des fonctions psychologiques et sociales

□ Le ressort principal de la rumeur est la peur : par exemple, peur de la drogue ou de la maladie, traumatismes créés par des événements politiques (rumeurs survenues aux États-Unis à la suite de la défaite de Pearl Harbor en 1942) ou des catastrophes naturelles comme la sécheresse (rumeur d'un avion chasseur de nuages). La rumeur permet de comprendre et de justifier un aspect de la réalité redouté ou mal contrôlé, et, par là même, de soulager les tensions émotionnelles résultant de ce climat de peur.

□ Une rumeur se propage généralement entre gens qui se ressemblent et qui se sentent concernés par le message. Elle permet de maintenir la cohésion sociale, de renforcer la communauté d'intérêts ou de destin de ceux qui la transmettent, et d'accentuer les différenciations entre groupes.

RUMEUR ET DÉMENTI

L'échec d'un démenti : la rumeur des timbres-tatouages

En avril 1988, apparut dans la région de Nice un tract mettant en garde contre l'existence de timbres-tatouages pour enfants imprégnés de LSD. Le tract, au départ anonyme, porta ensuite des signatures, tampons et cachets attestant la crédibilité de son contenu. Plusieurs démentis, émanant entre autres du ministère de l'Éducation nationale et du ministère de la Santé, furent alors publiés et diffusés par la presse. Néanmoins, le tract continua à circuler.

Les démentis ne suffisent pas toujours à convaincre

L'efficacité des démentis est plutôt faible :
- ils ne sont en général publiés qu'une seule fois, alors que la rumeur, elle, continue à se propager. Or, pour être persuasif, un message se doit d'être répété ;
- au lieu de contre-argumenter chacune des informations ils se limitent souvent à certaines d'entre elles ;
- dans son ouvrage *Rumeurs. Le plus vieux media du monde*, J.N. Kapferer (1990) note que les démentis se limitent le plus souvent au contenu de la rumeur, sans rien ajouter sur l'identité supposée et les motivations de ceux qui en seraient à l'origine. Analysant les réactions suite au démenti qu'Isabelle Adjani fit concernant les rumeurs sur son état de santé, il suggère qu'un démenti enrichi d'insinuations gagne en efficacité.

Les démentis peuvent avoir l'effet inverse de celui escompté

Le plus souvent, les démentis commencent par informer en rappelant le contenu de la rumeur. Or il arrive, pour l'une ou l'autre des raisons évoquées ci-dessus, que le rappel du contenu de la rumeur ait plus de poids que son démenti, entraînant la « conversion » de ceux qui ne croyaient pas à la rumeur. Ainsi, une étude menée auprès de lycéens de Pierrelate à l'occasion de la diffusion de la rumeur des timbres-tatouages montra que 21 % de ceux qui ne croyaient pas à la rumeur avant lecture du démenti de l'Éducation nationale y croyaient après. Un pourcentage similaire fut observé dans le cas de la rumeur Adjani.

BO n° 40, 24 novembre 1988

Un tract anonyme circule en France depuis de nombreuses semaines mettant en garde parents, enseignants ou médecins sur la présence en France de timbres-tatouages au LSD à l'effigie de Mickey, de Superman ou encore en forme d'étoile.
Les responsables de l'Office central pour la répression du trafic illicite des stupéfiants précisent, après enquêtes, qu'il s'agit d'une rumeur ne reposant sur aucun fondement sérieux, aucun fait de cette nature n'ayant été recensé par les services de police qui demeurent toutefois très vigilants.
La Brigade des stupéfiants et du proxénétisme a également démenti formellement cette information par un communiqué à l'Agence France Presse le 10 juin dernier. Le ministère de l'Éducation nationale, de la Jeunesse et des Sports a, pour sa part, dénoncé l'irréalité de ce tract à travers le réseau Édutel au mois de juillet.
Cette rumeur semble être partie en France de la région niçoise mais plusieurs éléments laissent à penser qu'elle a ses sources au Canada où elle circule depuis vingt ans.
Il appartient aux recteurs et aux inspecteurs d'académie et chefs d'établissement de prendre toutes dispositions utiles pour que l'ensemble des personnels placés sous leur autorité sachent que ces rumeurs ne sont pas fondées et soient à même de répercuter cette information auprès des parents qui les interrogeraient. Il importe également que les représentants des associations de parents d'élèves soient pleinement informés. (CNDP, 1988)

Le conflit social

Un conflit porte sur des buts, des intérêts ou des valeurs. Après un processus d'escalade, il se résout le plus souvent par une négociation au cours de laquelle chacun peut user de stratégies variées.

L'objet d'un conflit

□ Un conflit oppose au moins deux parties (individus, groupes d'individus, organisations ou nations) qui visent des buts antagonistes ou un même but. Il peut s'agir d'un simple conflit d'intérêts ou d'un conflit ouvert, impliquant des actions plus ou moins agressives.
□ L'antagonisme peut concerner des buts (quand, par exemple, les salariés d'une entreprise exigent une augmentation de salaire que la direction ne veut pas accorder), des intérêts (par exemple, entre vendeur et acheteur) ou des valeurs (par exemple, en matière politique).
□ Quand les parties s'opposent sur un même but recherché par les deux parties mais ne pouvant être atteint par l'une d'elles (par exemple, s'emparer d'un territoire), elles se trouvent placées en situation de compétition. La compétition devient conflit, le plus souvent conflit ouvert, quand elle s'accompagne d'une motivation à contrôler les attitudes, les sentiments et les comportements de l'autre.

L'escalade d'un conflit

□ Un conflit passe le plus souvent par les étapes suivantes :
– les protagonistes ont recours à des actions de plus en plus coercitives ;
– le nombre d'individus prenant part au conflit augmente ;
– de nouveaux buts à atteindre apparaissent chez les protagonistes.
□ Plusieurs modèles décrivent ce processus d'escalade. Selon le modèle « agresseur-défendant », les actions coercitives d'un groupe A provoquent de la part des membres de l'autre groupe B des comportements de défense. Ce mécanisme peut se manifester en retour de la part du groupe B, conduisant à un phénomène de spirale. Enfin, certains modèles tiennent compte des changements produits dans chacun des groupes par les actions coercitives de l'autre : ces changements concernent à la fois la structure du groupe (radicalisation des positions, augmentation de la cohésion, etc.) et ses membres considérés isolément (modification des attitudes, changements dans la perception d'autrui, perception sélective, etc.).

Vers une résolution du conflit

□ Un conflit se résout le plus souvent par une négociation entre les deux parties ou par l'intervention d'une tierce personne dont le rôle est de faciliter la recherche d'une solution (médiation) ou d'imposer une décision (arbitrage).
□ Le processus de négociation implique une discussion dont l'objectif est d'aboutir à un accord acceptable par les parties concernées. Les négociations formelles, dans lesquelles les personnes impliquées sont des représentants officiels mandatés par leur organisation, s'accompagnent parfois de négociations internes à chaque camp destinées à baisser le niveau d'exigence afin de permettre un accord.

LES NÉGOCIATIONS FORMELLES

■ Une série de phases

Les négociations formelles suivent généralement les étapes suivantes :
- les parties impliquées préparent un plan de négociation, soit par des contacts préliminaires, soit par l'étude unilatérale de la situation ;
- chacune des parties expose alors ses positions et fait l'inventaire des points de litige. Cette phase s'accompagne d'une attitude de rigidité, voire d'agressivité ;
- vient ensuite une phase de plus grande flexibilité, où l'on admet l'existence de possibilités d'accord ;
- le dénouement, plus court que les phases précédentes, se traduit par la victoire d'une des parties, l'échec des deux ou un accord. Cet accord se fait soit sur un compromis situé entre les exigences des parties, soit sur une solution telle que les parties obtiennent l'essentiel de ce qu'elles veulent.

■ De la pression à la concession

□ *Les tactiques de pression* peuvent prendre différentes formes :
- menacer dans le but de contraindre l'adversaire à faire des concessions, en prenant le risque d'entraîner une escalade du conflit. Il s'agit le plus souvent de menacer de rompre la négociation ou, de la part des syndicats, de faire grève ou d'occuper des locaux. Cependant, pour être efficaces, les menaces doivent être crédibles ;
- dissimuler une information capitale, par exemple cacher sa stratégie ou ses points de résistance, ce qui confère un pouvoir sur l'autre et conduit à ne pouvoir s'informer que progressivement ;
- argumenter dans le but de convaincre et de montrer sa détermination.

□ *Les tactiques d'accommodation,* plus efficaces pour conduire à un accord, consistent à faire des concessions, à remettre à plus tard des questions épineuses ou à faire preuve d'innovation. La question reste de savoir si, partant d'exigences élevées, il est plus efficace d'adopter une stratégie dure avec peu de concessions ou une stratégie douce avec des concessions fréquentes mais faibles.

L'importance du plan de table

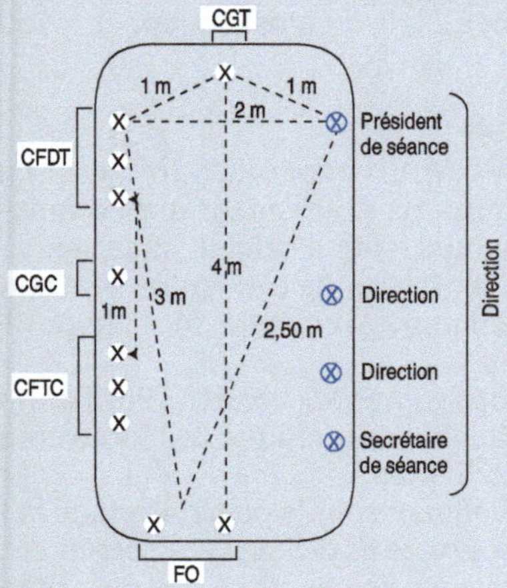

Une négociation salariale au sein d'une grande entreprise (1990) oppose la direction et des représentants d'organisations syndicales patronales (CFTC et CFE-CGC) et salariales (CFDT, CGT et FO).

Le plan de table, décidé par la direction, illustre l'importance attribuée aux possibilités de communication entre l'ensemble des personnes impliquées dans la négociation.

D'après Hubert Touzard.

Histoire de la maladie mentale en Occident

Jusqu'au XIXe siècle, la maladie mentale est indissociée de la magie et de la religion. Le XXe siècle est marqué par la psychanalyse, la pharmacologie et l'antipsychiatrie.

L'Antiquité : du sacré aux humeurs

☐ Dans la mythologie, mise en scène dans la tragédie grecque, la folie est infligée aux humains par les dieux. Les premiers textes médicaux la décrivent comme une maladie somatique résultant du pouvoir que des éléments concrets (telle une plante vénéneuse) ou des êtres immatériels ont de pénétrer l'homme.

☐ Les premiers philosophes (Ve et IVe siècle av. J.-C.) se détachent de toute référence magique ou religieuse et conçoivent la maladie comme résultant d'un déséquilibre des qualités. À la suite d'Hippocrate, les médecins évoquent un déséquilibre des humeurs constitutives du corps, considérant par exemple la mélancolie comme étant due à un excès de bile noire.

Du Moyen Âge au classicisme : du pouvoir des démons à l'aliénisme

☐ Malgré l'influence de la médecine arabe, marquée par la philosophie grecque et la médecine hippocratique, le monde médiéval chrétien retient certains éléments des premiers textes antiques, en faisant notamment appel à la possession démoniaque ou au pouvoir des loups. La fin du Moyen Âge et la Renaissance s'attaquent à ces malades possédés et l'Inquisition à la chasse aux sorcières.

☐ La fin du siècle des Lumières est marquée par un retour à une conception physiologique des origines de la maladie mentale et par l'introduction d'une prise en charge thérapeutique des malades. P. Pinel (1745-1828) introduit le « traitement moral » de la folie et la psychiatrie est reconnue comme spécialité médicale. Louis-Philippe promulgue une loi (30 juillet 1838) sur la prise en charge des aliénés qui marquera l'histoire de la psychiatrie. Les médecins s'attachent à rechercher des causes organiques de la maladie (lésion, dégénérescence), faisant ainsi échapper le fou au châtiment suprême (article 64 du Code pénal).

Le XXe siècle : l'ère des bouleversements

☐ S. Freud (1856-1939), à la suite des travaux de J.M. Charcot (1825-1893) sur l'hystérie et l'hypnose, fait l'hypothèse que certains troubles mentaux comme les névroses expriment des conflits psychiques inconscients d'origine infantile.

☐ Le succès des thérapeutiques biologiques, avec la grande révolution que constitue la découverte des neuroleptiques en 1952, encourage ceux qui font l'hypothèse d'une origine biologique des maladies mentales.

☐ En opposition à ces deux courants, se développe dans les années 1960 l'antipsychiatrie : la maladie mentale ne serait que le reflet intrapsychique des mouvements sociaux et de la répression s'exerçant sur les individus.

☐ De nos jours, la psychanalyse continue d'être influente sur le plan théorique et thérapeutique. L'approche organiciste s'appuie sur les progrès de l'imagerie cérébrale, de la pharmacologie et de la génétique. Enfin, la psychiatrie constitue des descriptions fines des pathologies à partir de symptômes élémentaires et de leur coexistence.

LA FOLIE D'HERCULE

Hercule dans la tragédie grecque

Hercule (*Héraclès* en grec) naît de Zeus, qui s'était présenté à sa mère sous la forme du mari absent. Cette naissance suscite la jalousie de la déesse Héra, épouse de Zeus, qui frappe alors Hercule de folie.
Sa folie ne le quitte que lorsque la déesse Athéna lui lance une pierre sur la poitrine pour éloigner sa violence.
Au sortir de sa folie meurtrière, la honte le conduit au bord du suicide. Il en est dissuadé par son ami Thésée et, en expiation du meurtre, est envoyé par un oracle au service du roi de Mycènes qui lui fait exécuter les fameux douze travaux.

Une « relecture » contemporaine

Hercule, comme de nombreux héros antiques, excita la plume de nombreux psychiatres et psychanalystes contemporains. Ainsi, certains interprétèrent la folie d'Hercule comme un cas de psychose.

La mère d'Hercule fut rapidement convaincue que son fils était l'enfant de son propre père à elle. Dans son enfance, Hercule présente des terreurs nocturnes répétées dans lesquelles il fait preuve de courage en tuant des bêtes monstrueuses, confirmant le fantasme de sa mère sur ses origines incestueuses. Adulte, Hercule fait preuve d'accès « peut-être mélancoliques », tuant ainsi ses enfants et tentant de se tuer lui-même. Il est alors décrit « tantôt comme impulsif et tantôt repentant ; humble mais grandiose ; boulimique, alcoolique et modeste ; et – suprême contradiction – se prenant pour un Superman, tout en menant une existence de valet soumis à des maîtres fort peu recommandables. Comme on le sait, cet amalgame de grandeur et de servilité n'est pas rare chez les psychotiques. » Au cours de son existence, Hercule « aura porté jusqu'aux nues du délire la charge d'un destin lié à ses origines, dans l'incestueux fantasme-non-fantasme de sa mère. »

P.-C. Raçamier, *L'Inceste et l'incestuel*, 1995, Éditions du collège, Paris-D.R.

Hercule ne reconnaît plus les siens et s'en prend à ses enfants, les jetant dans le feu ou les tuant par des flèches.

Musée National d'archéologie de Madrid

Classifications des psychopathologies

Les anciennes classifications psychiatriques ont évolué et il existe actuellement des approches très différentes selon les conceptions de l'origine des troubles et de l'organisation du psychisme.

Classifications des psychopathologies

☐ On ne décrit plus comme auparavant des « maladies mentales » bien délimitées, séparant nettement les « fous » des autres.
☐ La classification psychiatrique traditionnelle distingue :
– les névroses, caractérisées par une souffrance psychique témoignant de conflits internes et par des symptômes invalidants, sans rupture avec la réalité ;
– les psychoses, dans lesquelles on relève des troubles majeurs de l'identité et une altération du contact avec la réalité ;
– les états limites, qui se caractérisent par des troubles du comportement tels qu'addictions, passages à l'acte violents, réactions antisociales ou perversions.
☐ La théorie psychanalytique décrit : l'organisation névrotique, centrée sur une organisation autour du conflit œdipien, des mécanismes de défense de type refoulement et un respect de la réalité ; l'organisation psychotique, caractérisée par une organisation plus archaïque et des aménagements de la réalité.
Chaque individu s'organise selon l'une ou l'autre, sans être malade pour autant. S'il l'est, sa pathologie suivra les lignes correspondant à son mode d'organisation.

Il coexiste actuellement des approches très différentes

☐ On a pu recenser jusqu'à quatorze approches de la psychopathologie (Ionescu, 1994). Les étiologies (l'origine des troubles) – et donc leurs traitements – y sont très différentes. On peut citer, outre l'approche psychanalytique, les approches organicistes qui invoquent des dysfonctionnements génétiques, neurologiques ou hormonaux, les approches groupales, qui mettent en cause le groupe d'appartenance de l'individu qui n'en est qu'un élément, ou les approches cognitivistes, qui conçoivent les troubles comme le résultat d'erreurs dans le traitement de l'information.
☐ Actuellement domine une représentation symptomatologique des troubles qui permet une description précise de chaque pathologie sans préjuger de son étiologie. Elle vise à donner un outil favorisant la communication entre cliniciens de tendances différentes. Le *Diagnostical and Statistical Manual of Mental Disorders (DSM)* et la classification internationale des maladies (CIM) sont des ouvrages de référence, constamment remis à jour (en 2016 : DSM5 et CIM10).

Les psychopathologies et les sociétés

☐ Les psychopathologies elles-mêmes évoluent parallèlement aux modifications sociales, culturelles et éducatives. Par exemple, la très classique hystérie de conversion, si fréquente en Europe à la fin du XIXe siècle, devient de plus en plus rare avec la libéralisation des conduites sexuelles dans notre société.
☐ Des psychopathologies spécifiques de certaines cultures témoignent de l'interaction existant entre les aspects individuels et sociaux. L'effet des uns sur les autres est très probablement réciproque, ce qui empêche de mettre en évidence une causalité simple.

LE *DSM** : DIAGNOSTICAL AND STATISTICAL MANUAL OF MENTAL DISORDERS

■ Le *DSM* permet de décrire des critères diagnostiques

Le DSM est un manuel devenu un outil mondialement utilisé en psychiatrie et en psychopathologie. Il a été élaboré à partir des années 1950 aux États-Unis (le *DSM I* date de 1952) et se veut a-théorique. Il recense, classifie et regroupe tous les symptômes donne des critères précis permettant aux soignants de codifier les pathologies et de communiquer entre eux. Son but est « d'aider les cliniciens expérimentés à poser les diagnostics de troubles mentaux dont souffrent leurs patients, en tant que formulation de cas clinique qui permet de déterminer de manière parfaitement informée le traitement pour chaque individu » (DSMV).

■ Le DSM fait évoluer la nosographie psychiatrique

La psychiatrie traditionnelle repérait des maladies, constituées d'entités bien délimitées, telles que les névroses, les psychoses. Le DSM fonctionne différemment, en se centrant sur les symptômes et constellations de symptômes, et en s'articulant autour de la notion de troubles (troubles anxieux, troubles dépressifs...).
Le DSMV introduit la notion de diagnostic principal et d'autres diagnostics supplémentaires (ex. : troubles schizophréniques et troubles de l'usage de l'alcool).
Le DSMV (2016) présente les descriptions de nombreux types de troubles dont les troubles neurodéveloppementaux, psychotiques, bipolaires, anxieux, obsessionnels compulsifs, alimentaires ou sphinctériens, etc.
Chaque critère diagnostique est représenté par un code numérique.

■ Exemple de critères diagnostiques du DSMV

A. Survenue récurrente d'accès hyperphagiques (crises de gloutonnerie). Un accès hyperphagique répond aux deux caractéristiques suivantes :
1. Absorption, en une période de temps limité (par exemple moins de deux heures), d'une quantité de nourriture largement supérieure à ce que la plupart des gens absorberaient en une période de temps similaire et dans les mêmes circonstances.
2. Sentiment d'une perte de contrôle sur le comportement alimentaire pendant la crise.
B. Comportements compensatoires inappropriés et récurrents visant à prévenir la prise de poids.
C. Les accès hyperphagiques et les comportements compensatoires inappropriés surviennent tous les deux, en moyenne au moins une fois par semaine pendant trois mois.
D. L'estime de soi est influencée de manière excessive par le poids et la forme corporelle.
E. Le trouble ne survient pas exclusivement pendant des épisodes d'anorexie mentale (*anorexia nevrosa*).

(*) American Psychiatric Association

La Cim 10 : Classification Internationale des Maladies (1992)

La CIM est une classification internationale des maladies publiée par l'Organisation mondiale de la santé (OMS), utilisée pour l'information sanitaire, l'évaluation et la surveillance de la mortalité, de la morbidité et des autres paramètres de santé.
Préférentiellement utilisée en milieu hospitalier, elle permet de ne pas isoler les troubles mentaux et du comportement des autres formes de trouble et de leur associer des facteurs de comorbidité. La CIM 10 est en cours de révision. Y participent des représentants des états membres et des professionnels, mais aussi des usagers et des aidants.

Les troubles anxieux

L'angoisse est une sensation déplaisante mais normale, que chacun ressent parfois. Elle est considérée comme un signal d'alarme, une protection vis-à-vis de dangers externes ou internes. Cependant, des angoisses trop fréquentes ou envahissantes peuvent être pathologiques.

L'angoisse : normal ou pathologique ?

□ L'angoisse est une sensation douloureuse de peur diffuse, sans objet précis. Des manifestations passagères d'angoisse sont le lot de tout un chacun, et correspondent à des réactions plus ou moins adéquates aux difficultés de la vie.
□ L'angoisse s'accompagne fréquemment de manifestations somatiques telles que palpitations, gêne respiratoire, boule dans la gorge, creux à l'estomac et parfois même de sueurs, tremblements, troubles urinaires ou digestifs.
□ Une angoisse est considérée comme pathologique lorsqu'elle conduit à des restrictions trop importantes dans la vie de tous les jours (aspect quantitatif), lorsque le vécu douloureux devient insupportable, ou lorsque l'état d'angoisse se chronicise. La subjectivité de la frontière entre normal et pathologique rend l'appréciation difficile, du fait d'une tolérance à son égard très variable d'un individu à l'autre.

L'angoisse est un symptôme

□ L'angoisse est un signal d'alarme témoignant d'un conflit interne ou avec le monde extérieur, une réponse à une situation vécue comme dangereuse.
□ La théorie psychanalytique fait de l'angoisse un « dispositif mis en action par le moi, devant une situation de danger, de façon à éviter d'être débordé par l'afflux des excitations » (Laplanche et Pontalis, 1967). L'angoisse résulte d'une protection nécessaire, même si dans les cas pathologiques elle devient symptôme.
□ Des manifestations d'angoisse sont présentes dans toutes les pathologies mentales, à des degrés divers. On décrit des angoisses névrotiques (angoisses organisées et associées à des symptômes structurés autour d'un fonctionnement névrotique) et des angoisses psychotiques (angoisses déstructurées, envahissantes, instables et débordant complètement le sujet).
□ Plus spectaculaires sont les attaques de panique (grandes crises d'angoisse), périodes limitées dans lesquelles le sujet ressent un malaise intense et une brutale aggravation des manifestations psychiques et somatiques d'angoisse. Dans d'autres cas, l'angoisse peut aussi se déplacer sur des objets précis, comme dans les phobies (peurs irraisonnées d'objets ou de situations ne justifiant pas une telle réaction).

Les médicaments de l'angoisse

□ Les anxiolytiques peuvent aider à atténuer les effets de l'angoisse, sans traiter la cause psychique déclenchante. Une dépendance à ces médicaments, c'est-à-dire une difficulté à s'en passer et une progressive augmentation des doses nécessaires, en est l'inconvénient majeur.
□ Différents types de psychothérapies appropriées peuvent permettre de traiter l'angoisse plus à fond, soit en remontant aux racines inconscientes,soit en permettant de contrôler les manifestations les plus douloureuses.

LES PHOBIES

La phobie : qu'est-ce que c'est ?

Les phobies sont des peurs irraisonnées et incontrôlables qui surviennent en présence d'un ou plusieurs objets ou situations spécifiques qui n'ont objectivement pas un tel caractère de dangerosité. Le sujet reconnaît tout à fait le caractère excessif de sa peur.

Les phobies sont fréquentes chez l'enfant (peur des animaux, des éléments naturels, du noir, etc.) : normales à un certain moment du développement quand elles sont limitées en durée et en intensité, elles peuvent demander une intervention psychothérapeutique quand elles débordent ce cadre ou que les conséquences deviennent graves (phobie de l'école).

Chez l'adulte, les symptômes phobiques peuvent se rencontrer dans toutes les pathologies mentales, névrotiques ou psychotiques.

Une maladie spécifique structurée, la névrose phobique, a été par ailleurs décrite dans la nosographie psychiatrique classique.

Approche psychanalytique : le petit Hans

En 1909, S. Freud décrit « l'analyse d'une phobie chez un petit garçon de cinq ans ». Le petit Hans a développé depuis peu une phobie des chevaux, qui handicape terriblement sa vie quotidienne en ce début de XXe siècle. C'est par l'intermédiaire des récits que fait le père de l'enfant que Freud va remonter aux origines de cette terreur.

Dans le contexte du conflit œdipien en cours d'élaboration, l'enfant va déplacer sur les chevaux la peur d'une castration que son père lui infligerait pour le punir de ses désirs incestueux envers sa mère. Il y a refoulement de ces représentations, et déplacement sur un objet substitutif (ici les chevaux), sur lequel se porte l'angoisse.

Approche cognitivo-comportementale

Selon l'approche cognitivo-comportementale, une phobie simple telle que la peur irraisonnée des piqûres, par exemple, correspond à une relation conditionnée entre cette action, peu douloureuse en elle-même, et une peur autre qui s'y est malencontreusement associée. Il y aurait à la base constitution de mauvaises catégories : le système de représentation et de regroupement des situations et des personnes fonctionne mal, et il convient alors de reconstruire positivement ces catégories, par un travail de visualisation et d'anticipation de la situation angoissante.

Petit lexique de la phobie

- **La claustrophobie :** peur de se retrouver dans un espace confiné.
- **L'agoraphobie :** peur de se retrouver seul hors de son domicile, en particulier peur d'être dans une foule ou parmi des inconnus.
- **Les phobies d'animaux :** les plus fréquentes chez l'adulte sont les phobies d'insectes, d'araignées ou de rongeurs. Elles peuvent se limiter à une espèce ou être plus générales.
- **Les phobies d'objets :** elles s'appliquent souvent à des objets pouvant présenter quelque dangerosité (couteaux, ciseaux, etc.).
- **La phobie du sang,** des injections, etc.
- **La nosophobie :** peur des maladies.
- **L'éreutophobie :** peur de rougir.
- **Les phobies sociales :** peur d'une situation relationnelle donnée (parler en public).

Les troubles de l'humeur

Les troubles de l'humeur se manifestent soit sur un versant dépressif, soit sur un versant maniaque. Ils peuvent être consécutifs à des événements traumatiques réels ou s'intégrer dans une pathologie névrotique ou psychotique.

Les troubles de l'humeur regroupent différents symptômes

☐ Les troubles de l'humeur correspondent à une altération pathologique de l'affect, sur un versant dépressif, maniaque ou bipolaire (correspondant à des alternances d'épisodes dépressifs et maniaques qui se succèdent à des périodicités variables).
☐ Ils sont actuellement catégorisés soit par le type et le nombre d'épisodes dépressifs et/ou maniaques, soit par le type de fonctionnement psychique, décrit selon une grille de lecture qui peut être psychiatrique (névrotique, psychotique, etc.) ou psychanalytique (modalité de la relation d'objet, mécanismes de défense, etc.).
☐ L'importance d'une dépression doit toujours être estimée avec soin : le risque suicidaire doit être évalué dans l'entretien ou au moyen de tests adéquats. Il peut s'agir d'un mouvement impulsif destiné à faire cesser la souffrance (raptus), d'un appel au secours qui peut mal tourner (suicide d'appel) ou d'un suicide mûrement réfléchi.

Les états dépressifs

☐ On parle d'états dépressifs lorsque l'on observe un ou plusieurs des symptômes suivants : une humeur dépressive, caractérisée par une tonalité affective négative et pessimiste ; une perte de l'élan vital, marquée par un désintérêt progressif ; une baisse des capacités intellectuelles, de l'attention et de la mémoire ; des sentiments de culpabilité, des idées de mort ou de suicide ; des troubles du sommeil (insomnies ou hypersomnies) et des troubles du comportement alimentaire (anorexie ou boulimie).
☐ Ces symptômes peuvent être présents dans beaucoup de pathologies mentales, avec des retentissements variables : les névroses peuvent contenir des éléments dépressifs, parfois au premier plan, avec le sentiment de n'être pas à la hauteur, de ne pas se sentir digne d'être aimé, une autodépréciation. Les psychoses peuvent également contenir des éléments dépressifs. Un facteur réel, parfois important, parfois anodin, peut aussi déclencher un mouvement régressif de repli complet sur soi. Des thèmes délirants d'autoaccusation, de honte peuvent apparaître.
☐ On rencontre également des états dépressifs réactionnels, à la suite d'un traumatisme réel (deuil, accident, etc.). Ils sont caractérisés par leur aspect transitoire (même s'ils peuvent parfois durer plusieurs mois). Ce moment est nécessaire pour élaborer la perte ou le choc, et correspond à une période de reconstruction.

Les états maniaques

À l'autre extrémité, on parle d'« états maniaques » quand on peut relever une exaltation de l'humeur, une excitation psychique et motrice ; une hyperactivité débordante, incessante et décousue, une multiplication de passages à l'acte (achats inconsidérés, agitation, projets insensés, etc.) ; une fuite des idées, une logorrhée (discours fleuve), des coq-à-l'âne, une distractibilité ; une augmentation de l'estime de soi et des idées de grandeur ; une diminution du besoin de dormir, voire des insomnies totales pendant plusieurs jours sans impression de fatigue.

LES MALADIES DÉPRESSIVES

À la différence de la plupart des états dépressifs qui sont intégrés dans des pathologies plus vastes, et qui n'en représentent qu'un des aspects, il existe des maladies pour lesquelles les troubles de l'humeur constituent les signes majeurs et dominent l'ensemble du tableau clinique : c'est le cas de la mélancolie et des troubles bipolaires, qui sont des maladies graves et parfois évolutives.

La mélancolie

Il s'agit d'une grave dépression chronique évoluant parfois par poussées. Le DSM 5 utilise le vocable de « Trouble dépressif persistant », dans lequel l'épisode dépressif majeur y est considéré comme sa forme la plus grave. Les altérations du rapport avec la réalité peuvent en faire un trouble psychotique. Le risque suicidaire est important, et un suivi psychiatrique est indispensable.

Les troubles bipolaires

Ils sont caractérisés par des alternances d'épisodes dépressifs et maniaques plus ou moins sévères, séparés par des intervalles de vie souvent parfaitement normale de durée variable. Les épisodes pathologiques, parfois spectaculaires, peuvent nécessiter une hospitalisation. Il existe des traitements préventifs des récidives permettant d'en limiter le nombre et la durée. Ces troubles très fréquents (1 à 2,5 % de la population) ont une place à part dans la classification psychiatrique du fait de l'état quasi normal entre les épisodes pathologiques et la mise en évidence d'un terrain héréditaire prédisposant.

Les dépressions du sujet âgé

Les dépressions du sujet âgé peuvent aussi bien être une poursuite de maladies dépressives antérieures que l'apparition d'une dépression caractéristique, anciennement appelée dépression d'involution. Les liens entre cette dépression et l'apparition d'une démence (Alzeimer, démence vasculaire) rendent aussi bien le diagnostic que la thérapeutique difficile. En outre, les sujets âgés ne répondent pas de la même façon aux antidépresseurs que les sujets plus jeunes.

« *Sorrow* », Vincent Van Gogh, avril 1882 ; crayon lavé ; 45,5 × 29,5 cm – Collection privée, La Haye.

Les troubles psychotiques

Les troubles psychotiques correspondent à des désordres importants de la relation à la réalité et du sentiment d'identité. Le terme « psychotique » est utilisé soit pour décrire des symptômes caractéristiques (délires, hallucinations), soit pour définir un mode d'organisation caractérisé par des fixations infantiles très précoces.

Petite histoire de la psychose

□ Le terme « psychose » a commencé à être employé par les psychiatres allemands du XIXe siècle pour définir les pathologies graves qui provoquent des aliénations mentales, par opposition aux maladies des nerfs (les névroses).
□ Les psychanalystes ont repris le terme pour caractériser des organisations particulières en les opposant à celles qui définissent les névroses et les perversions.
□ La psychiatrie du XXe siècle a classifié différents types de psychoses en fonction des symptômes et du type d'altération de la relation à la réalité. Schizophrénie, paranoïa et psychose maniaco-dépressive sont les formes les plus connues.

De la psychose aux troubles psychotiques

□ Les classifications ont perdu de leur netteté, et l'on parle actuellement moins de psychoses (maladie bien repérable) que de troubles psychotiques, ensemble de symptômes particuliers pouvant survenir chez différents types de sujets.
□ On utilise le qualificatif de « psychotique » en cas d'existence d'idées délirantes ou d'hallucinations (qui peuvent être visuelles, auditives, somesthésiques), de discours ou de comportement désorganisés. Dans tous les cas, il s'agit d'« une perte des limites du moi et d'une altération marquée de l'appréhension de la réalité » (*DSM IV*). Ces deux aspects rendent compte d'une perturbation importante de la personnalité tant dans la perception de l'identité que dans le rapport à l'environnement externe.
□ Ces troubles peuvent être aigus (bouffée délirante, par exemple) et céder spontanément ou sous traitement par neuroleptique. Ils peuvent être chroniques et donner lieu à une pathologie au long cours (comme une schizophrénie, par exemple), pouvant aussi évoluer par poussées comprenant des épisodes aigus.

Les différentes théories invoquent des causes différentes

□ Certains recherchent des causes organiques : génétiques ou infectieuses.
□ On a également invoqué l'origine sociale de telles pathologies (sociogenèse), qui seraient une réponse à des pressions intolérables de l'environnement social, et en particulier à des altérations primaires de la communication.
□ Pour les psychanalystes, les fonctionnements psychotiques sont caractérisés par une perturbation primaire de la relation à la réalité. Au cours du développement de l'enfant, la phase lors de laquelle autrui est reconnu comme existant indépendamment du sujet s'est mal déroulée. Les investissements des objets sont caractérisés par une fusion (mauvaise différenciation moi/autrui) ou par des clivages (séparation en secteurs étanches, permettant la coexistence de contradictions fondamentales). Les symptômes (les délires) sont des tentatives de reconstruire un lien avec la réalité, lien pathologique mais indispensable. Certains sujets peuvent parvenir à un équilibre relatif, aidés par un entourage adéquat.

LES DÉLIRES

Les différents types de délires

Selon les cas, les délires peuvent être cohérents, systématisés, crédibles, ou bien à l'inverse incohérents, à thèmes flous et changeants. C'est ainsi que l'on distingue :

- les délires hallucinatoires (accompagnés de beaucoup d'hallucinations) ;
- les délires interprétatifs : classiquement, un raisonnement faux ayant pour point de départ une sensation vraie, un fait exact, qui prennent à la suite de déductions erronées une signification personnelle pour le malade. Tout élément de la réalité sera repris et interprété au travers d'une grille de lecture déformante ;
- les délires intuitifs : le sujet a le sentiment brutalement d'avoir « tout compris », révélation qui s'accompagne d'une conviction absolue ;
- les délires imaginatifs : délires très riches, souvent proches de rêves, avec des histoires invraisemblables reprenant souvent des contes ou des romans.

Les thèmes

De la même façon, les thèmes autour desquels les délires prennent la forme sont différents. On distingue :

- des thèmes de persécution (on m'en veut, on me poursuit) ;
- des thèmes de toute-puissance (Je suis Dieu, ou Napoléon) ;
- des thèmes oniriques (comme dans un rêve) ;
- des thèmes d'amour (érotomanie : je sais que vous m'aimez) ou de haine (je sais que vous me détestez).

Edvard Munch.
***Le Cri*, (1893),**
91,4 x 73,7 cm.
Nasjonalgalleriet, Oslo.

La psychopathologie de l'enfant

Les troubles des conduites de l'enfant et de l'adolescent concernent les fonctions biologiques, le fonctionnement mental et les modes de communication.

Les troubles des fonctions biologiques

Les grandes fonctions biologiques sont facilement altérées et l'on peut observer, dès le plus jeune âge, des troubles de l'alimentation (anorexie du nourrisson, anorexie ou boulimie de l'adolescent(e)), du sommeil (difficultés d'endormissement, cauchemars, terreurs nocturnes, insomnies), des émonctoires (énurésie et encropésie), de la psychomotricité avec hyperactivité et troubles de l'attention.

Les troubles liés à l'angoisse

☐ Les manifestations d'angoisse fréquentes et variées utilisent le langage du corps d'autant plus que l'enfant est jeune. Les conduites d'apparence névrotrique ne sont qu'un moyen pour composer avec l'angoisse.

☐ Les phobies se caractérisent par la crainte d'objets, d'êtres ou de situations qui ne sont pas dangereux en eux-mêmes : phobies de l'obscurité, des animaux, phobie scolaire, etc.

☐ Chez le petit enfant, on peut observer des rites (rites du coucher, rangements, collections) qui disparaîtront le plus souvent avec l'âge. Les obsessions de l'adolescent ressemblent à celles de l'adulte : obsessions relatives à des problèmes moraux ou religieux, peur de commettre une action absurde, etc.

☐ Les manifestations hystériques sont rares chez l'enfant et plus fréquentes chez l'adolescent, avec en particulier des conversions (paralysie, douleurs, troubles sensoriels, etc.) qui ne sont que la traduction d'un conflit psychique et n'ont pas de cause somatique.

Les troubles de la communication

☐ Ils sont divers : retard simple de langage pour un enfant qui ne parle pas à l'âge habituel mais dont le développement est par ailleurs normal ; mutisme, le plus souvent sélectif, en rapport avec un trouble affectif ; troubles du langage écrit : dyslexie et dysorthographie, etc.

☐ Pour la CIM 10, les troubles envahissants du développement (TED) sont définis par un ensemble d'« altérations qualitatives des interactions sociales réciproques et des modalités de communication, ainsi que par un répertoire d'intérêts et d'activités restreint, stéréotypé et répétitif ».

Normal et pathologique

Les troubles observés pendant l'enfance et l'adolescence ne sont pas obligatoirement prédicteurs d'une pathologie adulte et peuvent être expliqués de façon très différente. Il peut s'agir d'un symptôme isolé, manifesté en réaction à une situation désagréable pour l'enfant. Le trouble peut correspondre à un remaniement dû à la maturation en particulier à l'adolescence. Le trouble peut s'inscrire dans une organisation psychopathologique en train de se structurer.

L'AUTISME INFANTILE

■ Les troubles du spectre autistique

Les troubles envahissants du développement (TED) sont maintenant appelés troubles du spectre autistique (TSA) dans le DSM-V. Ils apparaissent dans la petite enfance et se caractérisent par des altérations de certaines fonctions cognitives qui affectent les capacités de communication et la socialisation de l'individu.
L'autisme infantile est une pathologie précoce dont les premiers signes évocateurs apparaissent le plus souvent entre 18 et 36 mois. La relation au monde est affectée tant au niveau cognitif qu'émotionnel. On estime qu'environ 100 000 jeunes de moins de 20 ans sont atteints d'un TED en France. L'autisme infantile concernerait environ 30 000 d'entre eux.

■ Critères diagnostiques

□ **Troubles intellectuels**
Si 80 % des autistes présentent des retards importants dans les acquisitions et ont un QI estimé comme inférieur à 80, d'autres présentent en revanche des compétences intellectuelles élevées, voire hors du commun pour certaines aptitudes (syndrome d'Asperger).
□ **Troubles des interactions sociales**
On note en particulier un isolement, un manque de réactivité ; la rareté des recherches ou offres de réconfort ; des déficits dans l'imitation et le jeu social.
□ **Perturbations des communications verbales et non verbales**
Il y a toujours un retard dans l'acquisition du langage. La communication non verbale est affectée : difficultés à communiquer par le regard, les gestes, les mimiques.
□ **Résistance aux changements et répertoire restreint d'activités**
On constate une détresse face à des changements mineurs de l'environnement, des rituels, des stéréotypies (répétition immuable et sans utilité particulière d'un même geste, mot ou comportement), des préoccupations ou attachements inhabituels et persistants pour des objets, des perceptions sensorielles ; les jeux et l'imaginaire sont pauvres.

■ Hétérogénéité des troubles

Les troubles ne sont pas les mêmes selon les individus et n'ont pas la même intensité, et la préservation de certains îlots de compétences spécifiques varie d'un individu à l'autre.
Pour un individu donné, la configuration des troubles peut évoluer avec l'âge. Cependant les troubles de la communication et de la compréhension des codes sociaux semblent perdurer toute la vie.

■ Une origine multifactorielle

L'autisme est considéré comme une maladie dont l'origine est multifactorielle, avec l'implication de nombreux gènes participant au fonctionnement du système nerveux et à la synthèse de substances nécessaires à son bon fonctionnement. Certains chercheurs mettent en avant des caractéristiques neurophysiologiques. La théorie selon laquelle un dysfonctionnement relationnel entre la mère et l'enfant serait la cause directe du syndrome autistique de l'enfant n'est plus admise comme suffisante à elle seule. Cependant les particularités relationnelles qui se mettent en place entre un enfant autiste et son environnement sont à prendre en compte.
Il n'existe pas de traitement de l'autisme, mais une prise en charge précoce et pluridisciplinaire peut lui permettre d'améliorer ses capacités à interagir avec les autres, à s'adapter à son environnement et à gérer ses émotions. Cette prise en charge individualisée associe rééducations et/ou apprentissages et/ou psychothérapies individuelles ou familiales.

Les théories psychanalytiques

À la suite de S. Freud, la psychanalyse s'est développée dans le monde entier. Elle constitue aujourd'hui à la fois un modèle théorique et un procédé thérapeutique.

Sigmund Freud, le père de la psychanalyse

Pour la définir, S. Freud écrit en 1922 : « La psychanalyse est le nom : **1°** d'un procédé pour l'investigation de processus mentaux à peu près inaccessibles autrement ; **2°** d'une méthode fondée sur cette investigation pour le traitement de désordres névrotiques ; **3°** d'une série de conceptions psychologiques acquises par ce moyen et qui s'accroissent ensemble pour former une nouvelle discipline scientifique. »

Premières scissions

☐ C. G. Jung (1875-1961), d'abord fils spirituel de Freud, développe à partir de 1914 une psychologie analytique, désavouée par Freud. Il postule l'existence d'un inconscient collectif, à la base de l'inconscient individuel, partagé par toute l'humanité et constitué d'archétypes, formes immuables donnant naissance à des représentations inconscientes qui s'actualisent différemment pour chacun.
☐ A. Adler (1870-1937), conçoit une psychologie individuelle basant les névroses sur une lutte entre infériorité (liée aux aspects féminins) et supériorité (liée aux aspects masculins) provenant d'un principe de protestation virile.

Le développement de la psychanalyse d'enfants

☐ Très rapidement, partant du postulat de l'origine des troubles de l'adulte dans l'enfance, certains psychanalystes ont commencé à étudier le développement du psychisme chez l'enfant.
☐ Anna Freud (1895-1982), la fille de Freud, développe une approche centrée sur l'adaptation du moi à la réalité et développe une prévention des troubles par des techniques adaptées aux enfants.
☐ M. Klein (1882-1960) décrit les relations du bébé avec le monde extérieur. Ce modèle présente les psychoses comme des défauts d'organisation psychique des premières années du fait de carence des relations mère-enfant.

Jacques Lacan (1901-1981)

☐ Dans le courant de la psychanalyse freudienne, J. Lacan reprend et développe certains aspects théoriques en forgeant des outils conceptuels nouveaux (« Nom-du-Père », « Objet a »). Sa pensée originale et une pratique particulière (durée arbitraire des séances, par exemple) ont provoqué des ruptures avec la communauté psychanalytique internationale, et donnent à ce courant une place à part.
☐ Les références à la linguistique (signifiant et signifié), au structuralisme (« l'inconscient est structuré comme un langage ») ou à l'algèbre en font un système philosophique complexe dont l'accès est difficile aux non-initiés.
☐ Lacan a rencontré un vif succès en France, ce dont témoigne par exemple le nombre important de psychanalystes français se situant dans cette perspective.

SIGMUND FREUD (FREIBERG, 1856 - LONDRES, 1939)

Sigmund Freud est né en Autriche en 1856. Il est issu du troisième mariage d'un commerçant en tissus deux fois veuf, avec une jeune femme de 21 ans dont il fut le premier-né. Il avait deux demi-frères nés du premier mariage de son père et qui avaient le même âge que sa propre mère. Il eut ensuite un frère, qui mourut en bas âge, puis cinq sœurs et un frère. La structure familiale complexe ainsi que ses origines juives ont été importantes dans le développement de sa pensée.

Médecin en 1881, il commence une carrière scientifique dans la recherche sur le système nerveux des animaux inférieurs, et exerce la neurologie. Il vient à Paris rencontrer le grand Charcot et suit les essais de traitement de l'hystérie sous hypnose. En 1895, il publie avec J. Breuer *Les Études sur l'hystérie*, dans lesquels les prémices de sa théorie commencent à se faire jour. À partir de ce moment il ne cessera plus d'y travailler, par de continuels allers-retours entre théorie et pratique clinique. Les évolutions et les élargissements successifs, pendant plus de quarante ans, rendent unique sa pensée. La révolution provoquée par sa représentation du fonctionnement psychique dépassera largement le cadre de la psychiatrie pour modifier en profondeur les idées du XXe siècle.

Pendant des années, il travaille dans un très grand isolement. Peu à peu se joindront à lui ses amis et disciples : Fliess, Adler, puis Jung, Abraham, Ferenczi, Jones, etc. En 1908 a lieu le premier Congrès international de psychanalyse. Les théories de Freud déclenchent de violentes controverses. Puis vient le temps des crises, des ruptures successives avec ses premiers disciples, Adler et Jung, qui développent des théories différentes. D'autres disciples prennent la relève. La psychanalyse se développe et s'internationalise.

En 1938, après s'y être longtemps refusé, Freud émigre à Londres, avec sa femme et sa dernière fille, Anna. Il meurt en 1939 d'un cancer du larynx. Il a publié de très nombreux travaux : on peut citer, entre autres, *L'Interprétation des rêves* (1900), *Cinq Psychanalyses* (1909-1914), *Totem et Tabou* (1913), *Métapsychologie* (1915), *Nouvelles Conférences d'introduction à la psychanalyse* (1933), *L'homme Moïse et la religion monothéiste* (1939).

Le « comité », Berlin, 1922. De gauche à droite, *debout :* Rank, Abraham, Eitingon, Jones, *assis :* Freud, Ferenczi, Sachs.

La métapsychologie freudienne

La métapsychologie désigne le cadre théorique que Freud a développé tout au long de sa vie. Elle intègre les points de vue topique, dynamique et économique.

La métapsychologie

Freud a successivement élaboré différents modèles théoriques du fonctionnement psychique dont l'ensemble constitue la métapsychologie, qui intègre, selon l'angle considéré, les points de vue topique, dynamique et économique.

Point de vue topique

☐ Le mot « topique » renvoie à une description de type géographique (de *topos*, « lieu », en grec) de l'appareil psychique. Cette représentation spatiale permet de différencier des systèmes ayant des fonctions propres et des positions particulières les unes par rapport aux autres.

☐ Freud a successivement élaboré deux topiques, la première (1900) supposant trois systèmes psychiques (inconscient, préconscient et conscient), et la deuxième (1920) postulant trois instances (ça, moi et surmoi). Ces deux modèles ne s'excluent pas mais se complètent mutuellement : en effet, la référence à l'inconscient a toujours été centrale chez Freud, même après l'élaboration de la deuxième topique.

Point de vue dynamique

☐ L'appareil psychique est composé de forces, les pulsions, qui entrent en conflit les unes avec les autres. Des représentations inconscientes vont lutter contre le refoulement, et arriveront donc à la conscience sous une forme modifiée, acceptable par la censure et correspondant à des compromis. C'est ce qui se produit dans les rêves, dont on peut traduire le contenu en remontant aux sources des modifications (démarche régrédiente).

☐ Les pulsions ont été considérées dans une perspective dualiste par Freud, qui a d'abord opposé pulsion sexuelle et pulsion d'autoconservation, puis pulsion de vie et pulsion de mort. Les pulsions ont leur source dans le corps et exercent une poussée pour atteindre leur but par l'intermédiaire d'un objet sur lequel elles se fixent. Cet objet peut être une personne ou un objet partiel, réel ou fantasmatique.

Point de vue économique

☐ Pour Freud, le fonctionnement psychique utilise de l'énergie, dont il a étudié l'aspect quantitatif. Cette énergie est normalement mobile et peut se déplacer au gré des investissements. Elle peut au contraire être immobilisée, par exemple, par un mécanisme de défense trop rigide ou inadapté. La source de l'énergie est interne (pulsions) ou externe (provenant d'excitations du monde extérieur).

☐ L'énergie peut être directement évacuée vers l'extérieur, par une activité de décharge comme un comportement impulsif par exemple (processus primaires).

☐ Lorsqu'il y a une médiatisation par des représentations, dans le cas d'activité de pensée, par exemple, l'énergie est liée à ces représentations (processus secondaires).

PREMIÈRE ET DEUXIÈME TOPIQUES

■ La première topique

Élaborée autour de 1900, elle suppose trois systèmes psychiques séparés les uns des autres par des frontières contrôlées par des censures qui peuvent soit laisser passer les contenus représentatifs appartenant à l'un des systèmes vers un autre (éventuellement en les déformant), soit en empêcher le passage.
L'inconscient (Ics) contient les représentants des pulsions. Il est assimilé au refoulé, qui soit n'est jamais arrivé à la conscience (refoulement primaire), soit en a été chassé par l'action de la censure existant entre l'Ics et le préconscient (refoulement secondaire).
Le préconscient (Pcs) contient les représentations de mots. Il correspond à une sorte de sas, séparé de l'Ics par une censure sévère. Seul parvient de l'Ics ce qui est lié à des représentations verbales dont le contenu est accepté par la censure. Une seconde barrière plus souple sépare le Pcs de la conscience, permettant à une partie de son contenu de parvenir à la conscience (par exemple, des souvenirs qui peuvent être réactivés et remémorés).
Le système Perception-Conscience (Pc-Cs) est situé au plus près du monde extérieur, recevant les informations externes d'un côté et les sensations provenant du Pcs de l'autre. Il contient ce qui est accessible à l'individu, ce que l'attention va investir à un moment donné.

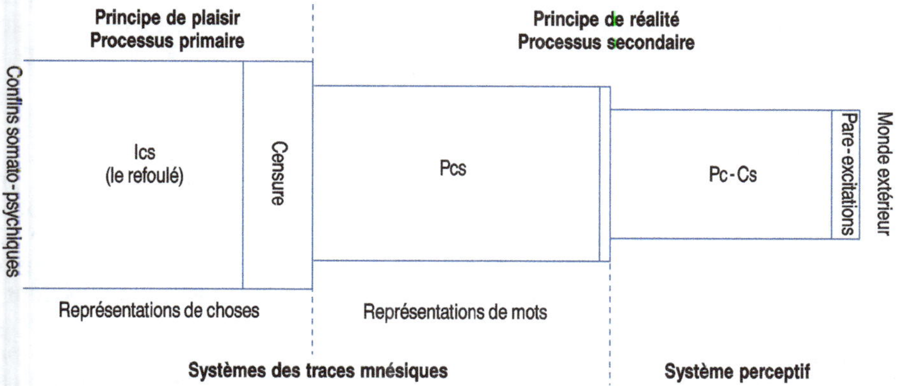

Schéma de l'appareil psychique selon la première topique
J. Bergeret, *Psychologie pathologique : Théorie et Clinique*, © Éditions Masson, 1993 (5e éd.).

■ La deuxième topique

Élaboré à partir de 1920, ce modèle postule l'existence de trois instances : le ça est le réservoir des pulsions, instance inconsciente très archaïque, présente dès le départ et de laquelle tout le reste adviendra ; le moi est le représentant de la personne, englobant la conscience mais aussi une partie de l'inconscient. Il se constitue progressivement et se situe au confluent des exigences des pulsions, de la réalité extérieure et du surmoi ; le surmoi se constitue par intériorisation des règles et lois parentales et sociales au décours du complexe d'Œdipe, et exerce par la suite un rôle de censeur et de conscience morale.

L'inconscient

L'existence d'éléments échappant à la conscience est connue depuis longtemps, et a été plus particulièrement étudiée par les philosophes et les psychiatres du XIXe siècle. Mais c'est Freud qui a le premier décrit un inconscient actif et dynamique, dans une représentation globale de l'appareil psychique.

L'inconscient : une notion ancienne

☐ L'existence d'éléments inaccessibles à la conscience à un moment donné est discutée depuis l'Antiquité (Platon).

☐ Entre le XVIIe et le XIXe siècle, de Descartes à Nietzsche, de nombreux philosophes s'attachant à comprendre l'âme et la pensée humaines ont reconnu la présence de forces cachées, inaccessibles à l'observation directe, et le plus souvent associées au « côté obscur » de la folie ou de l'animalité.

☐ Des psychiatres du XIXe siècle ont observé que des pensées, souvenirs, etc. ne sont pas toujours disponibles à la conscience. Janet, Mesmer, Charcot, développeront des théories de l'inconscient, ou du subconscient. Ils mettront au point des pratiques particulières (le « baquet de Mesmer », l'hypnose utilisée par Charcot pour le traitement des hystériques) qui permettront de montrer que des événements oubliés peuvent réapparaître et que cette remémoration peut avoir des effets thérapeutiques. Mais dans ces conceptions, l'inconscient se révèle le plus souvent statique et passif, en continuité avec les aspects conscients.

L'inconscient de la psychanalyse

☐ L'inconscient est la notion centrale et fondatrice de la psychanalyse. Freud a proposé un concept d'inconscient dynamique et actif qui, par des refoulements, attire ou maintient des représentations qui ne doivent pas accéder à la conscience. Cet inconscient est constitué des représentants de la pulsion, qui exercent une poussée vers la conscience, mais sont maintenus par la censure située entre inconscient et préconscient.

☐ Le préconscient est lui aussi inconscient au sens strict du terme, mais les représentations qu'il contient peuvent aisément parvenir à la conscience, si l'attention s'y porte. On peut accéder indirectement aux représentations inconscientes par l'intermédiaire des actes manqués, lapsus, associations incongrues, ou par les rêves.

☐ Lorsque, plus tard, Freud élabore la deuxième topique l'inconscient reste néanmoins central, puisque tout le ça et une grande partie du moi et du surmoi sont inconscients.

☐ Le développement chez l'enfant de la différenciation des instances psychiques, à partir d'un inconscient originaire, a été l'objet de débats importants. On s'est interrogé sur les rapports entre inconscient et langage, Lacan affirmant que « l'inconscient est structuré comme un langage », alors que Laplanche considérait que « l'inconscient est la condition du langage ».

☐ L'existence de contenus inconscients phylogénétiquement déterminés, transmis directement au fœtus a été postulée par Freud lui-même. Jung, après sa rupture avec Freud, a centré sa théorie sur le concept d'inconscient collectif commun à toute une civilisation, distinct de l'inconscient personnel propre à chacun.

L'INCONSCIENT COLLECTIF

S. Freud et C. G. Jung se sont opposés sur de nombreux points, mais en particulier sur l'importance à accorder aux sources collectives de l'inconscient. Alors que Jung en faisait l'un de ses thèmes centraux, au détriment du primat de la sexualité, Freud considérait que le concept d'inconscient collectif n'ajoutait rien à son modèle, même s'il existait selon lui des origines collectives à certaines représentations inconscientes.

Freud

« Il ne nous est pas facile de transposer les concepts de la psychologie de l'individu à la psychologie des masses, et je ne crois pas que nous arrivions à un résultat en introduisant le concept d'un inconscient "collectif". Le contenu de l'inconscient est en effet collectif dans tous les cas, propriété générale des êtres humains. Nous recourons donc provisoirement à l'usage d'analogies. Les processus que nous étudions ici dans la vie des peuples sont très semblables à ceux qui nous sont connus par la psychopathologie, mais ne sont cependant pas tout à fait les mêmes. Nous nous décidons en fin de compte à faire l'hypothèse que les précipités psychiques de ces temps primitifs étaient devenus un patrimoine héréditaire, quelque chose qui, à chaque nouvelle génération, eut seulement à être éveillé, non pas acquis. Nous pensons ici à l'exemple de la symbolique – qui est certainement "innée" –, qui provient du temps du développement de la langue, qui est familière à tous les enfants sans qu'ils aient eu à en être instruits, et qui est la même chez tous les peuples, en dépit de la variété des langues. Ce qui nous manque peut-être encore en certitude, nous l'obtenons par d'autres résultats de l'investigation psychanalytique. Nous constatons que, dans nombre de relations importantes, nos enfants ne réagissent pas d'une manière correspondant à leur propre vécu, mais instinctivement, à la manière des animaux, ce qui ne s'explique que par une acquisition phylogénétique. »

S. Freud, *L'Homme Moïse et la religion monothéiste* (1939), traduction de Cornélius Heim (1986), p. 237-238, © Éditions Gallimard.

Jung

L'extrait suivant est précédé de l'histoire d'une patiente souffrant d'« une névrose hystérique de gravité moyenne », ayant développé un transfert massif sur son médecin en projetant sur lui une image paternelle idéalisée et magnifiée, transfert qui s'incruste malgré les interprétations, et qui réapparaît dans ses rêves.

« [...] il s'agit d'une image authentique et profondément primitive de Dieu, qui se développa dans l'inconscient d'une créature moderne et qui y exerça une efficacité vivante, une efficacité qui, du point de vue de l'histoire des religions, donne beaucoup à penser. Dans cette image, je ne discerne rien de "personnel" : *c'est une image entièrement collective* dont l'existence ethnique nous est connue depuis longtemps. Et nous sommes bien obligés de nous dire que cette image de Dieu, qui a une existence historique et une répartition universelle, s'est trouvée reformée et reconstituée par la psyché, dans son fonctionnement naturel ; cela n'offre en soi rien de miraculeux puisque ma malade est venue au monde avec un cerveau humain qui fonctionne aujourd'hui probablement encore de la même façon que ceux des antiques peuplades germaniques. »
« [...] En présence de tels faits, nous sommes bien obligés de supposer et d'admettre que l'inconscient détient, non seulement des matériaux personnels, mais aussi des facteurs impersonnels, collectifs, sous forme de catégories héritées et d'archétypes. J'ai donc émis l'hypothèse que l'inconscient renferme, disons dans ses couches profondes, des matériaux collectifs relativement vivants et agissants, et c'est ainsi que j'ai été amené à parler d'un inconscient collectif. »

C. G. Jung, *Dialectique du moi et de l'inconscient* (1933), traduction Roland Cahen (1964), p. 45-46, © Éditions Gallimard.

La sexualité infantile

D'abord mis en évidence au travers de cures psychanalytiques d'adultes, les stades d'organisation de la libido (stade oral, stade anal, stade phallique) ont été ensuite observés dans le développement de l'enfant. Ces stades constituent les étapes de l'organisation progressive du psychisme.

La reconnaissance de la sexualité infantile

□ La description de la sexualité infantile vers 1900, contrairement à la représentation de l'enfant innocent, a provoqué une révolution intellectuelle.
□ Pour la psychanalyse, la sexualité est présente dès l'enfance et se transforme progressivement par la maturation et les modifications des relations aux autres.

Les stades infantiles d'organisation de la libido

□ La libido est pour Freud l'énergie correspondant aux pulsions « qui ont à faire avec tout ce que l'on peut comprendre sous le terme d'amour [...] C'est la manifestation dynamique dans la vie psychique de la pulsion sexuelle ». Elle est donc à la base de tout mouvement psychique qui va dans le sens de la vie, dépassant largement ce qui concerne la sexualité génitale.
□ Le développement libidinal de l'enfant est caractérisé par une succession de stades, chacun définis par la localisation de la zone érogène prévalante (endroit du corps plus sensible aux excitations), et par un mode de relation aux autres.
□ *Stade oral* : chez le nourrisson, la bouche est investie comme zone érogène, lieu du plaisir procuré par la satisfaction des besoins alimentaires. La relation à la mère s'organise autour de manger/être mangé, dans une dimension primitive d'incorporation.
□ *Stade sadique anal* : la possibilité de maîtriser ses sphincters et les activités de rétention/expulsion amènent au déplacement de la zone érogène prévalante vers l'anus. La relation à la mère va s'organiser autour du jeu de donner/retenir ses excréments, amenant une signification symbolique de ce « cadeau ».
□ *Stade phallique* : la zone érogène prévalante se déplace vers les zones génitales (activités masturbatoires). C'est également le moment de la reconnaissance de la différence des sexes, sur le mode de « j'en ai un/je n'en ai pas » Le phallus représente le pénis, pour le garçon comme pour la fille, dans une dimension symbolique beaucoup plus large que l'organe anatomique lui-même. Survient alors le complexe d'Œdipe, qui se traduit schématiquement par l'amour du parent de sexe opposé et la haine du parent de même sexe considéré comme rival.

Le passage à la sexualité génitale adulte

□ Après le complexe d'Œdipe, l'enfant entre en période de latence, qui correspond à la scolarité primaire. Une partie de l'énergie libidinale, désexualisée, se déplace vers la curiosité intellectuelle et vers les autres enfants (amitiés).
□ À la puberté, correspondant à une maturité sexuelle physiologique, émergent des pulsions génitales. L'adolescence provoque la réactivation du conflit œdipien, qui se traduit souvent par une période d'hostilité et d'opposition aux parents.
□ L'organisation génitale adulte se construit au décours de l'adolescence, par le déplacement de l'investissement libidinal le plus souvent vers un partenaire de sexe opposé et de même génération, et l'acceptation de la possible maternité/paternité.

LE COMPLEXE D'ŒDIPE

Le mythe d'Œdipe

À la suite d'une prophétie, Laïos, père d'Œdipe, fit abandonner son nouveau-né aux bêtes sauvages. Recueilli par le roi Polybos et la reine Péribée, il les quitte, adulte, pour les protéger, lorsqu'il apprend qu'il est destiné à tuer son père et à épouser sa mère. Sur le chemin il se querelle avec un vieil homme, au sujet d'une priorité de passage à un carrefour et le tue. Arrivé à Thèbes, il rencontre le Sphinx, résout son énigme et débarrasse la ville de ce monstre. Pour le récompenser, les Thébains lui offrent le trône et la main de la reine Jocaste, le roi venant de mourir. Œdipe n'apprendra que des années plus tard que le vieil homme était le roi Laïos, son père, et que Jocaste était sa mère. La prophétie s'était donc réalisée.

Il aura eu entre temps quatre enfants avec la reine Jocaste : deux garçons, Étéocle et Polynice ; deux filles : Antigone et Ismène. Lorsque la terrible vérité éclatera, Jocaste se pendra et Œdipe se crèvera les yeux.

■ Chez l'enfant

Entre 3 et 6 ans, l'enfant entre dans une phase pendant laquelle il va intégrer la différence des sexes, dans le registre phallique/châtré (si les filles n'ont pas de zizi, c'est qu'il leur a été coupé), et ceci tant pour le garçon (j'en ai un, mais attention, il arrive qu'on le coupe, c'est arrivé à ma sœur) que pour la fille (j'ai dû être méchante et on me l'a coupé, puisque mon frère en a un et moi pas). C'est ce qu'on appelle le « complexe de castration ».

En même temps l'enfant va éprouver des sentiments ambivalents (association d'amour et de haine) vis-à-vis de ses deux parents. On appelle « Œdipe direct » (ou positif) les sentiments d'amour vis-à-vis du parent de sexe opposé, et de haine vis-à-vis du parent de même sexe, et « Œdipe inversé » (ou négatif) l'inverse. Ces deux types d'Œdipe coexistent, même si le plus souvent l'Œdipe direct prévaut, l'ensemble constituant l'Œdipe complet qui témoigne de la fondamentale bisexualité psychique de tout individu. L'enfant intègre progressivement l'interdiction du choix d'objet incestueux, par la reconnaissance de la différence des générations (le mari de maman, ce ne peut pas être moi, c'est papa). La culpabilité alors ressentie par l'enfant est structurante. Le surmoi, instance interdictrice et morale, se constitue par l'intériorisation des interdits incestueux. Le mécanisme du refoulement va entraîner dans l'inconscient les représentations inacceptables et provoquer l'amnésie des premières années.

■ Chez l'adulte

Le complexe d'Œdipe organise profondément le psychisme adulte : la façon dont l'individu le traverse détermine l'organisation psychique ultérieure, marquée par des défenses principalement de type refoulement, plus ou moins massives, et induisant le continuum entre la « normalité » et une organisation névrotique plus ou moins importante.

Dans les organisations de type psychotique, le conflit œdipien n'a pas été réellement élaboré, et les fixations prégénitales (aux phases orales ou anales) dominent.

Les mécanismes de défense

La notion de mécanismes de défense a été élaborée dans la théorie psychanalytique pour décrire l'activité du moi qui tente de résoudre les conflits qui l'opposent aux pulsions. Mélanie Klein a ensuite décrit des défenses archaïques, préexistant au moi organisé, caractéristiques du fonctionnement des nourrissons.

Le concept freudien de défense

Le concept de défense a été introduit par Freud en 1894 pour définir les activités protectrices mises en œuvre pour se protéger d'affects déplaisants consécutifs à des excitations. Par exemple, une jeune femme peut ressentir une attirance pour un homme plus vieux qu'elle (représentant son père), bien que sa morale le lui interdise. Un système de défense se mettra alors en place, sans qu'elle en soit consciente.

Mécanismes de défense du moi

☐ Dans un ouvrage (1936), Anna Freud (la fille de Sigmund Freud) identifie et décrit les mécanismes de défense par lesquels le moi, instance psychique, tente de résoudre les conflits qui l'opposent aux pulsions. Dans l'exemple précédent, l'attirance pour l'homme (pulsion) sera rendue inconsciente puisqu'elle est interdite par le surmoi (d'où le conflit). Les mécanismes de défense protègent également contre tout ce qui peut engendrer de l'angoisse, que ce soit d'origine interne ou externe.
☐ Anna Freud et tous les tenants de l'*ego psychology* ont insisté sur la fonction adaptative des mécanismes de défense : ils permettent au moi, qui les met en œuvre, de concilier les poussées pulsionnelles et les exigences du monde extérieur.
☐ *Le refoulement* va maintenir ou repousser dans l'inconscient des représentations inacceptables par le moi. L'attirance pour l'homme évoquée plus haut ne sera plus consciemment ressentie, mais demeurera active dans l'inconscient.
☐ *La formation réactionnelle* induit une attitude opposée au désir inconscient. Par exemple, certaines personnes développent une tendance marquée à l'ordre par réaction à un désir anal de se complaire dans le désordre.
☐ *La projection de désirs ou de sentiments inconscients* que le sujet refuse de reconnaître en lui, et qu'il attribue à autrui. Par exemple, le sentiment d'être agressé peut correspondre à un désir, refoulé car inacceptable, d'être l'agresseur.
☐ *La sublimation* permet l'utilisation d'énergie sexuelle (libido) à des fins non sexuelles valorisées, comme les activités intellectuelles, artistiques ou spirituelles.

Mécanismes de défense archaïques

☐ Contrairement à Anna Freud, Mélanie Klein postule l'existence d'un moi primitif dès la naissance. Elle décrit des mécanismes de défenses primaires, actifs chez le nourrisson et essentiels dans le développement psychique.
☐ Parmi eux, on trouve le clivage : le clivage de l'objet, au sens psychanalytique, implique une répartition du monde en un côté « bon », idéalisé, et un côté « mauvais », diabolisé. Le clivage du moi est une partition interne du psychisme, avec une coexistence de deux réalités psychiques opposées. Un autre de ces mécanismes est l'identification projective : le sujet projette dans l'autre des parties de son propre psychisme et tente de le manipuler de l'intérieur.

LE REFOULEMENT

Le refoulement, mécanisme de défense du moi, est une « opération par laquelle le sujet cherche à repousser ou à maintenir dans l'inconscient des représentations (pensée, image, souvenir) liées à une pulsion ». (Laplanche et Pontalis)

Les représentants de la pulsion sont l'expression psychique de cette dernière, qui est une force, une poussée, une énergie.

Le refoulement originaire concerne ce qui n'arrivera jamais à la conscience, maintenu dans l'inconscient sous forme de représentants psychiques fixés aux pulsions. Il s'opère parallèlement à la différenciation entre le moi et le ça, et implique l'existence d'un inconscient archaïque.

« Nous sommes donc fondés à admettre un refoulement originaire, une première phase du refoulement, qui consiste en ceci que le représentant psychique (représentant-représentation) de la pulsion se voit refuser la prise en charge dans le conscient. Avec lui se produit une fixation ; le représentant correspondant subsiste, à partir de là, de façon inaltérable et la pulsion demeure liée à lui. C'est là une conséquence des propriétés des processus inconscients, dont nous parlerons ailleurs.

« Le deuxième stade du refoulement, le refoulement proprement dit, concerne les rejetons psychiques du représentant refoulé, ou bien telles chaînes de pensées qui, venant d'ailleurs, se trouvent être entrées en relation associative avec lui. Du fait de cette relation, ces représentations connaissent le même destin que le refoulé originaire. Le refoulement proprement dit est donc un refoulement après-coup. Du reste, on aurait tort de ne mettre en relief que la répulsion qui, venant du conscient, agit sur ce qui est à refouler. On prendra tout autant en considération l'attraction que le refoulé originaire exerce sur tout ce avec quoi il peut établir des liaisons.

S. Freud, *Métapsychologie* (1915),
traduction J. Laplanche et J.-B. Pontalis, (1968), p. 48,

Un refoulement produit un **rejeton** du refoulé, trace mnésique inconsciente mais toujours active. Lorsque le refoulement a partiellement échoué, des retours du refoulé arrivent à la conscience par des voies détournées : dans la vie courante, les actes manqués (oublier ses clés avant de sortir), les lapsus peuvent être expliqués en retrouvant la signification inconsciente qui y est attachée.

Les refoulements après-coup surviennent sous l'action du surmoi. Des souvenirs, pensées, rêves, etc. qui ont été conscients sont renvoyés dans l'inconscient par un double mouvement de répulsion du conscient dans l'inconscient et d'attraction à partir de l'inconscient.

Les rêves

Depuis toujours les hommes cherchent la signification des rêves. La psychanalyse a donné un cadre de décryptage : les rêves seraient le résultat de déformations de contenus inconscients traduisant la réalisation d'un désir. La neurophysiologie a décrit différentes structures cérébrales impliquées dans les rêves.

Les rêves ont toujours fasciné les hommes

☐ Dans l'Antiquité, les rêves sont considérés comme des messages des Dieux, dont il faut interpréter le contenu avant toute décision importante, ou comme des prémonitions qui annonceraient l'avenir.

☐ Les rêves ne sont pas exclusivement humains. On peut enregistrer des indices de rêves chez les mammifères et les oiseaux, mais pas chez les poissons ou les amphibiens. Cependant les dauphins, espèce évoluée, ne semblent pas rêver mais dorment de façon particulière (un hémisphère cérébral dort, pendant que l'autre reste éveillé).

La théorie psychanalytique des rêves

☐ Freud considérait les rêves comme « la voie royale qui mène à la connaissance de l'inconscient ». L'inconscient contient des éléments refoulés qui, à l'état de veille, ne parviennent pas à la conscience. Lors des rêves, la diminution des censures permet à des représentations interdites d'apparaître.

☐ Le travail du rêve transforme le contenu latent (le contenu inconscient du rêve, qui est toujours la réalisation d'un désir) en contenu manifeste (que l'on pourra reconstituer au réveil) par la condensation et le déplacement. La condensation : une représentation unique correspond à plusieurs contenus associatifs. Par exemple, un homme rêve de sa supérieure hiérarchique, qui dans son rêve ressemble à sa sœur aînée. Ce personnage peut figurer à la fois la supérieure, la sœur, la mère et le rêveur lui-même. Le déplacement : un élément anodin sera chargé d'un sens particulier provenant d'une autre représentation interdite d'accès à la conscience. Freud cite un rêve centré sur la botanique : la problématique inconsciente du rêve concernait des relations conflictuelles entre collègues que le mot « botanique » a représentées, sans relation apparente avec sa signification habituelle.

☐ En laissant librement aller les associations d'idées, on peut retrouver le contenu latent à partir du contenu manifeste. C'est un outil important des cures psychanalytiques, qui permet de mettre au jour des contenus inconscients jusque-là refoulés.

☐ D'autres théories sont basées sur les rêves. Dans la psychologie analytique de Jung, les rêves sont un moyen d'accéder à la représentation des archétypes, composantes inconscientes fondamentales communes à tous les hommes.

La neurophysiologie des rêves

☐ Les recherches électrophysiologiques ont permis de déterminer que les rêves se situaient surtout lors d'une phase particulière du sommeil, le sommeil paradoxal, appelée ainsi en fonction du type particulier d'activité cérébrale qui l'accompagne. Cette activité contraste avec celles des autres périodes, dites de sommeil lent.

☐ Lorsque l'on réveille des sujets d'un sommeil paradoxal, la grande majorité racontent qu'ils étaient en train de rêver, ce qui est très peu le cas lors du sommeil lent.

LE SOMMEIL ET LES RÊVES

L'hypnogramme

L'hypnogramme permet de représenter l'évolution au cours de la nuit des stades de sommeil.

□ *Le sommeil lent* est caractérisé par quatre stades, du I au IV, en fonction de la profondeur du sommeil, du degré du ralentissement de l'activité cardiaque et respiratoire, et de l'activité cérébrale, avec apparition d'ondes cérébrales lentes.

□ *Le sommeil paradoxal* est conventionnellement placé entre le stade le plus léger et l'éveil, bien qu'on ne soit pas sûr du bien-fondé de cette hiérarchie.

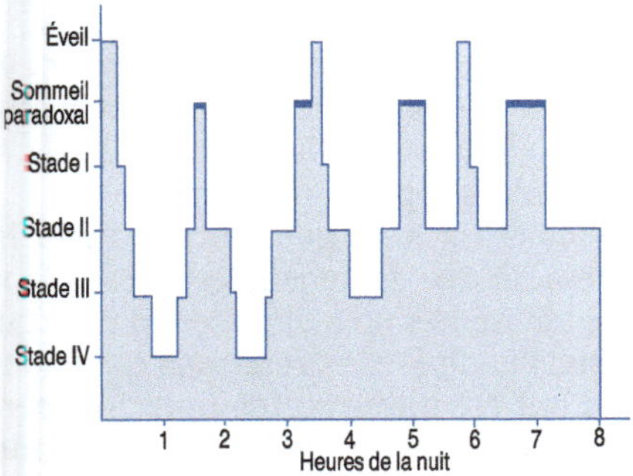

Hypnogramme d'un sujet humain

D'après F. Parot, *L'homme qui rêve*, © Éditions PUF, 1995.

Le sommeil paradoxal

Les périodes de sommeil paradoxal, au cours desquels surviennent les rêves, sont caractérisées par une activité électrique cérébrale particulière, à la fois au niveau du cortex et d'une structure sous-corticale, le système ponto-géniculo-occipital (PGO). On observe en même temps des mouvements oculaires rapides (MOR) derrière les paupières closes, et un relâchement musculaire total.

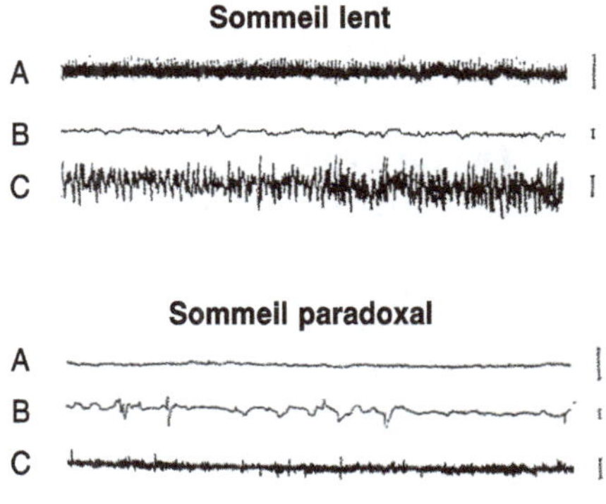

A : Activité musculaire,
B : Mouvements oculaires rapides,
C : Activité électrique du cortex.

Tracés de l'activité chez le chat

D'après M. Jouvet, *Le Sommeil et le Rêve*, © Éditions Odile Jacob, 1992.

Quelques éléments au sujet du sommeil paradoxal

Le sommeil paradoxal occupe environ 25 % de nos nuits, réparties en quatre ou cinq occurrences de durée variable (entre 5 et 40 minutes), pour un total compris entre 65 (petits dormeurs) et 125 minutes (gros dormeurs).

C'est durant le sommeil paradoxal qu'est synthétisée l'hormone de croissance.

Le sommeil paradoxal favorise l'apprentissage : un texte appris avant de dormir sera mieux mémorisé après deux heures de sommeil s'il y a eu une longue période de sommeil paradoxal que du sommeil lent.

Certains neurophysiologistes (M. Jouvet) ont fait l'hypothèse qu'une fonction du rêve serait de réimprimer toutes les nuits les circuits neuronaux sur lesquels les comportements d'espèce seraient préprogrammés génétiquement et les traits de personnalité individuels stockés. Chaque nuit permettrait donc de reconstituer les éléments essentiels de sa personnalité.

La psychanalyse et les psychothérapies analytiques

Psychanalyse et psychothérapies analytiques permettent de remonter aux racines des fixations infantiles dont les symptômes sont des répétitions inconscientes.

Qui sont les psychanalystes ?

Les psychanalystes sont des professionnels, médecins ou non-médecins, qui ont été formés dans l'une des écoles de psychanalyse, par une psychanalyse personnelle, puis par une formation pratique (analyses supervisées par un analyste confirmé) et théorique. La psychanalyse personnelle permet de comprendre de l'intérieur le processus analytique, et de repérer ce qui se passe pour le patient par l'intermédiaire de ses propres associations.

La cure type

☐ La psychanalyse traditionnelle, souvent appelée « cure type », a été inventée par Freud. Ce cadre permet au patient de remonter aux racines de ce qui s'est mal développé dans l'enfance, dont les symptômes actuels sont des répétitions inconscientes. La situation de la cure, limitant au maximum les éléments de la réalité, permet au patient de revenir dans le passé, par un processus de régression formelle.

☐ Le patient laisse libre cours à ses associations d'idées, et peut ainsi trouver les liens entre les événements à travers l'enchaînement de ses pensées et de ses émotions. Les interprétations de l'analyste l'aideront à donner un sens à ce qui pourtant paraît ne pas en avoir. Le patient va projeter sur l'analyste les relations qu'il a établies dans son enfance avec les personnes qui ont été importantes pour lui (père, mère, etc.). Ce transfert sera utilisé par l'analyste pour faire accéder à la conscience certains faits, idées ou désirs refoulés par le patient, mais qui réapparaissent par exemple sous forme de symptôme pathologique.

☐ L'interprétation des processus inconscients et les liens retrouvés entre la situation actuelle et le passé peuvent permettre un réaménagement des modalités défensives susceptibles de rendre caducs les symptômes, qui alors disparaîtront. Classiquement, la cure type est indiquée en cas de structure névrotique et implique un intérêt du patient pour son fonctionnement psychique, qui en constitue la matière première. Les indications s'élargissent actuellement à certaines structures psychotiques.

Les psychothérapies analytiques

☐ Les psychothérapies analytiques se réfèrent strictement à la théorie psychanalytique : importance de l'inconscient et des mécanismes de défense, analyse du transfert destinée à mettre au jour les fixations infantiles sous-jacentes aux symptômes actuels. Le patient est assis dans un fauteuil face à son thérapeute, et la périodicité des séances est en général moins grande que dans une cure type.

☐ Les psychothérapies analytiques sont destinées à des patients pour lesquels une cure type n'est pas indiquée, soit que l'investissement important requis pour une psychanalyse et/ou l'absence d'un intérêt personnel amènent à proposer un cadre plus léger, soit que la réassurance de la présence du thérapeute soit importante.

LE CADRE ANALYTIQUE

On parle de cadre analytique pour décrire les conditions matérielles de la cure fixées à l'avance. Il s'agit du lieu, de la périodicité et de la durée des séances, du prix de chaque séance, de la règle de libre association, et de la règle d'abstinence qui impose qu'il n'y ait aucun contact entre analyste et analysant en dehors de la cure. Ce cadre définit un espace-temps bien délimité, à l'intérieur duquel se déroule l'analyse.

Classiquement, une cure type comprend un minimum de trois séances de trois quarts d'heure par semaine, à des jours et des heures fixés dès le départ.

Le prix des séances est déterminé au début de la cure. Les séances auxquelles le patient ne vient pas sont le plus souvent dues par principe, quelle que soit la cause de l'absence, témoignant du fait que le créneau horaire reste affecté au patient même absent et que le processus analytique n'est pas pour autant interrompu.

Le patient est allongé sur un divan, et l'analyste traditionnellement assis hors de sa vue, pour favoriser les différents processus de régression en limitant au maximum ce qui peut le ramener à la réalité quotidienne actuelle.

Cette cure par la parole consiste pour le patient à dire tout ce qui lui vient à l'esprit, sans jugement ni censure, même si cela lui apparaît comme n'ayant aucun rapport avec la raison de sa démarche (règle de l'association libre).

Des variations du cadre sont possibles lorsque les indications ou la situation matérielle les rendent nécessaires, et sont alors proposées par l'analyste.

Le bureau de Freud à Londres (1938/1939).

Les psychothérapies analytiques de groupe

Des techniques de groupe se sont développées pour tenir compte de pathologies particulières. Le cadre théorique reste psychanalytique, mais l'environnement proposé est très différent.

Extension du champ de la psychanalyse

☐ À partir des névroses, la psychanalyse s'est étendue à d'autres pathologies. D'autres techniques que la cure type ont été élaborées pour ce type de prise en charge.
☐ L'importance du groupe (familial en particulier), est rapidement apparue. Certains (D. Anzieu en France) ont mis au point des techniques analytiques de groupe basées sur l'analyse des significations inconscientes des relations entre les participants.

Certaines personnes ont besoin d'un travail de groupe

☐ Lorsqu'une relation duelle patient-thérapeute est vécue comme trop angoissante ou trop proche, le groupe peut agir comme tiers et permettre une répartition du processus transférentiel qui devient alors supportable.
☐ Un travail de groupe peut être indiqué quand le patient présente une difficulté spécifique à verbaliser, si l'inhibition est trop forte ou si les capacités de mentalisation sont perturbées. Le groupe peut aider à surmonter ces difficultés en exprimant ce que le patient ne parvient pas lui-même à dire.
☐ Des thérapies de groupe sont souvent indiquées pour des enfants et des adolescents. Elles permettent d'établir un cadre thérapeutique qui leur est plus adapté et de rejouer ce qui se passe dans le présent de la cellule familiale.
☐ Un groupe préexistant (la famille, par exemple) peut être considéré comme une unité pathologique d'équilibre fragile à l'intérieur de laquelle chacun a une place, au prix de symptômes individuels. Le groupe est alors traité globalement pour reconstruire un équilibre plus satisfaisant et moins coûteux pour chacun.

Les différentes formes de psychothérapies de groupe

☐ *Les thérapies familiales analytiques.* Régulièrement, un groupe thérapeutique constitué de plusieurs thérapeutes et de la famille entière se réunit. Progressivement apparaissent les racines inconscientes ayant amené la co-construction conflictuelle propre à cette famille, formée d'éléments individuels, d'éléments construits à partir de l'histoire commune et d'éléments du groupe social d'appartenance.
☐ *Le psychodrame analytique.* On demande au patient de proposer des scènes imaginaires qu'il va jouer avec les thérapeutes, dans une sorte d'improvisation. Le jeu permet d'accéder aux significations inconscientes des représentations.
☐ *Relaxation analytique.* Dans certains cas, il peut être nécessaire de revenir aux sensations corporelles pour permettre un réinvestissement du corps.

Le référent reste la psychanalyse

Tous les thérapeutes sont analystes et interprètent les processus inconscients à partir des associations verbales des patients et des aspects transférentiels. Un travail théorique permet d'enrichir le modèle psychanalytique et de comprendre le fonctionnement de patients pour lesquels une cure type est contre-indiquée.

LE PSYCHODRAME ANALYTIQUE

Petite histoire du psychodrame

C'est le psychiatre J.-L. Moreno (1889-1974) (également célèbre pour ses théories des relations interpersonnelles des groupes et de la sociométrie) qui, à Vienne et aux États-Unis, eut l'idée de proposer des jeux de rôle, au départ pour aborder les problèmes de couple.

Cette technique intéressa les psychanalystes, et dès 1946, S. Lebovici l'appliqua chez l'enfant, autonomisant le psychodrame analytique par rapport aux conceptions de Moreno.

Actuellement, le psychodrame analytique est considéré comme une technique analytique à part entière, utilisée chez les enfants et les adultes dans des indications ciblées. Il s'insère totalement dans la théorie psychanalytique et est largement utilisé dans les institutions, avec différentes variantes techniques.

Le cadre

Lors d'une séance hebdomadaire, le patient se trouve avec un groupe de thérapeutes et parfois d'autres patients. Il donne le thème de la scène : par exemple, une situation conflictuelle de son milieu professionnel, une anecdote de sa vie quotidienne, un rêve ou un souvenir d'enfance. Il choisit les acteurs de la scène et leur attribue un rôle. Un jeu d'improvisation se déroule alors, dans lequel les thérapeutes figurent certains aspects inconscients pour permettre l'arrivée de représentations et des levées de refoulements.

Le plus souvent, l'un des thérapeutes (toujours le même), ne joue pas avec les autres. Il est le meneur de jeu qui interprète, à la fin de scène, ce qui s'est joué, et sur lequel peut s'établir le transfert. Il peut durant la scène envoyer un thérapeute supplémentaire jouer un rôle particulier, pour infléchir le cours du jeu.

Tout peut être joué, à partir du moment où le cadre est respecté et que l'on reste dans la symbolisation. Le passage à l'acte réel est proscrit, mais l'activité « théâtrale » permet au corps de s'exprimer davantage que dans des thérapies classiques, et au groupe de « prêter son préconscient » à des patients qui peuvent par exemple avoir des difficultés spécifiques de représentation, de mentalisation ou de verbalisation.

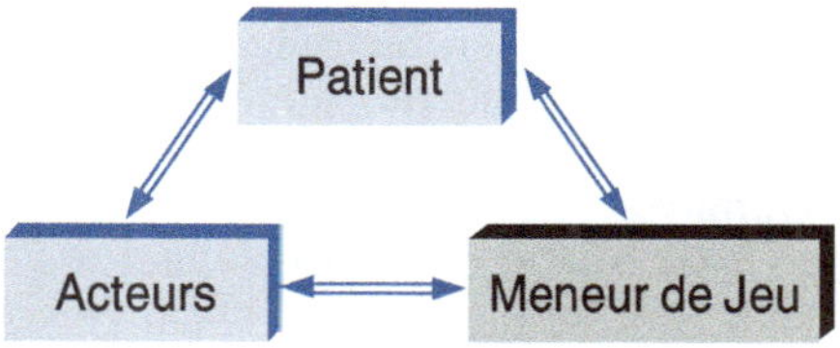

Les indications

Les indications du psychodrame analytique sont faites plus en fonction du type de fonctionnement psychique des patients apprécié par l'intermédiaire de la théorie psychanalytique qu'au vu de symptômes particuliers.

Chez l'adulte, il concerne des patients présentant par exemple des carences fantasmatiques ou des difficultés de figurations, ou bien ceux pour lesquels un transfert sur un seul analyste serait vécu comme trop dangereux, ou bien encore des patients dont l'organisation psychotique implique des moments d'angoisse intense et déstructurante.

Chez l'enfant et l'adolescent, le psychodrame se révèle être un outil thérapeutique extrêmement utile. L'activité ludique familière à l'enfant peut être utilisée, et l'espace transitionnel de la scène permet une mise en parole et en jeu des conflits. Il laisse un espace pour l'expression de comportements agressifs ou moteurs, qui pourront être verbalement repris.

L'approche systémique

Les théories systémiques considèrent les groupes comme des entités fonctionnant selon des lois propres, susceptibles de développer des pathologies que les thérapies systémiques se proposent de traiter (thérapies familiales, thérapies de couple). Certaines pathologies individuelles expriment une pathologie du groupe.

Le groupe n'est pas la somme de ses membres

□ Dans l'approche systémique, les symptômes d'une personne représentent la métaphore de ses relations interpersonnelles (Keeney, 1984). Dans cette orientation, il est nécessaire d'analyser la situation de l'individu dans le groupe, en tant que membre d'un ensemble qui est autre chose que la simple addition des individus.

□ L'origine remonte aux années 1950, aux États-Unis, à partir du constat des échecs des traitements de patients psychotiques. Bateson a étudié les communications des familles de schizophrènes, comme le double lien qui consiste à exiger à la fois une chose et son contraire sans que l'on puisse consciemment repérer la contradiction (« Je te demande de t'opposer à moi »).

Tout groupe naturel est une unité, un système

Un groupe est une entité, une unité systémique qui fonctionne de manière autonome selon des lois qui lui sont propres. En particulier, comme tout système vivant, un groupe tend au maintien d'un équilibre (homéostasie), mais est dans le même temps capable d'adaptation. Les théories systémiques étudient les lois générales et la pathologie du fonctionnement de certains de ces groupes.

La famille et le couple constituent des groupes particuliers

□ La famille et le couple constituent les groupes les plus « naturels », au sein desquels petit à petit se crée une histoire et un mode de communication propre à chacun. Les théories systémiques établissent des modèles à partir desquels on peut mieux comprendre l'origine de certains conflits, comme les disputes conjugales ou les conflits de génération. Elles mettent en lumière les causes de ces conflits et les tentatives de rééquilibrage, de réparation souvent inadaptées qui se sont trouvées mises en œuvre.

□ On a ainsi décrit des rites familiaux, par analogie aux descriptions ethnologiques. Ils sont destinés à renforcer la cohésion du groupe familial, enrichissant le sentiment de « familiarité » ressenti par chacun de ses membres, par intériorisation des codes propres à cette famille-là. On peut citer par exemple, les sagas familiales, histoires de famille transmises de génération en génération.

Les thérapies systémiques font évoluer l'ensemble du groupe

C'est le groupe entier, considéré comme unité pathologique, qui est concerné par le processus thérapeutique, et qui doit donc participer. En rétablissant des modes de communication moins conflictuels, en agissant sur les doubles liens pathologiques par des doubles liens thérapeutiques, en faisant observer à chacun des membres comment le groupe fonctionne, les thérapeutes tentent de provoquer des changements durables.

LES THÉRAPIES FAMILIALES SYSTÉMIQUES

La famille : entité susceptible d'être malade

Les communications entre les membres de la famille ont pu se constituer de façon pathologique. Les relations établies entre les individus sont repérées et décrites.
Il est nécessaire que tous les membres de la famille soient d'accord pour participer à un traitement qui implique la présence de chacun de ses membres à chaque séance.
Souvent un membre de la famille est désigné comme malade par les autres. Il peut avoir cristallisé l'ensemble de la pathologie du groupe, et être ainsi le symptôme d'une situation pathogène dont il n'est qu'un des éléments.

Le diagnostic et la phase préliminaire

Dans un premier temps, les thérapeutes vont évaluer la force des résistances au changement et la capacité de la famille à évoluer vers d'autres modes de fonctionnement (aptitude au changement) : le changement doit se faire en conservant une cohésion du groupe. Le symptôme pathologique s'inscrit dans la dynamique du processus familial.
Les thérapeutes vont expliciter à l'ensemble de la famille ce qu'ils ont mis en évidence, et prescrire le cadre du traitement. La délimitation explicite des problèmes rencontrés (processus de nomination) ainsi que la simple décision d'entreprendre un traitement peut déclencher une autoréorganisation du système familial.

Les modalités pratiques de la thérapie

La famille entière vient régulièrement à des séances soutenues le plus souvent par un groupe de thérapeutes (cothérapie), ce qui permet un partage des implications personnelles, et produit un couple métaphorique en face du groupe familial.
Les thérapeutes commencent par définir le sens de leur action. Chacun se présente, les consultants comme les thérapeutes. Les thérapeutes délimitent les objectifs de la thérapies et les résultats qu'on peut en attendre.
On utilise par exemple la connotation positive, qui renforce l'équilibre du groupe familial tel qu'il est en atténuant les sentiments de honte ou de culpabilité vis-à-vis de la situation actuelle, et en valorisant les solutions qui ont été jusque-là trouvées. On utilise aussi les contre-paradoxes et des prescriptions de comportements.

Exemples d'axes techniques en thérapie familiale systémique

- *Les techniques structurales* (S. Minuchin) : reconnaissance des frontières et des territoires, alliances, coalition, pouvoir. Le changement s'obtient en soulignant les différences de chacun, en développant les conflits implicites, en renforçant ou reconstruisant des représentations.
- *Les techniques stratégiques* (M. Erickson) : définition des problèmes et des buts à atteindre, interventions paradoxales, prescriptions de rituels.
- *Les techniques expérentielles symboliques* (C. Whitaker) : renforcer l'esprit de famille, les relations sociales, les tensions intrafamiliales, différenciation des générations. Développement du jeu, de l'humour, de la provocation.

D'après J. Miermont., Thérapies familiales, D. Widlocher, *Traité de psychopathologie*, p. 775-821, 1994, © PUF.

Conseil psychologique et psychothérapies de soutien

Les approches psychothérapeutiques varient selon la demande, la pathologie et le but thérapeutique. Elles ont en commun de rester à un niveau conscient et de renforcer les fonctions d'adaptation.

Aide et conseil

Lorsque l'objectif thérapeutique n'est pas une réorganisation en profondeur ou une mise en évidence d'implications inconscientes, des consultations de conseil psychologique ou des thérapies de soutien peuvent être proposées. Elles renforcent les fonctions d'adaptation des patients à la vie quotidienne.

Les consultations thérapeutiques

□ Certaines difficultés peuvent être débloquées par une ou deux consultations, notamment dans le cas de conflits interpersonnels où aucun des partenaires ne parvient à prendre du recul, ou dans une période charnière du développement.
□ Une écoute attentive de la part du consultant avec des interventions replaçant la situation dans son contexte suffisent parfois à initier une réorganisation spontanée.

Le conseil psychologique

□ Dans le cas d'une décision importante ou à la suite d'une difficulté extérieure, les psychologues peuvent proposer une prise en charge ponctuelle permettant de mettre des mots sur des sentiments ou des réactions difficiles à saisir. Le conseil conjugal, les médiations en cours de divorce, les entretiens avant une fécondation in vitro ou un avortement en sont quelques applications.
□ Le « counseling », inspiré par la conception non directive de C. Rogers, est une méthode centrée sur le patient. L'aide est conçue comme dépendant du rapport d'empathie instauré par le psychologue. Sont pratiqués dans le secteur de l'emploi le counseling d'emploi, l'entretien d'analyse de l'activité, l'entretien d'aide à la décision et l'entretien motivationnel.
□ La psychothérapie intégrative vise à élaborer une métathéorie de la psychothérapie qui intègre les différentes théories existantes. L'intégration se caractérise par le refus de s'enfermer dans une seule orientation théorique.

Les psychothérapies de soutien

□ Il s'agit d'entretiens réguliers, proposés à un rythme variable, destinés à suivre des patients qui ont besoin d'une écoute régulière et d'un espace qui leur soit consacré. Ils peuvent être proposés dans des cas de dépressions réactionnelles ou de vécus traumatiques que les patients verbalisent afin de les intégrer dans leur histoire.
□ Les interventions de crise, suite à une catastrophe naturelle ou à un attentat, permettent l'élaboration de ce qui a fait irruption de manière traumatique.
□ Des psychothérapies de soutien sont aussi indiquées en cas de pathologies psychiatriques stabilisées, pour lesquelles il est nécessaire de respecter ce relatif équilibre. Le but est de renforcer les capacités adaptatives des patients et leurs mécanismes de défense, en s'appuyant sur la relation qui s'instaure avec le thérapeute.

PRISE EN CHARGE DES VICTIMES DE CATASTROPHES COLLECTIVES

■ En urgence

De plus en plus, des psychologues spécialisés sont appelés sur les lieux d'une catastrophe collective (accident d'avion, tremblement de terre, etc.) ou d'un attentat, parallèlement aux services de médecine d'urgence, pour soutenir les victimes et leurs familles. C'est l'échelle de grandeur qui fait la différence avec d'autres interventions psychologiques en faveur de victimes. Le nombre de personnes simultanément touchées modifie la nature de l'intervention.

Comme pour la médecine d'urgence, le premier travail consiste en un bilan rapide de la situation et en un tri destiné à établir de qui il faut s'occuper en priorité. Dans ce premier temps, il est important de donner aux victimes la possibilité de mettre des mots sur ce qui s'est passé, et de leur montrer que quelqu'un peut les écouter et tenter de partager ce qui a été vécu.

■ Les conséquences transitoires d'un traumatisme

Une catastrophe collective provoque chez les victimes et leurs familles un traumatisme, caractérisé par la soudaineté de l'événement, et donc l'impossibilité de s'y préparer à l'avance. Les victimes sont débordées par ce qui survient, et tous les mécanismes de défense habituels qui protègent le psychisme sont pour un temps inopérants.

Des cauchemars à répétition sont très fréquents : l'événement traumatique est revécu nuit après nuit, sans qu'aucun soulagement n'accompagne cette reviviscence, et sans qu'une réelle élaboration psychique soit possible.

Le fait d'avoir survécu alors que beaucoup d'autres ont péri dans la catastrophe déclenche par la suite des sentiments de culpabilité (Pourquoi eux et pas moi ?).

Les victimes restent souvent longtemps très angoissées, ressentant un sentiment d'insécurité permanente, et parfois une hyperréactivité aux bruits.

Certains décrivent aussi des difficultés de concentration et des troubles de la mémoire.

Une psychothérapie de soutien peut être indiquée pour aider les victimes à passer le premier cap et à retrouver le plus vite possible un bon équilibre. Il est souvent important de pouvoir reparler de ce qui a été vécu et de ne pas vouloir à tout prix le mettre à l'écart.

■ À plus long terme

La plupart des victimes retrouvent petit à petit un équilibre psychique et émotionnel, et les blessures psychiques « cicatrisent », comme cicatrisent les blessures physiques.

En revanche, pour certains, les symptômes liés au traumatisme ne cèdent pas, et une névrose traumatique se développe.

Pour d'autres encore, des symptômes nouveaux, prenant la forme d'une « psychopathologie classique » apparaissent plus tard. Le traumatisme a joué comme révélateur d'une maladie jusque-là inapparente.

Un suivi à long terme s'impose alors, sous forme de psychothérapie ou de psychanalyse. La difficulté réside dans le fait qu'il faut laisser le temps de cicatrisation spontanée, tout en dépistant et en traitant précocement ceux qui auront besoin de suivi plus approfondi.

Psychothérapies d'enfants

Le suivi psychothérapique des enfants peut éviter qu'une pathologie en train de se former ne se développe. Pour aboutir, la demande de l'enfant doit être relayée par ses parents. Les techniques s'appuient sur des intermédiaires comme le dessin ou le jeu, qui favorisent la symbolisation.

Une personnalité en devenir

□ L'organisation psychique de l'enfant est en cours de formation, ce qui explique en partie que les troubles soient souvent labiles et polymorphes, sensibles à des influences extérieures. C'est pourquoi il est essentiel d'aider « en temps réel » ce développement à se faire le mieux possible. Les psychothérapies d'enfants tentent d'éviter qu'une pathologie naissante ne se cristallise en structure organisée.
□ Les symptômes les plus fréquemment rencontrés sont des difficultés relationnelles, des troubles scolaires, des pathologies du sommeil ou de l'alimentation.

Qui demande à consulter ?

□ Ce sont le plus souvent les parents qui ont pris le rendez-vous. Lors des premiers entretiens, le thérapeute doit déterminer les demandes respectives de l'enfant et de ses parents, tout en établissant le diagnostic et les indications thérapeutiques.
□ L'enfant peut être lui-même demandeur, et ses parents d'accord pour consulter : c'est le cas le plus favorable. Parfois les parents imposent la consultation, quand ils ne supportent plus la situation, ou quand l'enfant est un alibi pour une démarche qu'ils ne parviennent pas à faire pour eux-mêmes. Enfin, la pression de tiers (l'école), en est parfois à l'origine, ce qui peut entraîner des résistances au traitement.

Les techniques psychothérapiques

□ La pratique classique de la psychothérapie purement verbale doit être adaptée aux enfants. On utilise souvent des intermédiaires familiers qui favorisent la verbalisation et qui permettent à la symbolisation de se déployer : les dessins à partir desquels les enfants peuvent projeter ce qui se passe à la maison ou à l'école, le jeu symbolique avec des jouets, les histoires à inventer. Le thérapeute pourra ainsi comprendre où se situent les difficultés et amener l'enfant à prendre conscience des racines inconscientes de ses angoisses, de son agressivité, etc.
□ Les thérapies de groupe sont souvent préférées aux thérapies individuelles chez l'enfant et l'adolescent : en particulier dans le psychodrame, l'enfant met en scène des situations et les joue avec des thérapeutes et d'autres enfants. Cela permet de s'appuyer sur le jeu symbolique pour figurer les situations conflictuelles.
□ Les thérapies familiales d'inspiration psychanalytique ou les traitements mère-bébé s'adressent plus spécifiquement aux pathologies de la relation.
□ Les adolescents traversent parfois difficilement cette période explosive du développement, et une prise en charge par des professionnels spécialisés est alors très importante. Ils peuvent développer des pathologies particulières ; le plus difficile est souvent de déterminer la gravité réelle des symptômes, les plus bruyants n'étant pas forcément les plus graves. Il est important à la fois de ne pas sous-estimer leur souffrance et de ne pas monter en épingle des conflits nécessaires à cet âge.

LES PSYCHOTHÉRAPEUTES D'ENFANTS EN FRANCE

Les psychothérapies d'enfants se sont développées en France après la Deuxième Guerre mondiale grâce à différents courants très actifs. Les théoriciens – et cliniciens – majeurs sont d'un côté Françoise Dolto et de l'autre René Diatkine et Serge Lebovici. Ils ont mis en place des structures originales, souvent gratuites, permettant la prise en charge d'enfants de tous âges et présentant toutes sortes de pathologies.

Françoise Dolto (1908-1988)
Elle est l'une des figures les plus connues et les plus médiatiques de la psychanalyse. Elle commence à s'intéresser à la psychanalyse en 1934, rencontre J. Lacan en 1938, et en restera très proche jusqu'à sa mort.

René Diatkine (1918-1997)
Il a contribué à renouveler la compréhension de l'enfance et de ses difficultés, en refusant toute opposition trop nette entre le « normal » et le « pathologique », par une pensée théorique originale, en prise directe sur une clinique profondément humaine.

Serge Lebovici (1915-2000)
Il a centré l'attention sur des aspects concrets des conditions de vie et des relations intrafamiliales. Il a développé des techniques d'observation des relations entre les bébés et leurs mères, ce qui l'a conduit, non sans controverses, à une vision renouvelée de la psychogenèse et de la métapsychologie freudienne.

Françoise Dolto

Françoise Dolto développe un cadre théorique basé sur le passage harmonieux d'un stade du développement à l'autre. Elle axe ses interventions autour de l'importance d'un bon maternage, indispensable pour que l'enfant puisse construire à la fois une bonne image de lui-même et de bonnes relations avec les autres. La mère doit être un « objet d'aimance » permettant à l'enfant de se développer. F. Dolto participera à la fondation de structures thérapeutiques ou éducatives dans lesquelles seront appliquées ses méthodes : thérapies basées sur la réparation de maternage insuffisant, éducation des parents eux-mêmes, structures éducatives ouvertes aux pédagogies souples et adaptées à chaque enfant.

René Diatkine et Serge Lebovici

R. Diatkine et S. Lebovici, tous deux psychanalystes de la Société psychanalytique de Paris, ont fondé des cadres institutionnels de grande envergure (à Paris, le Centre Binet), qui associent étroitement la prise en charge de l'enfant et les liens avec la famille, l'école, et les autres dispositifs d'aide. Ils ont développé de nouvelles thérapeutiques, notamment le psychodrame analytique. Ils se sont attachés à la formation des spécialistes de l'enfance (pédo-psychiatres, pédiatres, psychologues, éducateurs, etc.), dans les institutions et dans des universités françaises et étrangères, les sensibilisant ainsi à l'approche psychanalytique.

La psychosomatique

La psychosomatique envisage les rapports réciproques existants entre le psychique et le corps. Une théorie psychosomatique, liée à la psychanalyse, a établi un modèle explicatif de l'apparition de certaines maladies. Des psychothérapies permettent d'aider les malades à comprendre et à lutter contre leur maladie.

Les rapports entre la psyché et le soma

□ Loin d'une perspective dualiste d'une séparation radicale entre le corps et l'esprit, le sens commun suggère une intrication étroite des deux sphères : ne dit-on pas « je me suis rongé les sangs » ou « j'en ai plein le dos ». L'angine, le lumbago n'arrivent pas toujours n'importe quand, selon les événements de la vie quotidienne.
□ Le terme « psychosomatique » qualifie les effets de la vie psychique sur la vie somatique, et réciproquement. Cependant, un usage trop large du terme a conduit à confondre trois situations très différentes : il faut distinguer les somatisations fonctionnelles (certaines céphalées ou douleurs abdominales), correspondant à une expression directe dans le corps d'un conflit psychique sans pathologie organique sous-jacente ; des répercussions psychologiques consécutives à l'irruption d'une maladie organique grave ; et des maladies organiques (par exemple, des allergies, des maladies dites de système) qui témoignent de l'intrication psyché/soma.

La théorie psychosomatique

□ En France, Pierre Marty (1918-1993) a construit une théorie originale importante, basée sur l'unité entre le corps et l'esprit et considérant que les équilibres physiques et psychiques sont fondamentalement liés. Des formes particulières de psychothérapies des malades somatiques se sont développées dans cette perspective.
□ Les modèles d'organisation mentale de la psychanalyse sont reconnus et constituent la référence permanente de la théorie psychosomatique. Mais ces deux systèmes diffèrent en pratique, tant dans leurs techniques que dans leur buts.
□ La théorie psychosomatique considère qu'une maladie somatique peut être consécutive à un mouvement de désorganisation : lorsque l'appareil psychique ne peut plus faire face, et que les défenses dans le comportement (passages à l'acte, fonctionnement caractériel) sont inefficaces, une somatisation peut apparaître.
□ Les malades développant des successions de somatisations se caractérisent par des singularités de leur fonctionnement mental (le « fonctionnement opératoire ») : peu de mécanismes de défense structurés, peu d'activité fantasmatique ou onirique, un discours collé à la réalité, la prédominance des actes sur la pensée. Une « dépression essentielle » est souvent présente, « dépressions sans objet, ni auto-accusation, ni même culpabilité consciente, où le sentiment de dévalorisation personnelle et de blessure narcissique s'oriente électivement vers la sphère somatique » (Pierre Marty).

Les répercussions psychologiques de troubles somatiques graves

□ La présence d'une maladie grave, mettant parfois la vie en jeu, a nécessairement des retentissements sur l'équilibre psychologique du malade et implique des modifications des relations avec son entourage, familial et social.
□ Ces modifications se font différemment selon l'organisation psychique antérieure du malade. Chacun réagit « selon sa nature » à une altération de sa santé.

LES PSYCHOTHÉRAPIES PSYCHOSOMATIQUES

L'investigation

Une investigation, minutieuse et codifiée, doit permettre d'arriver à une classification psychosomatique portant sur trois points.

□ *La structure fondamentale :*
le thérapeute évalue l'organisation psychosomatique de base, les caractéristiques névrotiques ou psychotiques, le fonctionnement mental du malade.

□ *Ses particularités habituelles majeures :* symptômes habituels, faits majeurs du passé (recueillis par anamnèse), mode de vie, etc.

□ *Ses caractéristiques actuelles majeures :* symptômes actuels, mode de vie actuel, événements majeurs survenus récemment (par exemple deuil, chômage, etc.), qui pourraient éclairer les circonstances de survenue de la maladie somatique.

Les psychothérapies

□ Les psychothérapies sont menées par des psychanalystes formés de surcroît à la psychosomatique « instituées pour aider les sujets à établir ou à rétablir le meilleur fonctionnement possible de leur psychisme. Elles s'adressent en effet à des patients dont l'hypofonctionnement mental, localisé ou général, très différent d'un cas à l'autre, se présente de manière passagère ou chronique » (Marty). Ces patients ne relèvent pas classiquement des psychothérapies analytiques habituelles.

□ Le thérapeute évalue les conflits internes du patient, ses comportements par rapport à son fonctionnement mental. Il intervient souvent, à la différence des psychothérapies analytiques classiques, sur des aspects très concrets de la situation. Il tente de relancer les processus psychiques et de renforcer le fonctionnement du préconscient. Il s'appuie pour cela sur la relation qui s'instaure, souvent par l'intermédiaire de la « fonction maternelle » qui est nécessaire au moins au début de la prise en charge.

□ Dans le cas de maladies somatiques graves, ces thérapies permettent d'épauler le malade dans sa lutte quotidienne contre la maladie. La relance du fonctionnement mental peut permettre de verbaliser et de dépasser la dépression.

Thérapies de soutien de malades organiques

□ Elles sont effectuées par des psychologues, psychanalystes ou non, dans le cadre de l'hôpital dans lequel le malade est soigné ou en ville.

□ Elles visent à aider les malades dans leur lutte quotidienne contre leur maladie, en permettant une verbalisation des angoisses, une expression de l'agressivité bien naturelle envers les autres « bien portants » et envers leur propre maladie.

□ Elles amènent à une progressive déculpabilisation des malades (qui peuvent inconsciemment penser « ma maladie doit être une punition »), et à une approche plus positive du corps malade ou défaillant qui peut être vécu comme persécuteur ou absolument mauvais.

□ Les psychologues peuvent également faire le lien avec la famille et avec le personnel soignant, dans une perspective de travail en équipe.

Conceptions organicistes

De nombreuses hypothèses organiques ont été développées pour tenter d'expliquer les maladies mentales par des causes physiques. Le développement récent de médicaments efficaces, des techniques d'imagerie cérébrale et des recherches génétiques a relancé ces conceptions.

Les différentes causes organiques invoquées

□ Depuis toujours, les hommes ont tenté de trouver une explication à des comportements irrationnels : on a pensé que l'illuminé était inspiré par les Dieux ou possédé par le diable. Le malade était victime de « mauvaises humeurs ». Les Grecs attribuaient les dépressions à la présence dans le corps de bile noire par exemple.
□ Actuellement, de nombreux chercheurs travaillent sur l'hypothèse de causes organiques à l'origine des maladies mentales, soit innées (anomalies génétiques), soit acquises (lésions cérébrales consécutives à des traumatismes ou à des maladies). Les progrès récents, tant sur le plan de la génétique, de l'imagerie cérébrale ou de la pharmacopée, ont considérablement relancé les recherches dans ce secteur.

L'hypothèse génétique

□ De nombreuses recherches épidémiologiques ont tenté de tester les hypothèses de transmissions héréditaires de certaines pathologies. En particulier, on a pu montrer une transmission familiale de certaines psychoses maniaco-dépressives : plus le lien de parenté est proche, plus le patrimoine génétique est commun et plus la probabilité de développer la maladie augmente.
□ De plus, les études sur les jumeaux montrent une concordance d'apparition de la maladie (probabilité que les deux jumeaux soient malades) beaucoup plus forte chez les vrais que chez les faux jumeaux. Des résultats similaires quoique moins démonstratifs ont été obtenus avec des patients schizophrènes. Certains auteurs ont mis en évidence des gènes spécifiques à la schizophrénie, sans que l'on puisse dire que cette présence est suffisante pour que se développe la maladie.

L'hypothèse de la pathologie cérébrale

Les progrès des techniques d'imagerie médicale favorisent la recherche de localisations des affections psychopathologiques, qui pourraient être consécutives à des micro-hémorragies ou à de petites lésions. L'imagerie cérébrale permet de visualiser le cerveau de manière très précise et de comparer les malades à des sujets sains. L'évolution chez un même sujet, à différents moments (en phase de dépression et après, par exemple) renseigne sur la pathologie.

L'effet des médicaments

On découvre de plus en plus de médicaments qui atténuent efficacement des symptômes tels que angoisse, dépression, délire. Certains ont pensé qu'ils compensaient une carence d'une substance équivalente, expliquant ainsi la pathologie. Cependant les médicaments peuvent compenser l'effet, sans pour autant traiter la cause (comme l'aspirine fait baisser la fièvre sans traiter la grippe). Ils agissent sur le cerveau, sans que l'ensemble de leurs modes d'action ait été complètement élucidé.

LES MÉDICAMENTS PSYCHOTROPES

Ce tableau présente les indications les plus courantes, sans préjuger d'indications spécifiques ou plus ciblées qui existent fréquemment. Il ne s'agit pas d'un guide de prescription.

<table>
<tr><th>Classe</th><th>Classe pharmacologique</th><th>Effet principal</th><th>Autres utilisations</th><th>Récepteurs cérébraux</th></tr>
<tr><td rowspan="5">Les antidépresseurs</td><td>Imipraminiques</td><td rowspan="5">Traitement des dépressions d'intensité modérée à sévère</td><td>Contre certaines douleurs, contre les migraines</td><td>Augmente la présence de noradrénaline synaptique</td></tr>
<tr><td>IRS (inhibiteurs de la recapture de la sérotonine)</td><td rowspan="2">Attaques de panique, phobies sociales</td><td>Récepteurs de la sérotonine</td></tr>
<tr><td>IRS + IRNA (inhibiteurs de la recapture de la noradrénaline)</td><td>Récepteurs de la sérotonine et de la noradrénaline</td></tr>
<tr><td>IMAO (Inhibiteurs de la dégradation de l'adrénaline)</td><td></td><td>Inhibiteurs de la Monoamine Oxydase</td></tr>
<tr><td>Atypiques</td><td>Insomnies</td><td></td></tr>
<tr><td rowspan="2">Les anxiolytiques et hypnotiques</td><td>Benzodiazépines</td><td rowspan="2">Anxiété</td><td>Myorelaxants, anticonvulsivants</td><td>Système GABA</td></tr>
<tr><td>Antihistaminiques</td><td>Antiallergiques</td><td>Récepteurs de l'histamine H1</td></tr>
<tr><td rowspan="2">Les neuroleptiques</td><td>1re génération</td><td>Action inhibitrice des états d'excitation aiguë, des psychoses aiguës ou chroniques</td><td>– États d'angoisse
– Sevrage alcoolique
– Certaines insomnies (pour les plus sédatifs)</td><td rowspan="2">Système dopaminergique</td></tr>
<tr><td>2e génération</td><td>Schizophrénie, phase maniaque et prévention des maladies bipolaires</td><td></td></tr>
<tr><td rowspan="3">Les thymorégulateurs</td><td>Lithium</td><td rowspan="3">Traitement de fond de la maladie bipolaire</td><td></td><td rowspan="3">Neuromédiateurs, effets stabilisants de membranes et activités enzymatiques de la protéine G</td></tr>
<tr><td>Acide valproïque</td><td>Antiépileptique</td></tr>
<tr><td>Carbamazepine</td><td>Antipsychotique 2e génération</td></tr>
<tr><td>Les psychostimulants</td><td>Amphétamines et dérivés</td><td>Traitement de l'hypersomnie et de la narcolepsie, hyperactivité chez l'enfant</td><td></td><td>Récepteurs Alpha 1+ de l'adrénaline</td></tr>
</table>

Les thérapies comportementales et cognitives

Des thérapeutiques sont nées à partir de théories successives du fonctionnement mental : les théories comportementales, les théories cognitives, puis les théories émotionnelles.

Les thérapies comportementales (1950-1980)

☐ La clinique comportementale se réfère aux modèles d'apprentissage du conditionnement classique (Pavlov) ou du conditionnement opérant (Skinner). Beaucoup de nos comportements, de nos styles de pensée ou de nos modes de réaction émotionnelle sont le fruit d'apprentissages.

☐ Selon cette approche, une phobie résulte d'un conditionnement établi entre une peur réelle due à quelque chose qui s'est produit et un objet neutre qui est devenu par association phobogène (angoissant).

☐ Nos apprentissages sont très robustes au changement. La thérapie comportementale repose sur des tâches et des exercices visant à modifier les conditionnements, pendant les séances et en dehors des séances : une simple prise de conscience ne suffit pas à produire un changement, il est donc nécessaire de s'exercer.

Les thérapies cognitives (1980-1990)

☐ Les thérapies cognitives reposent sur des modèles de traitement de l'information selon lesquels ce ne sont pas les événements qui nous affectent mais le sens que nous leur donnons.

☐ Les troubles mentaux résulteraient d'erreurs dans le traitement de l'information. Ces erreurs peuvent se situer lors de la réception des informations (l'input), c'est-à-dire lors des premières étapes impliquant la perception : une sorte de filtre qui distord la réalité, empêche de l'appréhender objectivement. Les erreurs peuvent aussi concerner le système de prise de décision conduisant à des réponses qui, en raison de distorsions cognitives, vont conduire à des choix de comportements erronés ou inadéquats (problème d'output, à la sortie du système).

☐ Une dépression peut être considérée comme résultant de « schémas dépressogènes », qui vont filtrer négativement tout ce qui provient de la réalité, conduisant à « voir tout en noir », à donner à tout ce qui provient de l'extérieur une tonalité dépréciative.

☐ Le patient apprend à contextualiser, à identifier, décrire et comprendre ses pensées automatiques et les processus cognitifs de traitement de l'information qui produisent des distorsions de celle-ci. Ainsi, un sujet déprimé qui déclare : « je suis un raté » opère une généralisation d'un échec : « j'ai raté, tel jour, tel examen, ou telle épreuve ». Le sentiment d'échec est différent selon qu'il est global ou spécifique.

Les thérapies cognitives émotionnelles (de 1990 à nos jours)

Les thérapies cognitives émotionnelles accordent une grande place à la mise au jour des émotions et à la modification des dérégulations émotionnelles. Elles sont une indication thérapeutique pour les patients présentant des troubles de la personnalité.

UN EXEMPLE DE THÉRAPIE COGNITIVE : UNE PEUR DE L'AVION

Voici le témoignage d'une jeune femme ayant entrepris une thérapie cognitive pour lutter contre une phobie des avions.

Les raisons d'entreprendre la cure

Pendant des années, j'ai évité de prendre l'avion sur des trajets longs (vols de plus de trois heures), ce qui impliquait un handicap professionnel incontournable. A cela s'est rajouté le désir d'accomplir un vieux rêve : aller en Louisiane.

Ma phobie se manifestait par des crises d'angoisse et des insomnies les nuits précédant le départ. Une fois dans l'avion, manifestations somatiques : spasmes, douleurs abdominales, etc.

Les modalités de mise en place

Je suis allée consulter un spécialiste des thérapies cognitives, neuf mois avant le départ envisagé. Le thérapeute m'a fait passé une série de questionnaires, destinés à s'assurer que cette phobie ne s'incluait pas dans une pathologie plus complexe.

A l'issue du dépouillement, il m'a proposé d'entreprendre un traitement, dont le but était que je puisse prendre l'avion sans trop d'angoisse, à la date prévue.

Le déroulement de la thérapie

Les séances se sont succédé au rythme d'une séance de 30 minutes hebdomadaires. Les premières séances ont été exclusivement consacrées à un entraînement à la relaxation : il s'agissait de me mettre consciemment dans un état de bien-être, à partir d'un relâchement musculaire total, muscle après muscle, guidé par le thérapeute.

Progressivement, toujours sous relaxation, je devais m'imaginer vivant les différentes étapes du voyage aérien : les préparatifs du départ, l'arrivée à l'aéroport, l'attente, l'embarquement dans l'avion, le décollage, le vol et l'atterrissage.

Chaque étape devait être vécue dans un état de calme et de sérénité. Sinon, le thérapeute me ramenait sans tarder dans le réel : "Vous êtes ici, allongée confortablement, c'est une sensation agréable". Chaque séance allait un peu plus loin dans le déroulement du "trajet". Mais le thérapeute pouvait m'inciter à me projeter directement à l'une des étapes : les préliminaires, le vol, l'atterrissage, etc. Il ponctuait ces représentations de discours rassurants sur les risques réels, tellement minimes.

Je devais répéter ces exercices à la maison, le soir avant de m'endormir.

La réussite

J'ai pris l'avion pour la Louisiane à la date prévue, sans savoir à l'avance si le traitement avait été efficace. Je n'ai pas eu, contrairement à mes craintes, d'insomnies avant le départ.

Le voyage s'est déroulé normalement, sans angoisse particulière, et sans que j'aie eu besoin de recourir à une relaxation volontaire. Le travail effectué au cours des séances avait donc suffi à corriger ma tendance à associer avion et angoisse.

INDEX

INDEX DES AUTEURS PRINCIPAUX

BIBLIOGRAPHIE

Le métier de psychologue

Les Psychologues : où sont-ils, que font-ils ? (1994), Syndicat National des psychologues.
O. Bourguignon (2009) - *La Pratique du psychologue et l'éthique,* Bruxelles : Mardaga.
D. Fua (1997) - *Le Métier de psychologue clinicien*, Paris : Nathan.
R. Perron (1997) - *La Pratique de la psychologie clinique*, Paris : Dunod.

Psychologie du développement

V. Bedin, dir. (2009) - *Qu'est-ce que l'adolescence ?*, Auxerre : Sciences Humanes Editions.
J. Bideaud, O. Houdé et J.L. Pedinielli (1993) - *L'Homme en développement*, Paris : PUF.
A. Cartron et F. Winnykammen (2004) - *Les Relations sociales chez l'enfant. Genèse, développement, fonctions*, Paris : Armand Colin (1re éd. 1995).
O. Houdé (2011) - *Psychologie de l'enfant*, coll. « Que sais je ? », Paris : PUF.
V. Lombreso, V. et E. Contini (2010) - *Marcher, parler, jouer.*
L'enfant de 0 à 6 ans, les années clef du développement, Bruxelles : de Boeck.
R. Milijkovitch (2001) - *L'attachement au cours de la vie*, Paris : PUF.
B. Pierrehumbert (2003) - *Le premier lien. Théorie de l'attachement*, Paris : Odile Jacob.

Psychologie cognitive

P. Lemaire (2006) - *Psychologie cognitive,* Bruxelles : De Boeck.
O. Houdé (2003) - *Vocabulaire de sciences cognitive : neuroscience, psychologie, intelligence artificielle, linguistique et philosophie*, Paris : PUF.
A. Weil-Barais (1994) - *L'Homme cognitif*, Paris : PUF.

Psychologie sociale

J.L. Beauvois - *La Psychologie sociale* (en 6 vol.), Grenoble : PUG.
Vol 1 : G. Mugny, D. Oberlé et J.L. Beauvois (1995) - *Relations humaines, groupes et influences sociales.*
Vol 2 : J.C. Deschamps et J.L. Beauvois (1996) - *Des Attitudes aux attributions.*
Vol 3 : J.P. Leyens et J.L. Beauvois (1997) - *L'Ère de la cognition.*
Vol 4 : J.L. Beauvois et N. Dubois et W. Doise (1999) - *La Construction sociale de la personne.*
E. Drozda - Senkowska, N. Dubois et P. Mollaret (2010) - *Psychologie sociale,* Paris : PUF.
J.P. Leyens et V. Yzerbyt (1997) - *Psychologie sociale*, Hayen : Mardaga.
J.P. Leyens et J.L. Beauvois (1997) - *La Psychologie sociale. L'ère de la cognition*, Grenoble : Presses Universitaires de Grenoble.
J. P. Leyens et N. Scaillet (2012) - *Sommes-nous tous des psychologues ?* , Wavre : Mardaga.
J.P. Leyens (2012) - *Sommes-nous tous racistes ? Psychologie des racismes ordinaires*. Wavre : Mardaga

Psychologie clinique, psychologie pathologique, psychanalyse

J. Bergeret (1998) - *Psychologie pathologique : théorie et clinique*, Paris : Masson.
M. F. Castarède (2003) - *Introduction à la psychologie clinique*, Paris : Belin.
C. Chabert et B. Verdon (2008) - *Psychologie clinique et psychopathologie*, Paris : PUF.
S. Ionescu (2015) - *15 approches de la psychopathologie*, Paris : Armand Colin (4e édition).
V. Kapsambelis, dir. (2012) - *Manuel psychiatrie clinique et psychopathologie de l'adulte*, Paris : PUF.
S. Lebovici, R. Diatkine et M. Soulé (1995) - *Nouveau Traité de psychiatrie de l'enfant et de l'adolescent*, Paris : PUF.
A. et S. De Mijolla (1997) - *Psychanalyse*, Paris : PUF.
D. Widlöcher (1997) - *Traité de psychopathologie*, Paris : PUF (1re éd. 1994).

Crédits photographiques

31 : Archives Nathan – **35** : Vasiliy Koval/Fotolia – **39** : Clarisse Baruch – **61** : Matty Chiva « Le doux et l'amer. Sensation gustative, émotion et communication chez le jeune enfant », PUF, 1985 – **73** : Stanislas Dehaene, extrait de « Journal of cognitive neuroscience, 5/4/1993 – **81** : Photo X, DR, in Psychologie sociale de D. G. Myers et L. Lamarche, Mac Graw Hill, 1980 – **103** : Photo X. DR, extrait de « Social Psychology » de John Sabini, W.W. Norton & Company Inc, New York – **107** : Lev Dolgachov/Shutterstock – **115** : Artephot/Oronoz – **121** : Giraudon – **123** : Giraudon/Bridgeman – **127** : Sigmund Freud Copyrights – **139** : AKG Photo – **147** : (HG) Edimedia – **147** : (HM) Doris Vogt – **147** : (HD) Gamma/Jean-Claude Francolon.
Pour Edward Munch © Munch Museet, Munch ellingsen Group/ADAGP Paris 1998.

Les auteurs remercient tout particulièrement :
Dan Baruch,
Renaud Brochard,
Agnès Charvillat,
Carole Damiani,
Nelly Gaillard-Janin,
Danielle Gourevitch,
Valérie Gyselinck,
Elisabeth Grebot,
Marie-Hélène Plumet

Édition : Angélique Brézillon, Sara Wlodarczyk
Maquette de couverture : Vincent Rioult
Illustrations (dessins PAO) : S. G. Production
Fabrication : Camille Friquet

Impression : Sepec-Numérique - juin 2022 - N° d'impression : N06601220598
N° éditeur : 10286045
Dépôt légal : août 2020

PEFC 10-31-3532 / **Certifié PEFC** / Ce produit est issu de forêts gérées durablement et de sources contrôlées. / pefc-france.org